0~3岁婴幼儿
早期教育与活动方案

李　雪　张家琼　编著

西南大学出版社
国家一级出版社　全国百佳图书出版单位

图书在版编目(CIP)数据

0-3岁婴幼儿早期教育与活动方案 / 李雪, 张家琼编著. — 重庆 : 西南师范大学出版社, 2020.9
ISBN 978-7-5697-0344-3

Ⅰ. ①0… Ⅱ. ①李… ②张… Ⅲ. ①学前教育—教学参考资料 Ⅳ. ①G613

中国版本图书馆CIP数据核字(2020)第126733号

0~3岁婴幼儿早期教育与活动方案

0~3 SUI YINGYOU'ER ZAOQI JIAOYU YU HUODONG FANG'AN

李 雪 张家琼 编著

责任编辑:胡秀英
装帧设计:闰江文化
排　　版:张 祥
出版发行:西南大学出版社(原西南师范大学出版社)
　　网　址:http://www.xdcbs.com
　　地　址:重庆市北碚区天生路2号
　　邮　编:400715
　　电　话:023-68254356
　　经　销:全国新华书店
印　　刷:重庆市正前方彩色印刷有限公司
幅面尺寸:185mm×260mm
印　　张:13.5
字　　数:310千字
版　　次:2020年12月 第1版
印　　次:2023年8月 第2次印刷
书　　号:ISBN 978-7-5697-0344-3

定　　价:48.00元

前言

PREFACE

随着脑科学、心理学等相关学科的迅速发展，0～3岁婴幼儿的早期教育开始在全世界受到前所未有的关注，人们已经深刻认识到开展0～3岁婴幼儿教育的必要性和紧迫性。十九大报告指出，我国社会发展进入新的历史方位，新时代的重要矛盾是人民日益增长的美好生活需要与发展不平衡不充分之间的矛盾。其中0～3岁婴幼儿早期教育和服务的高质量需求和当下混乱的现实困境，已成我国社会关注的焦点。2011年国务院印发的《中国儿童发展纲要(2011—2020年)》在“儿童与教育”部分的目标第一条中指出，要促进0～3岁儿童早期综合发展。2019年国务院办公厅印发《关于促进3岁以下婴幼儿照护服务发展的指导意见》，提出促进婴幼儿照护服务发展。0～3岁婴幼儿早期教育在国家政策和地方政府的大力推动和引导下，将进入前所未有的蓬勃发展时期。

2013年，重庆第二师范学院学前教育学院开设“婴幼儿早期教育”课程。在教学过程中，我们深感0～3岁段与3～6岁段是差别甚大的两个年龄段，我们无法简单地将3～6岁年龄段的教学方式复制到0～3岁婴幼儿的年龄段里。学生设计的0～3岁活动方案“幼儿园化”倾向明显。究其原因，一是学生对0～3岁婴幼儿的生理特点、心理特点没有一个系统全面的了解，游戏设置不能契合婴幼儿的实际水平；二是学生平时的实习观摩对0～3岁婴幼儿的直接接触偏少，无法预设婴幼儿活动的表现；三是目前婴幼儿早教市场的活动方案存在较大问题，不能提供模仿的范本。

2015年，我们申请的重庆市人文社科重点研究基地“重庆市统筹城乡教师教育研究中心”的“早教活动设计与开发工作室”(以下简称“工作室”)，以提升学生对早教活动的设计与开发能力为核心，遵循“学习—行动—反思—分享”的逻辑主线进行，开始了艰难的摸索。首先，0～3岁的婴幼儿时期是孩子大脑高速发展的时期，也是心理发展与学习的关键期。科学、系统地了解婴幼儿的生理、心理发展规律，为这一阶段的儿童提供高质量的关爱和照料，使他们更加健康地成长，显得尤为重要。其次，随着社会对0～3岁婴幼儿教育的需求逐步升高，提供0～3岁婴幼儿教育服务的机构越来越多，开展科学、合理的婴幼儿早期教育的指导和研究势在必行。工作室相继在重庆市南坪镇中心幼儿园、重庆市江南巧家政中心、重庆第二师范学院模拟亲子园开展早教活动，师生互动良好，家长满意度高。在这个过程中，工作室为避免出现当前市场上早教课程中游戏转化生硬、缺乏连贯性、脱节于家庭生活日常等问题，逐渐达成共识，认为优质的早教活动方案应具有为家长提供早期教育知识、提升家长早期教育技能、操作材料来源于日常、活动场景来源于生活、尊重儿童个性差异等特点，设计思路可采取层层递进式和并列式等方式。

本书以开展0~3岁婴幼儿早期教育需要了解的知识和能力为逻辑起点，围绕早期教育工作者(包括家长)应该如何教育孩子和开展相关的早期教育活动统整资料。在工作室三年多的实证基础上，我们精心挑选了50个内容丰富、操作便利、主题创新的早期教育活动方案。全书共分三个单元，均由理论篇和实践篇两部分构成，分别从0~1岁、1~2岁、2~3岁婴幼儿的生理、心理特点和社会性发展出发，分析相应的教育指导策略，给予读者初步的知识框架，辅以多篇可操作的活动方案供读者借鉴，期望给予读者实践性的指导。

本书力图从读者的角度出发，面向早教机构人员、社区服务人员、家庭教育服务人员，具有较强的实操性，可作为高等院校早期教育的研究图书，也可作为早教机构工作者的学习用书，还可作为广大婴幼儿家长的科学育儿参考用书。

全书由重庆第二师范学院的张家琼、李雪负责整体框架的搭建、内容的撰写、统稿工作，同事羊晓莹、工作室的学生如张雯雯等也为本书做了大量工作。本书是重庆市人文社科重点研究基地——重庆市统筹城乡教师教育研究中心的早教活动设计与开发工作室的成果，同时是重庆第二师范学院校级科研平台“0~6岁儿童家庭教育研究中心”的建设成果之一。另外，本书编著过程中参考了大量的文献和同行的研究成果，在此深表感谢。最后特别感谢西南师范大学出版社的搭肩挽扶。

尽管我们力求全面地呈现0~3婴幼儿早期教育与活动方案，但鉴于水平的局限以及分析、处理问题的视角的局限，书中肯定不乏错误与疏漏，敬请广大读者原宥。

最后，衷心希望每一个婴幼儿都能有一个良好的开端！每个婴幼儿都拥有一个精彩的人生！

编者

2020年5月

目录

CONTENTS

上篇

0~1岁婴儿
早期教育与活动方案

理论篇：0~1岁婴儿身心发展与早期教育

0~1岁不仅是个体生理发育最迅速的时期，也是其心理发展最迅速的时期。婴儿的听觉、视觉、嗅觉、触觉等感觉逐步发展，同时形成了形状知觉、大小知觉、方位知觉和距离知觉等。随着神经系统的发育和骨骼的生长，抬头、翻身、坐、爬、站立，甚至行走等动作都逐步实现。从语言发展上看，1岁婴儿音调接近真正言语音调，模仿和重复增多，某些音节与实物发生联系，语词开始出现。从社会性发展上看，与抚养他的重要他人形成了依恋关系。

第一节 ‖ 0~1岁婴儿的生理特点

婴儿生理发展是指其大脑和身体在形态、结构及功能上的生长发育过程。大脑、神经系统和感官的活动是心理活动的基础，婴儿的生理发展直接影响并制约着婴儿心理的发展过程。近二三十年来，行为研究技术、电生理技术，特别是微电极技术、脑化学技术等新技术的不断发展与应用，使我们对婴儿大脑形态和机能的发展、身体和动作的发展，以及生理发展与心理发展的关系等方面有了新的认识和见解。需要注意的是，婴儿的生长发育过程受遗传和后天环境的影响，个体之间在身高、体重或其他生理发展方面存在很大差异。因此，不能凭婴儿某一时期某一方面发展的时间早晚就断定婴儿发育异常，只有连续、系统、综合地观察才能得出客观正确的结论。

一、0~1岁婴儿的体格发育

婴儿刚出生时，呈外伸和屈曲姿势。手紧握，小腿略内弯，膝向外，足底扁平。头相对较大，占身长的1/4，体重为2.5~4.0公斤，身长47~53厘米，胸围约32厘米。其脊柱呈直形，尚无前凸和后凸的正常弯曲。骶尾略凹，四肢短小。需要注意的是，新生儿在出生后一周内，特别是2~4天内，体重常会有正常的生理性下降。这个时期，新生儿体重可以下降6%~9%，最多不超过10%，一般在10天左右恢复至出生体重，也有到第三周才恢复到出生时的体重的情况，但这并不影响后期发育。在正常喂养的情况下，到5个月时，婴儿体重翻了1倍，12个月时增加了2倍，此后增速放慢。另外，新生儿身高与其成年以后的身高没有密切关系。男女童的体重、身高发育标准值见附录。

二、0~1岁婴儿的大脑发育

婴儿出生后，身体各系统发展不平衡。与人体的其他器官和组织相比，脑和神经系统的发育相对比较早。总的来说，脑和神经系统的结构初具雏形，但神经系统功能还很不完善。

（一）脑重与头围

婴儿大脑从胚胎时期开始发育，出生时已重达350~400克，是成人脑重的25%，而这时体重只占成人体重的5%。出生后第一年内，脑重增长最快，6个月时已达700~800克，约占成人脑重的50%。12个月时脑重已达800~900克；24个月时脑重增加到1050~1150克，约占成人脑重的75%；36个月时脑重已接近成人的脑重范围；此后发育速度变慢，15岁时才达到成人水平。这些发展变化在一定程度上反映了各个阶段大脑内部结构发育和成熟的情况，与大脑皮质面积的增加密切相关。

婴儿头围也存在类似的发展变化。刚出生时头围为34厘米左右，是成人头围的60%左右；12个月时达46~47厘米；24个月时达48~49厘米；此后增长速度变慢，10岁时才达52厘米。新生儿如果头围过小，即小于32厘米或3岁后仍小于45厘米（又称小头畸形），则其大脑发育将受严重影响，智力发育易出现障碍。新生儿如果头围过大，即超过37厘米（又称巨头畸形），则表明婴儿可能患有脑积水等脑部病变，必须尽快去医院检查、治疗。当然，也有个别婴儿头围过大或过小只因体重引起，而不存在其他病因。男女童的头围标准值见附录。

（二）大脑皮质

胎儿六七个月时，脑的基本结构就已具备。出生时脑细胞已分化，细胞构筑区和层次分化已基本上完成，大多数沟回都已出现，脑岛已被邻近脑叶掩盖，脑内基本感觉运动通路已髓鞘化（白质除外）。此后，婴儿皮质细胞迅速发展，层次扩展，神经元密度下降且相互分化，突触装置日趋复杂化。到2岁时，脑及其各部分的相对大小和比例已基本上类似于成人大脑。白质已基本髓鞘化，与灰质明显分开。其中，大脑的髓鞘化程度是婴儿脑细胞成熟状态的一个重要指标。整个皮质广度的变化与髓鞘化程度密切相关。

第二节 ‖ 0~1岁婴儿的心理特点

一、婴儿的感知觉发展

婴儿出生伊始，通过感觉和知觉探索外在世界，并逐渐对外在世界形成自己的认识和判断，在探索的过程中，婴儿的心理同时得到了发展。感知觉是婴儿日后记忆、思维、想象等高级心理现象发展的基础。

(一)感觉的发展

感觉是客观刺激作用于感觉器官所产生的对事物个别属性的反映。根据刺激的来源不同,可以把感觉分为内部感觉和外部感觉。外部感觉是个体对外部刺激的觉察,主要包括视觉、听觉、嗅觉、味觉、触觉。内部感觉是个体对内部刺激的觉察,主要包括机体觉、平衡觉和运动觉。婴儿的感觉发展,主要涉及视觉、听觉、触觉、味觉、嗅觉这五大外部感觉。

◆ 1.视觉

视觉是人最重要的感觉通道,约80%的信息是通过眼睛这一视觉感受器官传送给大脑的。视觉对于婴儿认识和探索周围世界具有重要意义。个体的视觉在胎儿时期就有所发展。胎儿7个月大的时候,就能感觉到光的明暗;9个月的时候,能对光的强弱做出反应。比如,妊娠后期从母体外用强光照射母亲的腹壁,胎儿就会扭过脸去,以避开这种直接照射的强光,因为此时胎儿的视神经、视网膜还未成熟,过强的光线对胎儿来说是一个不舒服的刺激。但如果是弱光,胎儿就显出很感兴趣的样子,眨着眼睛盯着光亮的地方。

(1)视觉集中能力的发展

生活小片段

淘淘刚出生一周,细心的妈妈就发现,淘淘的左右眼珠都向鼻子中间靠,看起来就像"斗鸡眼"。妈妈可着急了,心想:我和淘淘爸爸都是正常的眼睛,为什么偏偏淘淘生下来就是个"斗鸡眼"呢?

实际上,新生儿两眼的位置常常不正,看起来就像斗鸡眼或外斜视。这其实是因为新生儿的眼肌协调能力差导致的,在出生的2~3周内,新生儿很难将视觉焦点保持在客体上。这种情况到满月之后就会有所改善,此时婴儿的眼位已经发展稳定,一般不会有眼睛歪斜的现象。家长可以用以下方法判别婴儿是否真的是"对眼":第一,将一个聚光手电筒放在婴儿眼前30厘米处,将光照在两眼中间的鼻梁根部,让婴儿盯着手电筒看。此时在婴儿两眼的黑眼球上就会有反光点,如反光点位于黑眼球的中央,眼睛就没有斜视症状。如果眼位是偏斜的,反光点就会偏向黑眼球的边缘。此项检查应反复多次,以得到较为确定的结论。第二,让婴儿与家长正面相对,直视家长的眉间,家长试着将婴儿两眼中间鼻梁的皮肤向上夹起,露出眼白,观察其黑眼珠的位置是否对称。这是因为人们习惯于根据黑眼球两侧眼白是否对称来判断眼球是否正位。但有的孩子鼻梁较平,内眼角处的皮瓣(内眦赘皮)会挡住鼻侧的部分眼白,这样一来,当孩子侧视时,一侧的眼睛就好像偏斜了。如果家长实在不放心,可以去医院请眼科医生检查。如果医生检查后认为没有问题,就不必担心。

2个月左右,婴儿开始出现明显的视觉集中活动,视觉集中是指婴儿将视觉集中在一定对象上的现象。同时,婴儿还出现了"追视"现象。这个时候,如果拿着一个颜色鲜艳的玩具球吸引婴儿的注意,当他开始注视玩具球时再慢慢移动球,他就有能力让黑眼球跟着球一起向左或向右移动。随着月龄增长,婴儿视觉集中的时间和距离都在逐渐延长。3~5周的婴儿能集中5秒,注视1~1.5米范围的物体。但是,这个月龄段的婴儿只看得清20厘米范围内的物体。3个月的婴儿，其视觉集中时间能保持7~10分钟，远端物体注视距离可达到4~7米。5~6个月的婴儿，能够注视更远距离的物体。

(2)视敏度的发展

视敏度是指视觉精确地辨别对象的形状和大小的能力，即视力。婴儿刚出生时，视力很弱。由于新生儿的晶状体变形能力很差，难以对视觉对象进行有效聚焦，导致视觉对象投射在视网膜上的影像是模糊的。新生儿在6米处才能看到视力正常的成人在45~88米处能看见的东西。新生儿的最佳注视距离是15~20厘米，恰好是妈妈喂母乳时，新生儿和妈妈面孔之间的距离。随着月龄的增长，婴儿的晶状体调节能力逐渐增强。到4个月时，晶状体的协调合成功能逐渐成熟；到6个月时，婴儿的视敏度可达20%。总的来说，婴幼儿的视敏度随着年龄的增加逐渐提高，但是到学龄期后，由于阅读量的增加导致眼睛疲劳，出现视敏度下降的情况。在日常生活中，家长要注意保护婴儿的视力；对于眼部疾病，做到早发现、早治疗。

(3)颜色视觉的发展

颜色视觉是指辨别颜色细微差距的能力，也称辨色力。人眼的视网膜上有红、绿、蓝三种不同感光色素的视椎细胞，分别对红、绿、蓝的光波敏感。但是需要注意的是，不足3个月大的婴儿，由于视网膜上的蓝色椎体细胞未能有效利用，因此对蓝色不敏感。对这个时期的婴儿进行颜色视觉训练时，要避免使用蓝色。到3个月大时，婴儿获得了红、黄、蓝三色视觉。4个月大时，婴儿对颜色有分化反应。比如，比起冷色，暖色更能吸引婴儿的注意，婴儿尤其对红色明显偏爱。3岁的幼儿能正确辨别各种基本颜色，如红、黄、绿、蓝，并能逐步学会正确辨别各种混合色，如橙色和紫色，但还不能完全正确地把颜色和颜色的名称联系起来。另外，这个时期的幼儿不善于区别颜色的色度，如蓝与天蓝、红与粉红、绿与草绿。4岁以后，幼儿才能把基本颜色和名称联系起来。到5岁，幼儿基本能区别各种色调的明度和饱和度，这种能力在6~7岁又有进一步的发展。

婴儿的颜色视觉训练应该遵循其发展规律，按颜色配对(根据成人提供的范例选择对应的颜色)、颜色指认(能否在成人说出名称后指认出正确颜色)、颜色命名(看到颜色说出名称)的顺序进行。

◆ 2.听觉

听觉是个体对声波物理特性的感受。从接受的信息量上讲，听觉是仅次于视觉的感觉通道，是婴儿探索世界的重要方式。个体的听觉发生在胎儿时期，胎儿的听觉感受器在胎龄六七个月时已基本成熟。比如，当外界出现诸如汽车喇叭之类的大声响时，胎儿会做出翻身、踢腿等动作反应。

(1)听敏度

听敏度是指对声音刺激的精细分辨能力，可以用听觉差别阈限来衡量个体的听敏度。听觉差别阈限范围越大，听敏度越差，反之越好。婴儿对高频声波的听敏度高于成人，对低频声波的听敏度低于成人。随着年龄的增长，婴儿的听敏度逐渐提高，听力在14~19岁达到最好的状态。

(2)听觉定位

听觉定位是指听觉器官对声源空间位置的判断。它主要依赖于双耳听觉，即对来自两耳信息的比较。在某些情况下，借助于头的转动，或利用一耳也可以相当精确地判断出声源的位置。婴儿的听觉定位能力呈现有趣的“U”型发展趋势：新生儿出生后五分钟就表现出听觉定位能力，但在2~3个月的时候，这一能力却消失了，直至4~5个月的时候才再次出现。总的来说，由于婴儿的头颅小，双耳间距小，声音到达双耳的时间差小于成人。因此，婴儿辨别头颅左右方位的声源较成人困难。

(3)语音听觉

正常情况下，婴儿出生后就处在一个拥有丰富语音刺激的环境中，这为后期的语言发展奠定了良好的基础。婴儿对语音的听觉非常敏感。研究者认为，这是因为人类在漫长的种族进化过程中积累下的本能。在出生后的几个月内，婴儿已经能够分辨语音和非语言信息。两个月大的婴儿可以辨别出不同人的说话声，以及同一个人带有不同情感的语调。他们特别偏爱和关注母亲说话的声音。婴儿的这种偏好反应能引起母亲的注意，促使母亲给予其更多的关爱，有助于婴儿的后期成长。

知识拓展

家长可以为婴儿提供哪些听觉刺激

第一，家长可以选择恰当的音乐来播放，让音乐伴随婴儿的生活。如，在婴儿醒着或吮奶的时候播放一些优美动听、和谐高雅的音乐。至于选择西洋古典音乐、中国的民族音乐，还是戏曲音乐，可随家长的喜爱而定，还可以根据教育的需要选听一些不同风格、不同情绪的音乐，丰富婴儿的感受。需要注意的是，不必频繁更换曲子，音乐的声音比大人在室内说话的声音稍大即可，每天播放2~3次，每次不超过15分钟。长时间、大音量地听音乐，不但对婴儿的培养无益，还会造成婴儿听觉疲劳，损伤听觉能力。当婴儿听到自己喜欢的音乐时，会出现以下表情：两眼发光，面部略带悦色；眉毛自然弯曲，嘴巴微微张开，舌头自然放松，口中充满口水；偶尔还能听见咿咿呀呀的话语声；有时候婴儿还会双腿朝上蹬，两拳紧握并伴随着音乐的节拍在空中轻轻摆动。要注意婴儿的表情，当他表现出不耐烦的时候，要及时停止播放音乐。

第二，对于大一些的婴儿，家长可以引导婴儿聆听周围的声音。家长要及时训练婴儿对声音的敏感性。在家里，可以让婴儿聆听门铃声、电话声、钟表指针转动的声音、洗澡时放水的声音、厨房中的切菜声，锅碗瓢盆碰撞时发出的声响。带婴儿外出时，让他注意各种昆虫、鸟类、家禽的鸣叫声，小朋友的嬉戏声，大自然的风声、雨声、流水声，火车的轰隆隆鸣声、飞机的嗡嗡声、轮船发出的鸣笛声。让婴儿辨别家中亲人，如爸爸、妈妈、爷爷、奶奶、外公、外婆及邻居的说话声音，辨别人们表达不同情感如高兴、生气、着急等的声音。

○ 参考资料：李天义，李普霞.用音乐和婴儿沟通[J].父母必读，2013(03)：126-127.

◆ 3.触觉

在胎儿的发育过程中，触觉是最早发育起来的感觉系统。当视觉、听觉系统刚刚开始发育时，触觉系统已经开始发挥其功能。当胎儿5~6周大时，触觉功能就已经开始运作；两个月大时，胎儿就已经出现觅食反射迹象；4个月大的胎儿已经会借由吸吮手指来安抚自己。胎儿8个月大时，其身体的各个部分都能感觉到触碰。婴儿的触觉反应主要体现在口腔触觉和手的触觉。

(1)口腔触觉

生活小片段

芳芳妈妈觉得芳芳真是个调皮的小宝贝。芳芳四五个月时，就喜欢吃手，妈妈觉得不卫生，害怕芳芳生病，只有不断地把她的手从嘴里拿出来。芳芳六个月左右时，只要抓到东西就往嘴里塞，妈妈急忙把她手里的东西拿开。芳芳真的调皮吗？妈妈的做法对吗？

芳芳妈妈的做法是错误的。口腔触觉是婴儿探索世界的重要方式。在生活中，常常可以看见6个月以上、2岁以内的婴儿把抓住的或者地上捡到的东西往嘴里塞。这实际上是婴儿通过口腔触觉辨别、认识物体的表现。家长不要阻挠孩子的这一探索活动，千万不要怕脏而不给孩子东西，或者把孩子的手包上，而应常清洗玩具和提供无毒安全的玩具。

(2)手的触觉

当婴儿的手部动作发展起来以后，口腔探索逐渐退居次要地位，手的触觉发展分为以下三个阶段。

第一个阶段是“手的本能触觉反应”阶段。这种本能触觉反应是指婴儿的抓握反射。当有物体碰到婴儿的手掌心时，他会立即收起手指，紧握物体，必须把婴儿的手指掰开才能拿开物体。

第二个阶段是“手眼协调”阶段。手眼协调是指“手的触觉与视觉的协调”，一般出现在婴儿5个月左右。在此之前，婴儿无法用视觉指导手的动作，因为婴儿的手和物体都在争当视觉的目标，当婴儿的手进入婴儿的视野时，婴儿就会立即放弃对视野中物体的探索欲望，停止手够物的动作而专注地去看自己的手。而5个月以后的婴儿，视觉和手的触觉开始为达到同一个目的而进行协同活动。婴儿在看到玩具时会把手伸到视觉范围内，用视觉检查手的位置后，再通过视觉把手移到玩具所在处。

第三阶段是"双手协调探索"阶段。7个月后,婴儿开始使用双手探索世界。在通过双手摆弄物体的过程中,婴儿能够更好地研究、理解具体物品的特点和性质。

◆ 4.味觉和嗅觉

新生儿的味觉十分敏锐,出生时就拥有完整的味觉功能,这与口腔和咽喉部的味蕾分布直接相关。新生儿能够分辨不同的味道,并有明显的味觉偏好。在4个月前,婴儿偏好甜味。当尝到甜味时,会引起急切的吸吮行动和露出满足的表情。4个月后,婴儿开始偏好咸味,为辅食的添加做准备。

知识拓展

新生儿味觉和"第一口奶"

婴儿出生后,有些产妇初乳还很少。由于担心母乳过少导致婴儿会饿着,民间过去有一些做法是先给新生儿喂些糖水、葡萄糖水、配方牛奶,甚至黄连水,以缓解婴儿的哭闹。其实,这种做法十分不利于日后母乳的喂养。胎儿在母亲子宫内靠脐带从母体中吸取营养,出生后要从脐带转变为通过自己的消化道来获得食物、消化食物、吸取营养。这个转变得有一个过程,一两天内婴儿不吃任何食物并不会饿着。另外,新生儿一天中的大部分时间都在睡眠之中,所以母亲不必担心婴儿会饿着。

婴儿出生后第一口食物应该是母亲的初乳,也就是生产后四五天以内的乳汁。这不仅是因为初乳含有婴儿生长发育所需要的全部营养,有利于婴儿肠道建立有益菌体系、增强免疫功能,还因为婴儿对第一口奶是有记忆的,他不仅会记住第一口奶的味道,而且还会因此排斥其他口味的奶。如果婴儿的第一口奶是配方奶粉的话,很可能会导致婴儿喜欢奶粉的口味而排斥母乳。因此,除非母亲绝对没办法哺乳,否则不能给新生儿补喂糖水、葡萄糖水或牛奶等辅食。

○ 参考资料:https://wenku.baidu.com/view/653c85f40812a21614791711cc7931b764ce7b72.html

新生儿的嗅觉也相当灵敏,能辨别不同的气味,尤其对来自母亲身上的气味特别敏感。已有研究发现,6天的新生儿就能辨别自己母亲身上的气味。若在婴儿的鼻子两侧各放一块奶垫,上面留有两位母亲的乳汁,一侧是婴儿自己母亲的奶垫,另一侧是他人母亲的奶垫,观察新生儿是否能将头转向自己母亲的奶垫。结果发现,出生2天的新生儿未表现出对自己母亲奶垫的兴趣,而到了第6天时,大多数新生儿能经常地将头转向自己母亲的奶垫。

(二)知觉的发展

知觉是直接作用于感觉器官的事物的整体在脑中的反映,是人对感觉信息的组织和解释的过程。知觉和感觉一样,都是刺激物直接作用于感觉器官而产生的,是个体对现实的感性反映形式。离开了刺激物对感觉器官的直接作用,既不能产生感觉,也不能产生知觉。知觉具有整体性、恒常性、意义性和选择性。婴儿主要发展的是空间知觉。空间知觉是指对物体形状、大小、方位、距离等空间特性的知觉。

◆ 1.形状知觉

形状知觉是空间知觉的一种，是对物体的轮廓及各部分组合关系的知觉。婴儿刚出生不久，就具备一定的形状知觉。2个月以内的婴儿偏好对比鲜明的图案和人脸的图案，关注图形的局部特征而非整体，更多注视图案的边缘而不是内部。有研究者选择6~11周的婴儿，给他们出示不同复杂程度的图形。结果发现，月龄小的婴儿对中等复杂图形注视较久，而月龄大的婴儿对更加复杂的刺激注视较久。不同月龄的婴儿，倾向于选择与自己发展水平相适应的刺激。2个月以后的婴儿喜欢更为复杂的图形，比起不对称图形，偏好对称图形；比起平面图形，偏好立体图形；比起直线，偏好曲线和弧线；开始从注意图形局部向注意图形整体发展，从注意图形轮廓向注意图形内部发展。

随着婴儿月龄的增长，他们认识图形的正确率逐渐提高。婴儿对图形的掌握顺序一般为圆形、正方形、三角形、长方形、半圆形、梯形、菱形、平行四边形。婴儿在图形辨认上，先发展配对能力，其次是指认能力，最后是命名能力。3岁以内的婴幼儿能够做到图形匹配，但命名能力较差。另外，婴儿往往会用自己熟悉的物体名称代替几何图形的名称。因此，在培养婴儿的图形认知时，需要根据婴儿的月龄发展特征，利用生活情境中的物品，由易到难地认识各类形状，发展其图形指认和命名能力。

◆ 2.大小知觉

大小知觉是头脑对物体的长度、面积、体积在量方面变化的反映。它是依靠视觉、触觉和动觉的协同活动实现的，其中视知觉起主导作用。婴儿的大小知觉随着月龄的增加而逐渐发展。2.5~3岁的幼儿可以根据成人的语言指示拿出大皮球或者小皮球。这一年龄段是幼儿判断平面图形大小的能力的快速发展时期。

◆ 3.方位知觉

方位知觉是人们对自身或客体在空间的方向和位置关系的知觉。新生儿就具有基本的听觉定向能力，并成为婴儿早期空间定向的主导形式。婴幼儿方位知觉的发展顺序是上下、前后、左右 。一般而言，儿童在3岁的时候能辨别上下方位，4岁时能辨别前后方位，5岁能以自身为中心辨别左右方位，7~8岁能以客体为中心辨别左右，9~11岁能比较概括地、灵活地掌握左右方位。这时，儿童突破了左右关系的相对性，能够辨别物体之间的左右空间关系。但是需要注意的是，个别个体的方位知觉发展差异较大，有的人一生中的方位知觉都较差。

按照个体方位知觉发展的规律，对于3岁以下的婴幼儿，以上下方位辨别练习为主。在练习时，注意以婴幼儿为中心让其辨别方位。在3岁左右，可以增加对前后方位的训练。同时，由于婴幼儿对方位词的掌握滞后于对方位的辨认，因此，要在日常生活情境中训练婴幼儿的方位知觉，多重复方位词，促进婴幼儿将方位与方位词进行联系。

◆ 4.距离知觉

距离知觉又称立体知觉或深度知觉，是对同一物体的立体或对不同物体的相对距离的知觉。距离知觉的信息主要来源于视觉和听觉。视网膜虽然是一个二维的平面，但人不仅能感知平面的物体，还能对具有深度的三维空间产生知觉。有关距离知觉的线索，既有双眼视差、双眼辐合、水晶体的调节、运动视差等生理线索，也有对象的重叠、线条透视、空气透视、对象的纹理梯度、明暗和阴影以及熟悉物体的大小等客观线索。根据自己的经验和有关线索，单凭一只眼睛观察物体也可以产生距离知觉。而听觉方面的线索主要是物体发出声音的物理属性，如声音的大小等。

通过视觉逼近实验和视觉悬崖实验，可以研究婴儿是何时具备距离知觉的。视觉逼近实验是向婴儿呈现一个以一定速度向其逐渐逼近的物体或影像，观察婴儿是否有闭眼、后仰、抬胳膊阻挡等防御性反应。研究发现，新生儿已能对逼近物有某种初步反应；2～3个月的婴儿对逼近物有保护性闭眼反应，4～6个月的婴儿对逼近物有躲避反应。

知识拓展

视觉悬崖实验

婴儿对于“深度”是否具有感知能力？吉布森和沃克(1961)的视觉悬崖实验巧妙地揭示了这个答案。“视觉悬崖”的装置是在一个台子上放置一块长方形的玻璃，而在玻璃下方用红白格子布铺设成两种平面：一边是浅的，与台子等高；一边是深的，具有一定的深度。把婴儿放在玻璃板的中间，婴儿的母亲则分别诱导婴儿爬过浅的一面或深的一面。

研究发现，6个月的婴儿会从浅的一侧爬向母亲，而拒绝爬向“悬崖”一侧，即使母亲在“悬崖”一侧召唤婴儿也一样。这表明，6个月的婴儿已具备深度知觉。那么，更小的婴儿是否也具备深度知觉呢？研究者将还不会爬的2个月大的婴儿放在玻璃板的“悬崖”一侧，发现婴儿的心率减慢了，而放在浅的一侧却没有这种变化。心率减慢通常表明个体的注意力集中。这说明，尽管小婴儿没有像大婴儿一样出现害怕的情绪，可是他们已经注意到深和浅的差别。视觉悬崖实验说明个体在婴儿早期就具备深度知觉。

○ 参考资料：陈帼眉．幼儿心理学(第2版)[M].北京：北京师范大学出版社，2017.

二、0~1岁婴儿的动作发展

动作是指个体在一定动机和目的下指向一定对象的运动。在运动学中，动作被看成是在一定的时间和空间限定下，肢体、躯干的肌肉、骨骼、关节协同活动的模式。动作是人类个体极其重要的一个发展领域，是婴儿早期智慧形成的基础。正是因为动作扩大了个体与周围环境交往的范围，个体才能够多角度、深入地探索其周围的物质世界与社会环境，从而获得大量新的经验。因此，要充分保证婴幼儿的游戏和户外活动时间，使他们获得充分的感知运动经验，实现粗大动作协调和精细动作协调，促进感觉运动系统机能的平衡发展。

大多数婴儿的动作技能发展呈现相同的顺序，并出现在大致相同的年龄。动作发展的规律表现为：

第一，由全身性的、笼统的、散漫的，逐渐分化为局部的、准确的、专门化的。比如，新生儿无论身体任何一个部位受到刺激，都会出现哭喊等全身性反应。随着月龄的增长，婴儿的动作才会逐渐分化为更为准确的局部反应。

第二，由身体的上部发展到下部。如大动作的发展顺序是抬头、翻身、坐、爬、站、行走等。

第三，从大肌肉动作到小肌肉动作。动作可以分为大肌肉动作和小肌肉动作。大肌肉动作是大肌肉或大肌肉群所组成的随意动作，常伴有强有力的大肌肉收缩、全身运动神经的活动以及肌肉活动的能量消耗。小肌肉动作是手、眼睛、脸、嘴等部位的小肌肉的随意动作，一系列小肌肉动作构成了协调的小肌肉运动技能。婴儿往往先发展躯体的大肌肉动作，如头部动作、躯干动作、双臂动作、腿部动作等，再发展精细动作。

第四，从中央部位动作到边缘部位动作。婴儿的动作发展有着“近远规律”，靠近头部和躯干的部位先发展，然后是远离身体中心部位的动作的发展。比如，当婴儿在抓取物品时，开始是用肩头与手肘，然后才学会用手腕及手指。

（一）婴儿期的无条件反射动作

动作的发展是与神经系统的发展平行运作的，而神经发展则由较低等的脊髓神经逐渐发展到高等的脑中枢神经。因此，婴儿的动作发展也由无条件反射动作发展到成熟的有意识控制的动作。无条件反射动作属于原始反射，是婴儿与生俱来的先天性反射动作。这是婴儿最早出现的动作，对其具有生存意义，使之能更好地适应环境。同时，这些无条件反射动作为婴儿的后天动作学习打下了基础，有利于后期的抓握、爬行、行走等能力的发展。大部分原始反射会随着婴儿的生长、发育而逐渐消失。需要注意的是，一些无条件反射动作是否在特定的时间里消退，可作为检验婴儿神经系统是否正常的指标。

◆ 1.觅食反射

觅食反射又称搜索反射，用手指或乳头轻触新生儿的口角或面颊，新生儿就会将头转向被触摸的这一侧，并把口张开。该反射有利于新生儿找到食物。

◆ 2.吸吮反射

将乳头或手指放在婴儿的两唇之间或口内，婴儿会有节奏地吮吸手指。吸吮反射一般在出生后三四个月自行消失，逐渐被主动的进食动作所替代。若新生儿的吸吮反射消失或明显减弱，则提示有脑内病变，1岁后吸吮反射仍存在则可能有大脑皮质功能障碍。

◆ 3.游泳反射

将新生儿以俯卧的姿势轻轻放进水里，新生儿会本能地抬头、伸腿，做出协调的游泳动作。该原始反射的功能在于，如果不小心落水有助于婴儿存活。游泳反射在婴儿6个月后逐渐消失。8个月后，婴儿开始有意识地做游泳动作。

◆ 4.眨眼反射

用亮光照射婴儿的眼睛，或者在婴儿头部上方拍手，婴儿会快速闭上眼睑。该原始反射可以在强刺激中保护婴儿。

◆ 5.踏步反射

当婴儿被竖着抱起，把他的脚放在平面上时，他会做出迈步的动作。具体而言，从婴儿背后将双手放在婴儿腋下，并以拇指扶住其头部、背侧，使婴儿直立后，以其足部接触地面。小心，不可使其足部向足底弯曲，婴儿的反应为髋与膝关节弯曲和用受刺激的脚踩住地面。当轻缓地移动婴儿向前走时，其以一只脚置于地面，另一只脚会举步向前，产生几个一连串步伐交换的运动。这一反射在新生儿出生后不久即出现，6～10周消失。若8个月后仍有踏步反射，则可能有脑部疾病。

◆ 6.抓握反射

将手指触及新生儿手心时，新生儿会马上将其握紧不放。这种抓握十分有力，甚至可以使婴儿自己的身体悬空。该反射一般在出生后4～6个月消失，并被自主抓握取代。

◆ 7.拥抱反射

当突然改变新生儿的姿势时，或者当其听见大的声音时，新生儿会出现两上肢向两侧外展伸直、手指伸开、两下肢伸直，然后两上肢向胸前屈曲内收，呈拥抱状姿势，有时伴有啼哭。需要注意的是，该反射一般在出生后4~5个月消失。如果9个月后仍然出现拥抱反射，则是大脑慢性病变的特征。

◆ 8.躯体同向反射

两手抓住婴儿腋下，以臂膀平举向着检查者，然后将他转到一侧，婴儿头部会随着旋转的方向转动。

◆ 9.惊跳反射

惊跳反射又称莫罗反射。当听到突如其来的噪声刺激，或者被突然放在床上，新生儿会立即把双臂伸直，双手打开，弓起背，头向后昂，双腿伸直。正常情况下，该反射在婴儿出生后的3~5个月自然消失。如果超过6个月还存在惊跳反射，则可能有神经病变。

（二）0～1岁婴儿的粗大动作发展

婴儿出生的第一年是粗大动作发展得最快的时期。民间俗语“二抬四翻六会坐，七滚八爬周会走”，描述的正是婴儿粗大动作的发展规律。随着月龄的增加，婴儿的神经和肌肉都迅速发展，身体的协调能力、控制能力不断提高。特别是脊椎生理弯曲的出现，是婴儿粗大动作发展的生理基础。婴儿刚出生时，脊椎是没有生理弯曲的。脊柱出现的第一个生理弯曲是颈椎前凸，形成于婴儿3个月左右。该生理弯曲形成后，婴儿可以抬头和转头。脊柱出现的第二个生理弯曲是胸椎后凸，形成于婴儿6个月左右。该生理弯曲形成后，婴儿可以独坐。而学步则代表着第三个生理弯曲的形成，也就是腰椎前凸，腰部力量也得到了加强。三个生理弯曲都完成后，脊柱呈现“S”形，但是婴儿的骨骼还很软，形状并不稳固。

表1　婴幼儿粗大动作发展特征表[①]

月龄段	主要特征	粗大动作发展表现
0~3月	原始反射动作和初步的自主动作。	刚出生的婴儿会做出搜寻反射、吮吸反射、抽缩反射、抓握反射等反射动作;自主动作主要包括头颈部和身体控制,2~3个月的婴儿在俯卧时可自主左右转头,3个月会出现仰卧翻身动作。
4~6月	对颈部和躯干控制加强。	4个月的婴儿在身体倾斜时可以保持头部平衡,6个月左右可在仰卧时把头抬离地面;4个半月时在帮助下能够首次坐立,5个月左右能够独自坐立,6个月时独自坐立更稳定、更长久。
7~9月	坐和直立动作进一步发展,出现最早的自主位移动作:爬行。	7~8个月时能够自己从俯卧位变换到坐立位,并表现出腹地爬(匍匐爬行),8个半月时能够使腹部脱离支撑面而用手和膝部爬行。
10~12月	"蹲—站"动作灵活,出现"扶物行走"动作。	9个月的婴儿在大人的帮助下可以站立片刻,10个月以后可以用手扶着栏杆试着从坐立位起来,10~11个月可以在由站变为坐时不跌倒,11个月能够掌握屈身坐下技巧,并出现"扶物行走"动作。
13~18月	以移动运动为主。	幼儿行走由跌跌撞撞到逐渐稳当;18个月左右的幼儿能够走得很好,并逐渐学会拐弯、转身等,已基本上不会摔倒;13~18个月的幼儿能够上下楼梯。
19~24月	站、走技能进一步完善,开始会跑、双腿蹦。	19~24个月的幼儿经过练习会单脚站立几秒,也可以在大人的帮助下走平衡木和斜坡;开始出现跑、双腿蹦动作,能够扶着物体上下楼梯并能在一定高度的攀登架上行走。
25~30月	各种动作均衡发展。	学会自由行走,跑、跳、攀登楼梯或台阶等动作的技巧和水平进一步提高,能跨过小的障碍物,开始滑滑梯。
31~36月	动作的力量、速度、稳定性、灵活性和协调性进一步增强。	开始形成快速奔跑的平衡能力,能安全地做跳跃动作,会单脚蹦;可以左右脚交替上下楼梯,能够骑脚踏三轮车。

◆ 1.抬头

刚出生的婴儿由于头大、头重、骨骼的胶质多、肌肉不发达、力量比较弱,还不会抬头。随着颈部骨骼和肌肉的发育,会慢慢学会左右转头、竖直抬头和俯卧时抬头。婴儿1个月大时,无法在俯卧时主动抬头;2个月大时,下颏可离开床面做45度抬头;3个月大时,下颏和肩部可离开床面做45度~90度的抬头;4个月大时,面部可离开床面做90度抬头;5个月大时,可以自己抬头,自由活动头部;6个月大时,可以完全控制头颈活动。

一般而言,婴儿4个月大时,脖子基本能够支撑起头部,但是如果到了5个月大时,婴儿还

① 参考资料:张家琼,杨兴国.婴儿生理心理观察与评估[M].北京:科学出版社,2019.

不能稳住头部，最好去医院做进一步的检查。对婴儿进行抬头训练时，家长不要操之过急。过早、刻意的抬头训练，反而不利于婴儿骨骼和肌肉的发育。应该根据婴儿的月龄情况，依次进行俯卧抬头、竖抱抬头、俯腹抬头、坐位抬头、扶肩抬头、直立抬头、转头训练。

知识拓展

婴儿抬头训练的注意事项

第一，做好训练准备。在训练婴儿抬头的时候，首先是要做好练习的环境准备。婴儿趴的地方一定要安全，婴儿的身体附近不能有任何障碍物，比如被褥、手绢等，这些物品可能会影响婴儿的呼吸。另外，训练要在婴儿心情愉快、身体健康的时候进行，不要在婴儿吃完奶后立即进行，以防止吐奶。

第二，采用恰当的训练方法。在训练婴儿时，可以让其俯卧在床上，两臂弯曲放在胸前，注意手心向下支撑身体。家长可以用色彩鲜艳的玩具在婴儿前面吸引其注意力，引导婴儿抬头和转动头部，以达到训练目的。在训练初期，有些婴儿可能一趴下就会哭闹。在这种情况下，家长不要婴儿一哭就马上抱起来，否则容易让婴儿产生依赖心理，不利于后续的其他训练。同时，注意训练时间不要过长，避免造成婴儿身体的疲惫。开始时，每天训练一次，每次一到两分钟即可。后期可以慢慢加长每次训练的时间和每天训练的次数，不要急于求成。当婴儿完成了一次练习后，家长可以让婴儿侧身，通过轻抚其后背来放松肌肉。家长还可以通过“宝宝真棒”等语言鼓励婴儿，这种身体上的放松和情感上的鼓励，更利于激发婴儿训练的积极性。

○ 参考资料:https://www.sohu.com/a/3837990_113481.

◆ 2.翻身

翻身，看似一个简单的动作，却是婴儿学习移动身体的第一个动作。当婴儿学会翻身，趴着抬起头来向前看时，一幅全新画面会展现在婴儿眼前，婴儿会兴奋不已，开始兴趣盎然地要学习其他更为复杂的肢体协调动作。

(1)婴儿翻身动作的发展规律

按照“三翻六坐七八爬”的规律，许多婴儿在2～3个月大的时候开始尝试翻身。这个时候的翻身动作主要是依靠上身和上肢的力量把头和上身翻过去，臀部以下依然是仰卧位。通过2~3个月的练习，到5个月的时候，婴儿翻身就较为协调了，不仅能熟练地从仰卧位翻到侧卧位，还能从仰卧位翻到俯卧位，或者主动支起上身并抬起头来。但此时，婴儿还不能从俯卧位翻回到仰卧位。直到6~7个月大时，婴儿才能轻松地来回翻滚。

需要注意的是，婴儿翻身的时间有较大的个体差异。有的婴儿在3个月之前翻身一次之后就再也不翻身了；有的婴儿会跨越翻身的阶段而直接开始坐或是站；有的婴儿在能站立之后才突然开始学会翻身；有的婴儿因为太胖，导致翻身困难；还有的婴儿在发展翻身动作的时候正好处于冬季,穿得太多,就像被捆绑起来一样,想动也动不了。一般来说,婴儿只要在3~6个月大时学会翻身,都是正常的。家长不必为婴儿不翻身或是翻身比较晚过分担心。但是,如果婴儿到7个月时还不会翻身,应到医院做进一步检查。

(2)婴儿翻身动作的训练要点

当婴儿出现以下情况时,说明婴儿开始准备翻身了。第一,婴儿总向着一个自己感兴趣的方向侧躺着时,这表明婴儿可能有了翻身的意识,只是还没有掌握翻身的要领。第二,婴儿在睡觉时,总是将自己的小脚向上扬,或者总是抬起脚摇晃,也表明婴儿有了翻身的意识。这是由于婴儿在一开始还不能很好地转动腰,所以只是把脚摇来摇去或晃动身体。第三,如果婴儿在俯卧位时能够自觉、自如地抬起头,并且还能将头与胸部都抬起来,这说明婴儿的颈部和背部肌肉已经有一定的力量,可以进行翻身动作了。这时,家长可以通过以下方式来帮助婴儿翻身。

第一,移动婴儿的双腿。当婴儿学习翻身时,刚开始可能只有上半身能翻过去,下半身还无法完全跟上节奏,这时候家长可以稍微移动婴儿的双腿,让婴儿的两腿成交叉姿势,这样婴儿就能比较顺利地翻身了。

第二,扶住婴儿的肩膀和腿部。假如婴儿已经会从仰躺翻转为侧躺,但无法顺利翻成趴姿,或是无法翻回仰姿时,家长可以从婴儿的身后扶住婴儿的肩膀和大腿,帮助婴儿翻转身体。

第三,背部刺激法。训练时,家长可以先让婴儿仰卧在硬板床上(衣服不要穿得太厚,以免影响婴儿的动作),再把婴儿的左腿放在右腿上,以你的左手握婴儿的左手,让婴儿仰卧,以你的右手指轻轻刺激婴儿的背部,使婴儿自己向右翻身,直至翻到侧卧位为止。

第四,玩具逗引法。训练方法与背部刺激法相同,但不是刺激婴儿的背部,而是在婴儿的一侧放一个色彩鲜艳的玩具,逗引婴儿翻身去取。如果婴儿还不能自己翻身,家长也可以握住婴儿的另一侧手臂,轻轻地把婴儿的身体拉向玩具一侧。每次数分钟,逐渐让婴儿学会自己翻身。

进行婴儿翻身训练时,家长需要注意:第一,防止婴儿意外摔落。家长不要把能侧身或者已经学会翻身的宝宝独自放在沙发上、桌子上或床上。即使是面积较大的床,婴儿也可能很快翻到床边。同时,婴儿在睡觉时,可能会因为不经意的翻身而滚到床下。如果床下的地面有异物,则更加危险。可以在婴儿床的周围加上护栏。第二,防止婴儿窒息。不要在床上放太多东西,被子和枕头要摆放平整。婴儿如果没能熟练地掌握翻身技巧,可能会控制不好方向或者翻成俯卧状却翻不回来,若此时婴儿正好翻到了不透气的东西上面,很容易引起窒息。因此,在翻身训练时,家长应全程陪同在婴儿旁边。第三,不要强迫婴儿翻身。如果婴儿没有强烈的意愿想要翻身,而家长强迫其翻身,反而会引起婴儿对翻身的排斥。另外,家长用力过大也容易伤到婴儿。第四,翻身训练不要过于频繁。翻身对婴儿来说是一个体力消耗较大的动作,因此,每天翻身训练的时间不宜过久,应以几分钟为宜。家长不要急于求成,应该遵循婴儿自身的发展规律。第五,选择适当的训练时机。选择婴儿心情愉悦的时候训练,以吃奶后两个小时为宜,避免婴儿因为翻身而吐奶。

◆ 3.坐

当婴儿学会翻身后，紧接着出现的标志性动作就是坐。当婴儿坐起来以后，视角和平躺的时候完全不一样了，婴儿可以从新的角度观察他所处的世界。独坐过后，婴儿可以解放自己的双手，用来触摸、抓取、探索周边的物体。在探索的过程中手指会越来越灵活，为精细动作的发展和认知发展奠定良好的基础。同时，当婴儿坐起时，头部与躯干能保持竖直，大大降低了进食被噎住的可能性。另外，婴儿和家长面对面的交流也变得比躺着的时候更有主动权，亲子互动变得更有趣了。

婴儿真正的独立坐起，要等他能控制头部以后才能实现。从大约第4个月起，婴儿的颈部和头部肌肉开始变得强壮，他趴着的时候能把头抬起来。接下来，婴儿将慢慢学会用胳膊撑起身体，使胸部离开地面。到5个月时，婴儿也许就能不依靠支撑地独坐一会儿了，但家长还是应该守在他身旁，以便随时扶他一把，并且在婴儿周围垫好枕头或靠垫，以防他摔倒。随后，婴儿在独坐时开始用单手或双手撑着来保持平衡了。到7个月时，婴儿不用双手支撑也能自己坐稳，这样他就可以在坐着的时候扭转身体去拿自己想要的东西。在这个阶段，婴儿甚至可能学会在趴着的时候用胳膊撑着坐起来。如果婴儿在8个月的时候还不能独坐，就需要去医院做进一步的检查。

需要注意的是，坐姿对脊柱的要求比较高，如果婴儿的骨骼还无法承担上半身的力量，脊柱就会疲劳或变形。所以，过早地坐或者站立都对其脊柱生理弯曲不利，要尊重婴儿的自身发育情况，没必要跟别人攀比而要求婴儿在规定时间内学会哪项本领。另外，要避免婴儿长时间坐在婴儿推车里。因为他的背部肌肉还缺乏力量，可能支撑不了多久就会坐歪，反而给脊柱带来更大的压力。不正确的坐姿也会让婴儿出现驼背的现象。

◆ 4.爬行

爬行是婴儿的第一次全身系统协调运动，也是真正意义上的位移运动。爬行对婴儿的成长具有重要意义：第一，爬行时，婴儿必须头颈抬起，胸腹离地，用四肢支撑身体的重量，这就使手、脚、胸腹、背以及四肢的肌肉得到锻炼。爬行运动可以提高婴儿的新陈代谢水平，有助于其身体的生长发育。第二，婴儿学会爬行之后，扩大了视野和接触范围，能更多地探索周围环境、积累生活经验。第三，增强手眼协调能力，培养平衡感。爬行必须统合感官信息，与手、眼、脚配合，才能了解周围环境并前进。爬行还可刺激婴儿的内耳或前庭系统，有助于维持平衡感和提高感觉统合能力。第四，促进婴儿空间感和空间知觉能力的发展。婴儿在爬行时，会逐渐知道自己身处何地以及如何避开障碍物前行，这就促进了其空间感和空间知觉能力的发展。

婴儿大约在7个月大时开始匍匐爬行，具体表现是以腹部蠕动，四肢不规则地划动，有时候不是往前爬，而是向后退。在8个月大时，婴儿开始手膝爬行，即用手和膝盖爬行。最后发展为两臂和两腿伸直，用手和脚爬行。家长可以这样训练婴儿爬行：婴儿7个月以后，在其面前放一个玩具逗引他，使其有一个向前爬的意识。在学习爬行的最初阶段，首先要求婴儿双臂和肩能够调换重心，在他向前爬时，身体的重心能从一侧上肢移到另一侧。其次，要求婴儿的腿缩到腹部下面，让其手和膝盖着地。家长用两手轻轻地托起其胸部和肚子，帮助他的手和膝盖着地，然后向前稍微送一下，让婴儿有一种爬行的感觉。家长还可以用手顶住他的脚板，促使他的脚用力向后蹬，这样他就能向前挪动一点。另外，还可以练习俯卧，反复锻炼双腿的力量及重心转移能力，婴儿很快就能学会爬。爬行训练要循序渐进，每天训练4次，每次10～20分钟，可以在游戏情境中训练爬行。

婴儿学会爬行后活动范围扩大，家长要防止婴儿发生跌落。因此，家长不要把婴儿单独留在床、沙发、摇椅、儿童餐椅或其他任何可能从上面摔下来的地方。应该在窗户、露台上安装安全防护网或防护栏。复式结构的房子要在楼梯头尾处安装防护门，避免因为跌落导致意外事故。尽量让婴儿在家里的木地板或者软垫上爬行，避免婴儿在水泥地、瓷砖地等过于坚硬的地面上爬行，以防婴儿磕伤、碰伤或者皮肤划伤。家长要妥善处理尖锐物品。婴儿在爬行的时候最好让他们远离桌椅处，以免婴儿的身体磕到家具而导致受伤。家长还可以将所有的桌角和柜子角套上护垫，就算婴儿不慎撞到，也能将伤害降到最低。在婴儿爬行的时候，务必保证地板上没有尖锐的物品，如钉子、针等，确保婴儿爬行时不被扎伤。需要注意的是，当婴儿爬到插座附近，可能会因为好奇而用手指触碰插座孔洞，带来触电危险。家长可使用插座防护盖或者安全插座来避免此类意外事故的发生。

◆ 5.站立

婴儿在经历了抬头、坐、翻身、爬行等运动发育的过程后，就慢慢过渡到学习站立了。站立不仅仅是运动功能的发育，同时能促进婴儿的智力发展。站立是婴儿后期粗大动作发展的基础。婴儿能够站立后，才能发展出行走、跳跃等动作。同时，站的姿势能够让婴儿的视野更为开阔，更好地探索他所处的环境。

婴儿三四个月大，成人用手扶着其腋下站立时，婴儿的膝关节和髋部往往呈屈曲状，显得无力，站不住。到5～6个月大时，婴儿被成人用手扶着腋下站在地上或者成人腿上时，会像皮球一样在成人腿上跳上跳下。7～8个月大时，婴儿能够较好地支撑身体，成人搀扶时能够站立片刻，背、腰、臀部能伸直。9个月大时，婴儿可以自己扶着东西站立。10～12个月大时，婴儿可以自己独站片刻。需要注意的是，不同婴儿的发展时间差异较大。有的婴儿在7个月大时就喜欢自己扶着东西站立了。但是，如果婴儿在11个月大时还不能扶物站起，则需要去医院做进一步检查。

知识拓展

自主扶站和人为扶站

婴儿的扶站分为自主扶站和人为扶站两种。前者是指婴儿会自己借力于身边的物品，如沙发、栏杆、玩具等站立起来。后者是指家长扶着婴儿的身体使其站立，大多数情况都是架着腋下帮其站立。一般而言，对自主扶站不干预、不鼓励，对人为扶站不提倡。婴儿的肌肉力量发展遵循自上而下的规律，依次从脖子、肩膀、背部、腰部、骨盆到腿和脚。因此，当婴儿上半身的肌肉力量未发育成熟而练习下半身的肌肉时，有害无利。小月龄婴儿的下肢力量和他的髋、膝、踝的稳定控制能力还不够，长时间的站立实际上是一种负荷过度的活动，有可能造成以下不良后果。

第一，形成错误姿势。长期维持一个错误的姿势，肌肉就会习惯于这种姿势，再改变就会相对困难。小月龄的婴儿因为腿的肌肉力量不足以支撑自身体重，会倾向于借助于脚的力量，这样就会养成“踮脚”和“膝盖绷直”的习惯。经常这样做，婴儿的脚一接触地面，就会习惯于绷起来，从而影响真正学步的进程。

第二，影响平衡能力的形成。平衡能力需要婴儿自己体会和学习，通过经历跌跌撞撞的阶段，才能学会让肌肉用力，才能让自己保持平衡。人为扶站本质上是一种过度帮助，婴儿如果习惯于被扶着保持站立，缺少了练习平衡能力的机会，反而会拖慢学步的进程。家长的“揠苗助长”并不能实现婴儿大动作的跨越式发展。

第三，耽误了其他大运动发展的时机。婴儿出生后，标志性的大动作有抬头、翻身、独坐和爬行，每一种动作都能发展其身体协调能力、肌肉力量。但是，如果从很小的时候就总是被人为扶站，婴儿就会因为更喜欢站立姿势的视野而不愿意趴着，导致腰背的核心肌肉力量没有机会锻炼，独坐动作延迟发展。婴儿还可能直接跳过爬行阶段，没有充分锻炼其动作协调能力。在后期学习走路时，也可能因为缺乏平衡力而更容易摔倒。因此，被动扶站的意义更多地体现在亲子沟通上。

○ 参考资料：张家琼，杨兴国.婴儿生理心理观察与评估[M].北京：科学出版社，2015.

（三）0~1岁婴儿精细动作发展

精细动作指个体主要凭借手以及手指等部位的小肌肉或小肌肉群的运动形成的动作。早期精细运动技能发育与脑认知发育进程存在时间和空间的重合，早期精细运动技能的顺利发育和有效发展有利于早期脑结构和功能更加趋于成熟，进而促进认知系统发展。婴儿的精细动作是一个逐渐统整和协调的过程，主要表现在抓握动作、双手协调动作、手眼协调动作的发展上。需要注意的是，如果婴儿6个月大时不能伸手抓物，12个月大时不能用拇指、食指取物，则需要去医院做进一步检查。

表2　婴儿精细动作发展特征表①

月龄段	主要特征	精细动作发展表现
0~3月	以抓握动作为主。	抓握反射在新生儿中最常见,1个月左右的婴儿会松开手指做些抓东西的简单动作,如抓住小摇铃片刻;3个月起出现手部的抚摸动作,如无意地抚摸亲人、玩具等。
4~6月	抓握动作进一步发展,出现手眼协调动作。	4个月时能够双手抓东西,随后开始用手掌、手指抓握物体;4~5个月开始把一个物体从一只手转到另一只手上,5个月时双手在眼睛的引导下可以轻松拿到东西。
7~9月	摆弄物体的能力加强,手指抓握能力更加灵活,形成初步的"对指"能力。	能拿瓶子,能自己吃饼干,能抓着自己的脚往嘴边拽。7个月左右,抓握时拇指与其他四指平行;8~9个月,抓握时将拇指与食指相对,用两手抓起物体。
10~12月	钳形抓握动作趋于准确,手眼协调能力快速发展,开始自发用笔涂鸦。	能捡起葡萄干和小珠子之类的小东西;能协调双手的动作(一只手拿杯子,另一只手取杯子里的东西);能抓住铃铛的柄或铅笔的末梢;能将物体从装得严实的地方弄出来(如打开糖果纸)。
13~18月	手腕、手指控制比较灵活,手眼协调能力快速发展。	两手可自如地拿起喜爱的玩具进行组合,能稳固地摆放图板,1岁半时能较稳当地握笔;能搭3块以上的积木,可使用杯子和小勺喝水。
19~24月	手眼协调能力不断发展,能够用绳子穿扣眼。	搭积木能力不断提高,能够搭6块以上;握笔及画线的能力有所提高,能用大拇指及食指和中指抓握铅笔并画出直线;穿袜子、开关门等生活自理能力逐渐显现。
25~30月	手部动作更加灵活,能较准确地运用物体。	会拼搭各种形状的积木,如小房子、小货车、门楼等;可以用指尖抓笔在纸上随意画,开始使用筷子,学着穿脱衣服、系扣子等。
31~36月	手部动作越发灵巧,手眼协调能力更好。	能有目的地使用剪刀,握笔姿势达到正常水平,可以独立画出十字形、正方形等;可以跟着大人学折纸。

0~1岁婴儿的精细动作以抓握动作为主。抓握动作是个体最初和最基本的手部动作,是婴幼儿掌握更复杂动作的基础。在抓握的基础上,个体慢慢发展出画画、剪贴、折叠、书写等技能。新生儿刚出生时,拇指在手心呈握拳状,手还不能主动张开。当成人用手指触碰他的掌心时,婴儿就会紧紧抓握住成人的手指,这是一种先天性条件反射,即抓握反射。到3个月左右,婴儿的抓握反射消失,双手由握拳状变成张开状。之后,婴儿出现无意识抓握,试图去抓一些东西,但是由于距离判断不准,协调能力欠缺,他们往往抓不到。但是婴儿会做出拍打玩具、拉衣服等动作。从4个月开始,婴儿开始出现主动抓握。他们对所有的东西都感到好奇,开始用双手抓东西,什么东西都想放在自己的嘴里。随后,婴儿的抓握动作逐渐熟练,由

① 参考资料:张家琼,杨兴国.婴儿生理心理观察与评估[M].北京:科学出版社,2015.

手掌的尺侧（小拇指侧）抓握发展到桡侧（大拇指侧）抓握，由全手抓握模式发展为对指抓握模式。

国外有学者以一个红色立方体为实验工具，研究了1～13个月婴儿的抓握动作发展，发现婴儿的抓握动作从最初的肩肘活动发展为指尖成熟动作，可以分为以下十一个阶段：

第一阶段，握拳。对于刚出生的婴儿来说，他们的手呈握拳状。当婴儿把自己的手放到嘴里，这除了是手眼协调的萌芽，也是精细动作的开始。

第二阶段，看手。3个月大时，婴儿仰卧时能在胸前看手、吃手。

第三阶段，伸手够物。约4个月大时，在婴儿面前放块红色积木，他还有些够不着。

第四阶段，碰触。在5个月初，婴儿能碰触到红色积木，但不能抓握。

第五阶段，手臂圈物，也被称为“原始抓握”，发生在5个月末。婴儿用手臂圈住立方体，然后在另一只手或者在胸部的支撑帮助下使立方体离开支持表面。这一动作的手指动作并不占主导，所以不能成为真正的抓握。

第六阶段，仿抓握。约6个月大时，婴儿会有弯曲手指“包住”立方体的动作，这才是真正意义上的抓握。

第七阶段，抓握。到7个月大时，动作形式虽然与第四阶段相似，但此时婴儿的手指已经可以克服重力作用把立方体拿起，并且拇指可以与其他四指保持平行。

第八阶段，对指。此时，婴儿拇指与其他四指可以相对地把物体抓握住，对指运动已经显现。

第九阶段，手指间的协调。到8个月大时，婴儿可以拇指与食指、中指并用，把立方体拿起。

第十阶段，手指对捏。到8～9个月大时，婴儿的拇指与食指以相对的方式抓握立方体。

第十一阶段，手指更灵活。到了13个月左右时，婴儿可以用指尖抓起立方体。

婴儿在0~3个月大时，处于抓握反射阶段，具有天生的抓握能力。这个时候，家长可以在婴儿吃饱喝足、心情愉快的时候，轻轻地掰开婴儿的拇指，再将其他手指打开、闭拢再打开，边做边说话、唱歌。最好是将手指一根一根地打开，再一根一根地合拢，记得同时要轻柔地抚摸婴儿的手指。家长还可以给婴儿做手指按摩操。按摩的部位可以是手指的背部、腹部及两侧，但重点是指尖，因为指尖布满了感觉神经，是感觉最敏锐的部位，按摩指尖更能刺激婴儿大脑皮层的发育。按摩时每个指尖每回按摩两个8拍，每天1~2遍。1~3个月大的婴儿特别喜欢看、玩和吸吮自己的手，他们通过这种方式来认识自我。家长可以提供条件协助婴儿玩手，比如，手上拴个红布、戴个铃铛等，但要注意婴儿双手的清洁卫生。

当婴儿更大一点的时候，家长可以协助婴儿学习拇指与其余四指对立的抓握动作和对捏动作。比如，提供大豆、花生等物品让婴儿用手指抓握。在训练对捏动作的时候，如果婴儿总是用拇指和其余几根手指配合抓起东西，而不是单独使用食指与拇指配合对捏，可以将婴儿的中指、无名指及小指握在家长的手里，让婴儿只能学着用拇指、食指对捏。

三、0~1岁婴儿的言语发展

语言是以语音为载体，以词为基本单位，以语法为建构规则的系统。语言是人类最重要的交际工具，是进行思维和信息传递的工具。言语是指人们运用语言进行交际的过程。语言和言语是两个不同的概念。语言是社会现象，是语言学研究的对象；言语则是心理现象，是心理学研究的对象。言语发展对婴幼儿的认知发展和社会性发展都起着重要的作用。在认知发展方面，婴幼儿的言语发展能够使其对概念进行深化和巩固，参与认知加工过程，促进创造性思维的发展。在社会性发展方面，言语发展能够提高婴幼儿的社会交往能力，促进其道德的发展。随着言语能力的不断发展，婴幼儿能以一种全新的方式去认识世界，表达或解释自己的想法和愿望，接受成人的教育，控制和调节自己的行为并有效地影响他人。

婴幼儿的言语发展以听觉、发音器官和大脑三者功能的成熟为基础，是在与人交往的过程中，通过成人的影响和不断的模仿、练习逐渐发展起来的。在这一过程中，婴幼儿不是被动地模仿成人言语，而是主动的参与者。3岁前，婴幼儿言语的发展是一个连续的、有秩序的、有规律的过程，是不断由量变到质变的过程。婴幼儿言语的发展，主要指对母语的理解和口语表达能力的发展，可以分为前言语阶段（0~1岁）、言语发生阶段（1~2岁）和基本掌握口语阶段（2~3岁）。婴幼儿言语的发展是理解先于表达。因此，从出生到说出第一个词要经历一个较长的准备期，称为“前言语阶段”。前言语阶段主要表现在以下两个方面：第一，理解词的准备，包括语音知觉和对词语的理解；第二，说出词的准备，包括发出语音和说出最初的词。0~1岁婴儿的言语发展分别经历了以下三个阶段。

（一）简单发音阶段（0~3个月）

新生儿一生下来就会因为饥饿、渴、疼痛等原因而哭叫，不同原因的哭声在响度、时间、音调上逐渐有所差别，养育者常可根据哭声及其他线索区分出其中的不同。这个月龄段的婴儿已经对语音较敏感，能分辨语音和其他声音。在语言表达方面，对养育者的逗引有反应，会发出“咕咕”声。同时，能发出“a、o、e”一些简单的音节，主要以单音节为主。

（二）连续音节阶段（4~8个月）

在这一月龄段，婴儿经常发出连续的音节，比如“ba、ba、ba”、“da、da、da”等 。6个月后，开始出现近似词的发音，开始发辅音，如“d、n、m”，能辨别一些语调、语气和音色，感知说话者的表情、态度，语言理解能力有所提高。懂得简单的词、手势和命令，能辨别家人的称呼，会在生活情境中指认一些日常物体，会用语音吸引成人的注意。

（三）学话萌芽阶段（9~12个月）

9个月后，婴儿开始真正理解成人的语言。婴儿对语言刺激做出恰当的反应，表现在两个方面：第一，能执行成人的简单指令，并建立相应动作联系。第二，能将一定的语音和实体相联系，但缺少概括性。比如说“灯”，婴儿会用手指卧室的灯，而不会指其他的灯。同时，婴儿的语言交际功能(情境性表达)开始扩展,能通过语音、动作和表情的结合进行交流。到12个月左右,婴儿说出第一个有意义的字、词,这是语言发展的标志。

生活小片段

茵茵4个月大了,只能发出咿咿呀呀的声音,不能说任何有意义的词句。茵茵的妈妈不论是在给茵茵喂奶还是洗澡时,都是埋头做事,极少和茵茵交流。妈妈心想,茵茵这么小,反正她听不懂别人说话,不如等茵茵大些了再和她说话。

茵茵妈妈的做法在家长中占比不少。刚出生的婴儿的确听不懂成人的话,但婴儿一直在观察、吸收周围的刺激。家长多用愉快的口吻和表情对婴儿说话,看到什么就说什么,正在做什么事就讲什么,如"吃奶了""妈妈抱""洗澡了"等,虽然这样做似乎是"对牛弹琴",但会对孩子产生非常重要的潜在作用。婴儿发音多的时候,常是吃饱了、睡够了、情绪好的时候。为此,必须注意给孩子适时喂哺、换尿片,安排好他的睡眠和玩耍,以保持孩子良好的情绪。另外需要注意的是,与孩子说话时,家长应尽量与他保持一样的高度,如孩子坐在童车里,家长就应蹲下去与孩子面对面地讲话,使他能完全看见你的口型,注意到你的发音与口型的变化,这会极大地促进孩子尽早发音或说话。当孩子稍稍具备语言表达能力时,家长须专心地倾听孩子说话,并鼓励他继续发出声音或表达意愿。家长跟孩子说话时,应放慢语速,话尾可留一段空白时间让孩子有机会练习说话,提高他说话的能力。

四、0~1岁婴儿的认知发展

认知是指个体对客观世界的认识活动。具体而言,认知是指人脑接受外界输入的信息后通过注意、感觉、知觉、记忆、想象、思维等进行处理,将信息转换成内在的心理活动,从而实现对个体行为的控制和调节。

婴儿的认知发展遵循以下规律:第一,由近及远。在婴儿未形成客体永久性概念之前,认知的范围局限于自己。随着年龄的增长,在探索周围世界的过程中,婴儿才逐步认识到客观事物也是如自己一样的存在。第二,由点到面。婴儿认知客观事物的过程是由某一局部到整体、由片面到比较全面。他们往往先是专注于事物的某一部分而忽视其他部分。第三,由表及里。婴儿最初只认识到事物的表面现象,以后随着年龄的增长,才认识事物内在的本质属性。第四,由浅入深。婴幼儿认识一个事物,并不是一蹴而就的,而是从最初的认识到比较完全的认识,是要经历多种水平或者阶段、由浅入深的。比如,婴儿数概念的形成,要依次经历:口头数数、给物数数、按数取物、数概念的掌握共四个阶段。下面,从注意、记忆、思维三方面介绍婴儿的认知发展。

(一)0~1岁婴儿注意的发展

注意是指心理活动对一定对象的指向和集中,是伴随着感知觉、记忆、思维、想象等心理过程的心理特征。注意力是指人的心理活动指向和集中于某种事物的能力。注意并不是一种心理过程,而是伴随其他心理过程的一种积极状态。这种状态构成了心理过程的动力特征,也让注意成了人类心理活动的开端。注意分为无意注意和有意注意。无意注意是指没有自觉的目的和不加任何努力而不自主的、自然的注意。有意注意是自觉的、有预定目的,必要时还需要付出一定意志的注意。注意在婴幼儿心理发展中具有重要作用,它不仅使婴幼儿能够从周围获得更加清晰、丰富的信息,同时是其活动成功的必要条件。在整个学前阶段,由于婴幼儿的神经系统特点,无意注意发展较早,并始终占有优势。随着婴幼儿接触环境的变化,接触事物的增多,无意注意的对象、范围不断扩大,无意注意逐渐稳定。直到幼儿前期,随着大脑额叶的发展,幼儿的有意注意逐渐发展,其活动能动性也随之提高。

◆ 1.注意的萌芽

新生儿会无条件地定向反射,即定向注意,这是最原始的注意,也标志着注意的萌芽。例如,大的声音会使他暂停吸吮手脚的动作,明亮的物体会引起其视线的片刻停留。这时的注意主要是外界事物的特点引起的。这种本能的定向注意直到成年后都不会消失。比如,突然出现的巨大声响总是会让人本能地产生"是什么"的反射。但是,这种定向注意随着年龄的增长所占据的地位日益降低。

◆ 2.注意的发展

出生后第一年,婴儿清醒的时间不断延长,变得愈加规律。这一时期,注意迅速发展。婴儿的注意基本都是无意注意。他们对急剧变化的外部刺激最容易产生注意。另外,与婴儿的生存需要有关的、能满足他们的生理需要的事物也容易引起其注意。随着动作的发展,婴儿探索世界的兴趣更浓厚了,而探索活动要靠注意引起和维持,这就促进了注意的发展。这时无意注意仍占主要地位,但注意的范围有所扩大,稳定性有所提高。

具体而言,在0~3个月的时候,婴儿的注意时间一般为几秒钟。环境中具有强烈特征的物体才能被婴儿注意,比如陌生的、色彩鲜艳的或可转动的物体等。同时,对声音刺激的反应强于图像刺激。婴儿注意的选择性具有以下规律:偏好复杂的刺激物;偏好曲线多于直线;偏好不规则的样式多于规则的样式;偏好密度大的轮廓多于密度小的轮廓;偏好集中的刺激物多于分散的刺激物;偏好对称的刺激物多于不对称的刺激物。4~6个月的时候,婴儿较多注视数量多而小的物体,对更复杂、更细致的物体保持更长的注意时间。看到色彩鲜艳的图像时,能比较安静地注视片刻。在注意保持的过程中容易出现对刺激的习惯化。这种习惯化表现为对多次出现的同一刺激,其注视时间会变短。7~9个月的时候,开始对周围色彩鲜明、能响、能活动的东西产生较为稳定的注意。婴儿的知识经验在选择性注意中起到越来越大的支配作用。他们更倾向于注意自己喜欢的、熟悉的、能满足自身需要的物品。比如,婴儿喜欢注视母亲以及喜欢的食物或玩具等。对新异事物的兴趣增加,产生探索性行为和注意。10~12个月的时候,注意时间变长,能注视某一东西超过10秒。

(二)0~1岁婴儿记忆的发展

记忆是过去经验在头脑中的反映。过去的经验是指过去对事物的感知,对问题的思考,在某个时间引起的情绪体验,以及进行过的动作操作。这些经验都可以以映像的形式存储在大脑中,在一定条件下,这种映像又可以从大脑中提取出来,这个过程被称为记忆。人的一切活动,从简单地认识、行动,到复杂地学习、劳动,都离不开记忆。记忆是人的智力活动的仓库。在智力发展最重要的婴幼儿时期,记忆具有更重大的意义。有了记忆,儿童才能学习;有了记忆,儿童才能交往;有了记忆,儿童才具备最终形成个性的必要条件。总之,儿童记忆的发展,为日益丰富的心理世界创造了必不可少的条件。

根据记忆内容的不同,可以把记忆分为形象记忆、词语记忆、情绪记忆和动作记忆。形象记忆是个体对感知过的事物以表象的形式存储在头脑中的记忆。词语记忆是个体对主要以词语为表达方式的知识的记忆,例如概念、定理、公式等。情绪记忆是个体以对曾经体验过的情绪为内容的记忆。动作记忆是以个体过去经历过的身体运动状态或动作为内容的记忆。按信息的编码、存储和提取的方式不同,以及信息存储的时间长短的不同,可以将记忆分为瞬时记忆、短时记忆和长时记忆。瞬时记忆又叫感觉记忆或感觉登记,是指外界刺激以极短的时间呈现后,信息在感觉通道内迅速被登记并保留的记忆。短时记忆是指外界刺激以极短的时间呈现后,保持时间在一分钟以内或是几分钟的记忆。长时记忆是指永久性的信息存贮,一般能保持多年甚至终身。总的来说,婴幼儿的记忆发展趋势是:记忆保持时间越来越长,记忆容量不断扩展,记忆内容以动作、情绪、形象记忆为主,词语记忆逐渐发展。

◆ 1.记忆的发生

在胎儿末期,个体就产生了记忆。有研究发现,从怀孕8个月起对胎儿放音乐,胎儿出生后便会对音乐有熟悉之感。还有研究发现,胎儿期的记忆可以保持到出生后。对哭泣的新生儿播放母亲子宫血流及心脏搏动声音的录音,则正在哭泣的新生儿很快就安静下来,情绪稳定,饮食、睡眠情况也良好,而且体重增加迅速。这是因为胎儿在母亲的子宫中早已熟悉母亲的心音,一听到这种音响就感到安全、亲切。

◆ 2.记忆的发展特征

生活小片段

琪琪快1岁了,妈妈发现,最近琪琪越来越聪明了。比如,当琪琪饿的时候,就会指着奶瓶对着妈妈咿咿呀呀。想出去玩的时候,琪琪还会指着妈妈出门常用的红色母婴包,就像对妈妈说"快带我出去玩吧!"。

0~3个月大时,婴儿以无意识记忆、短时记忆和运动记忆为主。记忆带有较大的随意性,感兴趣的、印象鲜明的事物才能被记忆。记忆时间短,基本处于本能反应,以各种动作、姿势、习惯记忆为主。4~6个月大时,婴儿的长时记忆能力得到发展,有时候能够保持数天甚至数周。视觉记忆有了抗干扰能力,开始区分熟悉和不熟悉的事物。比如,对母亲高兴时的脸和不高兴时的脸有不同的反应。7~9个月大时,长时记忆保持的时间继续延长。搜寻物体的能力增强,能记住物体藏匿的地点,出现大量模仿动作。10~12个月大时,婴儿可以模仿身边熟人的面部表情,知道常用物品摆放的位置及其基本功用。

(三)0~1岁婴儿思维的发展

思维是人脑对客观现实概括的和间接的反映,它反映的是事物的本质和事物间规律性的联系。思维是在感觉、知觉和记忆基础上产生的高级认知活动,是认知过程的核心。思维是一种较为复杂的心理活动,在婴幼儿心理发展中出现得较晚。思维的发展让婴儿的认知过程产生了质变,促进了个体的情感、意志和社会性行为的发展,以及个性的形成。

生活小片段

甜甜快满1岁了,最近常常会出现这样的举动:总是试图抓住妈妈手中的物品,得到之后非常珍惜地"研究"一会儿,然后把它扔到地上,同时嘴里发出"嗯、嗯……"的叫声,并期盼地看着妈妈,希望妈妈帮她捡起来。可是,当妈妈捡起来之后,她又挥舞着小手企图拿过来,拿到手之后却并不珍惜,再次扔到地板上,然后又期盼着妈妈捡起来。就这样扔下去,捡起来,再扔下去,再捡起来……。妈妈觉得甜甜实在是太调皮了,这种情况下会把甜甜抱走或者直接拿走物品,有的时候甚至抓起甜甜的小手打几下,力度虽然不大,但生气的表情完全写在脸上。

一般到了6~8个月,孩子就开始有扔东西的行为了。当孩子无意中扔东西的时候,他会异常兴奋,认为自己又多了一项大本领,因此会非常高兴地重复,同时希望爸爸妈妈注意他,能够给予他赞扬。在重复的同时,孩子实际上也是在学习。比如:他会观察物体的坠落轨道、方式,并注意不同物体落地时的声音;他会逐渐发觉扔东西和发出声音之间是存在着必然关系的,从而学习了逻辑知识;从扔出东西到等待声音,从而学会心理期待;等等。所以,扔东西对孩子而言,是必经的一个成长阶段,对于孩子认知能力的发展有好处。家长在孩子刚刚学会抓起、扔出动作时,要及时给予表扬。即使扔了不该扔的东西,也不要严厉责备他,否则孩子会以为可以借乱扔东西引起大人注意,久而久之养成乱扔东西的坏习惯。另外,由于孩子此时还没有分辨能力,会看到什么扔什么,所以玻璃器皿、贵重物品等要收好,不要让他拿到,以免遭受财物损失和伤害到孩子或他人。家长还可以准备一些无伤害性的毛绒玩具给孩子玩耍。

◆ 1.婴儿的认知发展阶段

心理学家皮亚杰提出了认知发展阶段理论,他将儿童和青少年的认知发展划分为四个阶段:感知运动阶段(0~2岁)、前运算阶段(2~7岁)、具体运算阶段(7~11岁)和形式运算阶段(11岁以上)。该理论认为,所有的儿童都会依次经历这四个阶段,新的心智能力的出现是每个新阶段到来的标志,而这些新的心智能力使得人们能够以更为复杂的方式来理解世界。虽然不同的儿童以不同的发展速度经历这几个阶段,但是都不可能跳过某一个发展阶段。0~2岁的婴幼儿处于感知运动阶段,婴幼儿运用感觉和动作来探索、获取对环境的基本理解。出生时他们仅有对环境的先天条件反射;在本阶段末,他们有了复杂的感知运动协调能力。

在感知运动阶段,婴儿逐渐形成了"物体永久性"的概念。对于几个月的小婴儿而言,如果用布将其面前的玩具遮挡住,婴儿不会掀开布去寻找玩具。这是因为他还不能对具体实物形成表象。到一岁左右,婴儿对滚入床下而看不见的皮球,会继续寻找。这是因为虽然皮球消失在其眼前,但婴儿对于皮球的表象却仍然存在,即形成了物体永久性的概念。另一方面,婴儿还出现了因果性认识的萌芽。婴儿最初的因果性认识产生于自己的动作与动作结果的分化,然后扩及客体之间的运动关系。当婴儿能运用一系列协调的动作实现某个目的时,就意味着因果性认识已经产生了。例如:在尚不能移动身体的婴儿身旁铺放一条毛巾,毛巾上放置一个玩具,他会伸手去抓取玩具。如因距离较远抓取不到,小婴儿在几次尝试之后就会放弃。但对较大的婴儿来说,他就会用手拉动毛巾,从而取到玩具,这显示婴儿开始运用思维去解决问题。

◆ 2.0~1 岁婴儿的思维特征

总的来说,0~3个月的婴儿处于前思维阶段,没有获得真正意义上的思维。4~6个月的婴儿建立了知觉性分类的思维,可以对一个知觉层面上有差异的物象注视更长时间。但是这种注视并不需要概念的支持,因为这一月龄段的注视只是对一个自动形成的知觉原型的习惯化的反应。同时,婴儿的自我中心特征不明显,还不能很好地将自我和周围环境区分开来,采用吮吸、抓握来认识环境中的各种材料。7-9个月的婴儿,解决问题的策略主要为搜索法,但常犯AB错误。即婴儿只要在A处成功找到物品后,即使后来物品在婴儿的视线范围内被转移到B处,他也仍坚持在A处找,而不会考虑B处。10~12个月的婴儿建立起了客体永久性概念,能利用工具解决问题。

五、0~1 岁婴儿的情绪发展

情绪是指人对认知内容的特殊态度,是以个体的愿望和需要为中介的一种心理活动。人类的基本情绪是先天的,例如刚出生1到2天的新生儿就会有痛苦、厌恶和微笑反应,这些反应是生物性的。但是新生儿从刚出生的那一刻起,就需要依靠成人的抚育维持生命,这是人际互动的社会化开端,婴儿的情绪在人际互动的社会环境中分化发展,因而情绪又是社会的产物。个体情绪的产生源于先天,发展决定于后天,是"生物—社会"共同作用的结果。情绪不仅影响婴儿的行为、个性和认知发展,也是婴儿人际交往的重要手段。婴儿越小,这种影响就越直接。

(一)0~1 岁婴儿的情绪发展特征

0~3个月的婴儿,其情绪反应主要与其生理需求是否得到满足相关。最初的消极情绪是因为出生时离开了母腹,而最初的积极情绪来源于温暖安静的环境。这个月龄段的婴儿,已经出现了恐惧的情绪表现。比如,新生儿听到巨大的响声会出现惊跳反射。同时,新生儿会出现非社会性微笑,在此基础上逐渐分化出其他复杂情绪。

4~6个月的婴儿,逐渐分化出快乐、愤怒、恐惧、悲伤、好奇的情绪。比如,当婴儿听到平缓的声音时会睁大眼睛出现微笑。当婴儿感到恐惧时,会两臂一举,哇哇大哭。当婴儿看到新奇的东西时,会瞪着眼睛好奇地追视。在情绪理解上,可以区分哭和笑两种不同的表情,更偏爱微笑,并开始通过自己微笑或者叫声吸引他人的注意。

生活小片段

欢欢8个月时,妈妈给欢欢买了一个粉红色的小猪佩奇气球。欢欢可喜欢了,一直抱着气球玩。突然,气球爆掉了,发出了很大的声音,欢欢一下愣住了。妈妈听到气球爆掉的声音,赶紧冲过来焦急地问欢欢:"宝宝,有没有受伤啊?"欢欢看到妈妈这样紧张,立刻大哭起来。

随着月龄段的增加,婴儿的情绪反应不再局限于生理需求的满足,更多伴随着心理需求是否得到满足。7~9个月的婴儿,出现了陌生人焦虑和分离焦虑,表现出嫉妒情绪。在情绪理解上,婴儿已经学会了情绪的社会参照作用,能够根据他人的情绪反应来处理自己不确定的情况。其中,父母是重要的情绪信息来源。在情绪管理上,会主动向父母寻求安慰,会闭眼或捂住双眼逃避,能够用微笑来吸引妈妈的注意,无效后会用哭闹来向妈妈抗议。

10~12个月,婴儿的依恋关系基本形成。在情绪理解上,对成人表情的理解能力进一步提高,能够根据父母的表情判断自己的下一步行为。在情绪表达上,学会了更多的自我情绪调节方法,能比前一个月龄段更有效地控制住自己的情绪。

(二)婴儿情绪表达能力的发展

◆ 1.笑

笑是个体最基本的积极情绪表现,婴儿的笑可以分为三个发展阶段。

第一个阶段,自发性微笑,一般在婴儿出生后0~5周出现。笑的时候,婴儿眼周的肌肉并不收缩,脸的其他部分也处于松弛的状态,主要是通过嘴来表现。这种笑属于生理性、反射性微笑,可以在没有接收到外部刺激的情况下出现。自发性微笑与这个阶段婴儿的中枢神经系统活动不稳定有关,本质上与情绪表达并无直接联系,只不过微笑的表情让抚养者误认为婴儿是在进行情绪表达。

第二个阶段,无选择的社会性微笑,一般出现在婴儿出生后的5周~3个月。这种微笑使整个面部的肌肉都会发生变化,呈现出明显的笑的表情。这种微笑与自发性微笑最大的区别在于,它由外源性的刺激引起,特别是人的脸和声音最容易引起他们的微笑。但是,这个阶段的婴儿还不能区分哪些个体对他是有特殊意义的,对陌生人和对熟悉的抚养者的微笑没有特别明显的差别。只要自己高兴,不管面对谁,都会慷慨地露出笑容。

第三个阶段,有选择的社会性微笑。一般出现在婴儿出生3个月之后。这个时候的婴儿已经能够分辨出熟悉的脸和其他东西了,并且能对这些不同的东西做出不同的反应,这是有选择的社会性微笑的认知基础。在这个阶段,婴儿的微笑有了进一步的发展,开始对不同的人有不同的微笑。在熟悉的人面前会无拘无束地笑,特别是从母亲处得到的微笑更多、更美,而对陌生人则显示出警惕性的注意,笑得越来越少,也越来越拘谨。

◆ 2.哭

哭是婴儿最早出现的情绪表达方式之一。婴儿的啼哭分为生理性啼哭、病理性啼哭和心理性啼哭。生理性啼哭是指婴儿因为生理的需求而哭,比如尿布潮湿、衣被过热过冷、体位不适、想排便、饥饿等。生理性啼哭具有以下特点:啼哭的声音响亮而不刺耳、富有节奏感;吃奶、睡眠、玩耍都很好,每次哭的时间也很短,不伴随其他症状特点;当需求获得满足或者不良环境得到改善时啼哭即停止。病理性啼哭的表现因不同的病因可不同,凡是能引起身体不适或者疼痛的任何疾病均可导致婴儿哭闹不安。比如,口腔疱疹、寄生虫病、肠痉挛、肠套叠、肠扭转、尿路感染、结石、耳部疾患、脑膜炎、佝偻病等都可能造成婴儿病理性啼哭。

婴儿在出生后2~3个月,还会出现心理性啼哭。婴儿会因为愤怒、恐惧、悲伤或想求得养育者关注而啼哭。比如,当尿布打湿而迟迟没有人更换时,婴儿会因为愤怒而哭泣。由于发怒时吸气过于用力,哭声往往会失真。当婴儿受到惊吓时,会因为恐惧而哭泣。这种哭声往往比较强烈、刺耳,还可能伴有间隔时间较短的号叫,这时候家长应该立刻采取措施进行安抚。悲伤的啼哭可能是源于无人陪伴而感到孤独等原因,婴儿会显示出悲哀的表情,流出眼泪,且往往从无声中开始哭泣,哭得悲切而持续不断,这时候家长应该尽快弄清让婴儿感到不称心的原因。逗引的啼哭一般是因为婴儿想借此得到成人的关注,表现为长时间的"哼哼唧唧",声调低沉单调、断断续续。如果没有人理他,就会大哭起来。

除开病理性啼哭,在良好的护理条件下,随着婴儿月龄的增长,哭的现象逐渐减少。一方面是因为环境适应能力的增强,婴儿的不愉快情绪减少,另一方面是由于婴儿逐渐学会用动作和语言来表达自己的需求,不再仅仅使用哭来表达自己的情绪。

六、0~1 岁婴儿的社会性发展

社会性是指个体在掌握社会规范、形成社会技能、学习社会角色的社会化过程中所产生的一种心理特征。社会性发展是每个个体成为负责任的、有独立行为能力的社会成员的必经途径。它既离不开个体和社会群体、集体、其他个人的相互作用和相互影响,也离不开个体去掌握社会经验和社会关系的积极性、主动性。婴幼儿正是在这一过程中丰富自己的社会经验,形成个性的。婴幼儿的社会性发展内容广泛,包括自我意识、亲子关系、同伴关系、性别角色、亲社会行为、攻击性行为等。下文从自我意识、亲子关系、同伴关系三个方面阐述婴幼儿的社会性发展。

(一)0~1岁婴儿自我意识的发展

自我意识是对自己身心活动的觉察,即自己对自己的认识,具体包括认识自己的生理状况、心理特征以及自己与他人的关系。自我意识包括自我观察、自我监督、自我评价、自我体验、自我教育、自我控制等。自我意识对人的心理活动和行为起着调节作用。个体自我意识的发展经历了两次飞跃:第一次飞跃大约在1~3岁,以婴幼儿学会代词"我"来标志自己为重要特点。第二次飞跃是在初中阶段,即青春期。

婴儿出生后的一段时期内并没有自我意识,无法把自己和外界事物区分开来,处在主体和客体尚未分化的状态。在这一阶段,婴儿总会吮吸自己的手指,或者抱着自己的脚自娱自乐。随着认知能力的发展,婴儿慢慢知道了手和脚都是自己身体的一部分。到8个月大时,"生理自我"开始萌芽,这是自我意识的最初形态。到1岁左右,婴儿逐渐能区分开自己和对象。比如,能用脚把皮球踢走,能用手把玩具捏响,这都是个体的初级自我意识的表现。

知识拓展

经典实验:镜像实验

心理学家是怎样知道婴儿自我意识发展的呢?镜像实验是良好的测量方法。实验时,心理学家把婴儿放在镜子前,然后观察婴儿照镜子时的表现。如果婴儿能够认出镜中的人是自己,说明他具有自我意识;如果婴儿认为镜中的人是另一个孩子,就说明他缺乏自我意识。为了清楚地把这两种情况区分出来,心理学家又想出了"捉弄"婴儿的新方法,即当婴儿睡觉时,在他们鼻子或额头上抹些口红或者胭脂作为明显标记,当婴儿醒来后再把他们放到镜子前面。路易斯(Luis)和布鲁克斯(Blooks)用9~24个月大的婴儿做了这个实验。结果是:有一些超过15个月的婴儿,就会摸自己那抹了胭脂的鼻子;而大部分婴儿要在21个月以后才出现这种行为。由此,两位心理学家得出结论,婴儿的自我意识大约在1岁8个月左右时形成。

在实际生活中,婴儿一般也正是在这个年龄开始,用语言来描述自己和他人,如宝宝、爸爸、妈妈。随着婴幼儿年龄的增长、生活经验的积累,以及与同伴、成人的相互作用,婴幼儿的自我评价逐渐提高,变得较为独立、客观。

○ **参考资料**:李幼穗.儿童社会性发展及其培养[M].上海:华东师范大学出版社,2004.

(二)0~1岁婴儿亲子关系的发展

亲子关系中涉及的一个关键概念是依恋。依恋是指婴儿和其照顾者(一般为母亲)之间存在的一种特殊的感情关系。依恋是在婴儿和其主要养育者较长时期的相互作用中逐渐建立的。依恋是个体归属感、安全感、信赖感、亲切感等高级情感形成、发展的基础。建立良好的依恋关系,对个体发展具有重要意义。婴儿时期是个体依恋感发展的最关键时期。

◆ **1.依恋的发展阶段**[①]

阶段一:无差别的社会反应阶段(从出生到3个月)。

在这个阶段,婴儿对人反应的最大特点是不加区分、无差别的反应。婴儿对特殊的人,如

① 参考资料:周念丽.0~3岁儿童心理发展[M].上海:复旦大学出版社,2017.

亲人,没有特别的反应,喜欢所有的人,喜欢听到所有人的声音、注视所有人的脸,看到人的脸或听到人的声音都会微笑,手舞足蹈。所有的人对婴儿的影响也是一样的,他们与婴儿的接触,如抱他、对他说话,都能让他感到愉快和满足。此时的婴儿还未有对任何人,包括母亲有所偏爱。因此,此阶段又叫无区别的依恋阶段。

阶段二:有差别的社会反应阶段(3~6个月)。

随着月龄段的增长,婴儿开始能从身边的人中区分出最亲近的人,并更愿意和她接近。这时的婴儿也能够接受陌生人的注意和关照,同时能忍耐同父母的暂时分离,但是会带有一点伤感的情绪。婴儿对人的反应有了区别,对人的反应有所选择,对母亲更为偏爱,对熟悉的人和对陌生人的反应是不同的。在母亲面前,婴儿会流露出更多的微笑或表现出更多的咿呀学语、依偎、接近等行为,而在其他熟悉的人如其他家庭成员面前,这些反应则要相对少一些,对陌生人就更少,但此时婴儿还不怯生。

阶段三:特殊的情感联结阶段(6个月~2岁)。

此时是婴幼儿依恋形成的重要时期。从6~7个月开始,婴儿对母亲的存在更加关切,特别愿意与母亲在一起,与她在一起时感到高兴,而当她离开时则会哭喊、不让离开,别人还不能替代母亲使婴儿快乐。当母亲回来时,婴儿则能马上显得十分高兴。同时,只要母亲在他身边,婴儿就能安心地玩和探索周围环境,好像母亲是其安全的基地。这一切显示婴儿出现了明显的对母亲的依恋,形成了专门的对母亲的情感联结。与此同时,婴儿对陌生人的态度变化很大。见到陌生人,不再微笑,而是紧张、恐惧,甚至哭泣、大喊大叫。

阶段四:目标调整的伙伴关系阶段(2岁以后)。

2岁后,幼儿能认识并理解母亲的情感、需要、愿望。在这一阶段,婴儿把母亲作为一个交往的伙伴,并认识到她有自己的需要和愿望,交往时双方都应考虑对方的需要,并适当调整自己的情绪和行为反应。这时,幼儿与母亲在空间上的邻近性逐渐变得不那么重要。比如,当母亲需要做别的事情而离开一段距离时,幼儿能表现出理解,而不是大声哭闹,他可以自己独自快乐地玩耍,或者通过言语、目光与母亲交谈,相信过一会儿母亲肯定会回来。

◆ 2.依恋的类型

Ainsworth于1978年,通过陌生情境测验和对多个样本的分析,评定了1岁婴儿对其母亲的依恋类型。通过研究,将婴儿的依恋关系分为三种类型。

第一种类型,安全型依恋。这类婴儿与母亲在一起时,能安心地操作玩具,并不总是依偎在母亲身旁,只是偶尔需要靠近或接近母亲,更多的是用眼睛看母亲、对母亲微笑或与母亲有距离的交谈。母亲在场时,婴儿感到足够的安全,能在陌生的环境中进行积极的探索和操作,对陌生人的反映也比较积极。当母亲离开时,婴儿的操作、探索行为会受到影响,明显表现出苦恼、不安,想寻找母亲。当母亲回来时,婴儿会立即与母亲接触,并且很容易经抚慰而平静下来,继续去做游戏。这类婴儿约占65%~70%。

第二种类型,回避型依恋。这类婴儿对母亲在不在场都无所谓。母亲离开时,他们并不表示反抗,很少有紧张、不安的表现;当母亲回来时,也往往不予理会,表示忽略而不是高兴,自己玩自己的。有时也会欢迎回来的母亲,但时间非常短暂。实际上,这类婴儿对母亲并未形成特别密切的感情联结。这类婴儿也称为无依恋婴儿。这类婴儿约占20%。

第三种类型,矛盾型依恋。这类婴儿在母亲要离开前就显得很警惕,当母亲离开时会非常苦恼、极度反抗,面对任何一次短暂的分离他都会大喊大叫。当母亲回来时,立即寻求母亲的接触,又反抗与母亲的接触,当母亲亲近他,比如抱他时,他会生气地拒绝、推开。但是要他重新回去做游戏似乎又不太容易,不时地朝母亲这里看。这类婴儿约占10%~15%。

其中,安全型依恋为良好、积极的依恋,而回避型和矛盾型依恋又被称为不安全型依恋,是消极的依恋。安全型依恋的婴幼儿喜欢和母亲在一起,对母亲有较强的信任感,但并不总是靠在母亲身边,而是把母亲作为"安全基地",而后才能积极地探索周围环境;在遇到危险或挫折时会主动寻求母亲的帮助;会有"怕生"现象,但在母亲的鼓励下,能很好地与陌生人交往。回避型依恋与矛盾型依恋则易对他人、对周围环境产生不信任感,害怕与母亲分离或回避母亲,难以适应陌生环境,害怕与他人接触交往,在以后的生活中易形成多疑、孤僻、冷漠的性格特征。

有研究者根据是否容易教养,将婴幼儿的气质分为三种类型:易教养型、难教养型和缓慢活泼型。易教养型的婴幼儿情绪好、生活有规律,较少产生不安情绪,对生人和陌生环境有较强的适应能力。难教养型的婴幼儿生活不规律,害怕与陌生的人和环境接触,对自身和外界的刺激反应过于强烈。缓慢活泼型婴幼儿介于以上两种类型之间,他们的反应较慢,不够活泼,且内向,对新鲜事物倾向于退缩,但随着这类婴幼儿的逐渐长大和经验的增加,他们对事物的反应和活泼程度都会逐渐增强。有些婴幼儿能够保持自身积极的良好情绪,喜欢被人抱,这类婴幼儿往往容易赢得成人的积极关注。而有些婴幼儿不喜欢或者不容易接受成人的抚慰,从而容易被成人冷落,形成不安全的依恋关系。因此,一方面,在判断婴幼儿的气质类型时,不要把婴幼儿硬划到某种类型里去,而是应该通过观察和测定去发现他们具有哪些气质特点。另一方面,对于难教养型和缓慢活泼型的婴幼儿,家长需要更多的洞察力和耐心。

(三)0~1岁婴儿的同伴关系的发展

在学前儿童发展心理学领域,同伴是指儿童与之相处的、具有相同或相近社会认知能力的人。年龄相同或相近的儿童,在某种共同活动中体现出的相互协作的关系,就构成了儿童的同伴关系。同伴交往行为是婴幼儿社会性发展的重要内容。与父母的"垂直关系"不同,婴幼儿与同伴之间形成的是"水平关系",双方处于平等地位。因此,个体可以更自由地尝试新的角色、想法和行为模式。同伴交往有利于婴幼儿形成良好的社会适应性、积极的情感,发展认知能力。同时,同伴为婴幼儿提供了有效的社会比较标准,有利于其自我评价系统、自我调控系统的发展。

婴幼儿早期同伴交往经历三个发展阶段,即"以客体为中心"阶段(0~12个月)、"简单的相互作用"阶段(12~18个月)、"互补的相互作用"阶段(18个月后)。0~1岁的婴儿,其同伴交往处于"以客体为中心"阶段。婴儿的相互作用主要集中在玩具或物体上,而不是同伴本身。具体而言,2个月大时,婴儿就开始对其他的宝宝感兴趣。当出生没多久的婴儿看到其他婴儿时，会显得很兴奋，如果有机会的话，他们还会盯着彼此看。3~4个月大时，婴儿能够互相触摸和观望。6个月大时，能向同伴微笑或发出“呀呀”声。但这并不是真正的社会性反应。在10个月以内，婴儿只是把同伴当作物体或活动的玩具看待，相互抓扯，咿咿呀呀说话。随着婴儿行走能力的提高，他们会爬向对方或跟在对方身后。到1岁左右，婴儿之间出现了许多社交行为，如大笑、打手势和模仿。但是总的来说，在0~1岁期间，婴儿的大部分社交行为是单方面发起的，还不能从同伴那里得到相应的社会反应。

知识拓展

集中营里的孩子

在第二次世界大战期间，六个婴儿的父母在集中营被纳粹分子杀害后，他们被转移到另一个集中营。六个婴儿在那里成长到3岁后，被英国一个寄宿托儿所接管。在这之前，他们很少得到成人的照顾，基本上都是自己照管自己。尽管新环境对他们的照料很不错，但他们对周围的成人不怎么感兴趣，整天是六个人在一起，强烈地忠诚和依恋于彼此，他们中间有谁离开了这个集体，即使是短暂的分离，大家都会感到很焦虑。尽管如此，他们中间没有一个有缺陷、有过过失或成为精神病患者。他们以正常的速度获得了新语言，长大后都成了正常、有用的成年人。正是他们之间彼此的相互作用，即同伴交往，使他们正常地进行了社会化，并成了身心健康的正常人。

○ 参考资料：俞国良，辛自强．社会性发展(第2版)[M]．北京：中国人民大学出版社，2013.

第三节 ‖ 0~1岁婴儿的教养困惑与解答

一、教养困惑一：新生儿有哪些特点

◆ 1.新生儿神经系统发育特点

新生儿的神经系统发育尚不完善，对外界刺激的反应是泛化的，缺乏定位性。比如，当新生儿身体的某个部位受到刺激时，全身都会做出动作。清醒状态下，新生儿总是双拳紧握，四肢屈曲，显出警觉的样子；遭受声响刺激，四肢会突然由屈变直，出现抖动。这其实就是新生儿对刺激的泛化反应，家长不必过于紧张。

◆ 2.新生儿肌肉发育特点

新生儿颈、肩、胸、背部肌肉尚不发达，不能支撑脊柱和头部，所以不能竖着抱新生儿，必须用手把新生儿的头、背、臀部几点固定好，否则会造成新生儿脊柱损伤。这也是减少新生儿溢乳的有效方法。

◆ 3.新生儿皮肤发育特点

新生儿的皮肤娇嫩、粉红、富有弹性。皮肤外覆一层胎脂，具有保护皮肤、减少散热的作用。胎毛于出生时已大部分脱落，但在面部、肩上、背上及骶尾部仍留有较少的胎毛。皮下血管丰富，汗腺分泌旺盛，汗多，大小便次数多，尤其母乳喂养的宝宝的大便次数多。因此，婴儿应注意经常洗澡护肤，避免有害的代谢物不断刺激皮肤。特别是颈部、耳后、腋下、腹股沟、臀部等皮肤褶皱处，很容易发生皮肤溃烂或感染。

◆ 4.新生儿体温

(1)体温过低

新生儿体温调节中枢尚未发育完善，体表面积相对大，皮下脂肪层薄，皮下血管丰富，保温能力比较差，容易散热。当吃奶不足、外界温度偏低或有疾病时，即可表现为体温过低。尤其是早产儿、低出生体重儿、出生时合并窒息的新生儿，以及有其他异常的高危新生儿，更容易出现体温不升的情况。体温常在35℃以下，称为低体温。炎热季节，新生儿的卧室应注意通风，并供给足够的水分；冬天要为新生儿保温，以防冻伤及硬肿症的发生。

(2)体温过高

新生儿发热的原因有很多，但常见于以下几方面：第一，环境温度过高而致的发热。如热水袋、空调而致室温过高。第二，脱水热。在炎热的夏天出生的新生儿，由于大汗、进奶少等原因而发生脱水，随之出现体温升高，达38℃~40℃，但发热很少超过一天以上。这种发热不影响新生儿的精神状态，只需补充足够的液体即可，不需采取其他特殊处理。第三，疾病原因。比如由于感染细菌、病毒等造成的体温过高。

◆ 5.新生儿睡眠

新生儿在不同阶段，其睡眠时间不一样：早期新生儿睡眠时间相对长一些，每天可达20小时以上；晚期新生儿睡眠时间有所减少，每天在16~18小时。随着日龄增加，睡眠时间会逐渐减少。早期新生儿睡眠时间大多不分昼夜；而晚期新生儿，如果妈妈有意在后半夜推迟喂奶，一次睡眠时间可延长到五六个小时。但新生儿糖源储备少，延长喂奶间隔容易导致低血糖，所以新生儿期的喂奶间隔最好不要超过4小时。

二、教养困惑二：日常生活中如何保护婴儿的视力

婴儿在出生时眼睛尚未发育完善，视网膜的黄斑区还没有形成，一直到4岁左右才发育完全。因此，与成人相比，婴幼儿发育中的眼睛更容易受到损伤。以下是日常生活中比较常见的几种影响婴儿视力的习惯。

◆ 1.洗澡慎用浴霸

在冬季给婴儿洗澡时，家长常常开着浴霸，而婴儿洗澡常常采用仰面朝上的姿势，这使得浴霸的强光会对婴儿的眼睛造成伤害。浴霸所发射的是一种高能量的蓝光，能穿透角膜和晶

状体并且接触到视网膜，而婴儿的角膜和结膜表层都比较娇嫩，很容易受到伤害。同时，因为婴儿晶状体相对清澈，无法像成年人一样有效过滤蓝光，而过量的蓝光照射会灼伤视网膜，损伤视觉细胞，出现视网膜白斑，由此损害婴儿的视力。因此，为了避免婴儿眼睛受到浴霸强光的刺激，在洗澡前可先将浴霸打开让浴室预热，等到浴室温度差不多了再把浴霸关掉后为婴儿洗澡。

◆ 2.睡觉忌开整夜灯

许多妈妈为了夜间更好地照顾婴儿，或者担心婴儿因害怕黑暗不肯入睡，通常整夜开着灯睡觉。殊不知，睡觉不关灯的做法给婴儿的视力发育造成了严重的阻碍。人在闭眼时，眼皮能起到遮蔽光源的作用，可是如果人工光源太强，光线就会穿透眼皮。当瞳孔感受到光线，就会引起神经反射，导致睫状肌一直处于紧张状态，并且受自律神经控制的其他组织也会变得紧绷。这对于婴儿来说，极易造成视网膜的损害，影响其视力的正常发育。因此，应该从婴儿出生后就养成关灯睡觉的良好习惯。夜间睡觉除了给婴儿喂奶、换尿布等情况可开灯外，其余时间尽量不开灯。如果婴儿入睡后大人还需要在屋里活动，可在远离婴儿睡觉的地方开小光源的台灯或落地灯。

◆ 3.拍照不用闪光灯

拍照时使用传统闪光灯会对婴儿的眼睛造成伤害。婴儿未满12个月前，其视网膜和瞳孔未发育完善，承受不了闪光灯。因为这类强光对视网膜的冲击太强烈，会造成婴儿视网膜神经细胞的破坏，如果距离在1米之内，那么对婴儿眼球造成的损害就更大了。因此，给12个月以内的婴儿拍照时，要慎用闪光灯，应尽量采用自然光。

◆ 4.玩具悬挂讲科学

婴儿在出生最初几个月内，调节眼球活动的部分肌肉发育还不完善，双眼的协同运动能力较差。因此，如果玩具悬挂得离婴儿过近，导致其两眼经常注视近物，保持内聚状态，很容易形成内斜视，即俗称的“对眼”和“斗鸡眼”。因此，玩具应在多个方向悬挂，两件玩具之间留有一定的间隔距离，以便婴儿轮流看，促进其眼珠不断转动，防止“对眼”。

◆ 5.眼睛避免受外伤

婴儿期是视觉发育的关键时期，若此时眼部受到损伤，会影响其视力发育，造成视力低下。另外，由于小婴儿的眨眼反射尚不健全，因此应特别注意预防眼内异物。如扫床时，应将婴儿抱开，以免空气中悬浮的颗粒物或扫帚、凉席上的小毛刺进入眼内。由于小婴儿大部分时间在睡觉，眼内有异物也难以发现，若继发角膜感染，甚至出现角膜溃疡，将严重影响婴儿视力。因此，若发现婴儿不明原因哭吵、眼红、流泪、怕光，应及时到医院诊治。

三、教养困惑三：日常生活中如何保护婴儿的听力

在婴儿的听力保护上，要做到“早发现、早诊断、早干预”。先天和后天原因都可能导致婴儿的听力问题。先天性耳聋并不代表一出生就聋，部分患儿是过了一定阶段才显现出这种缺陷，有的是三四岁，有的十几岁才表现出来。除了先天性原因外，噪声、意外、污染、传染病、药物等因素都可能导致后天性耳聋。

家长要注意以下几点。第一，婴儿的听觉器官处于发育阶段，声音太大会刺激其内耳的微细血管痉挛，可能会造成供血量不够，以致听觉衰弱，严重者会导致耳聋。因此家长要尽量避免带婴儿去噪音大的场所，或者是戴着耳机听音乐等。第二，注意不要让婴儿把细小的物品放入耳道里，否则会造成耳膜损伤、感染。第三，注意看护。婴儿嬉戏时若碰伤耳道或头部受伤，都可能影响听力。第四，婴儿在生病吐奶时，或者洗澡时，奶或污水有可能会进入耳朵，引发耳部感染。第五，传染病也可能导致听力的损伤，家长应按时带婴儿进行预防接种。第六，由药物导致的耳聋往往很严重，家长要避免擅自给婴儿服用链霉素等对内耳有毒副作用的药物。

四、教养困惑四：如何怀抱0～3个月婴儿

由于0~3个月的婴儿，其颈部正在发育过程中，因此家长应注意让婴儿的头部和肢体得到较好的支撑。对于0~2个月的婴儿，主要采取平抱的姿势。对于3个月及以上的婴儿，可以逐渐采取斜抱或直立抱。既要注意保护好婴儿，还要抱得舒服，使婴儿有安全感。抱起和放下的动作要慢要轻。总的来说，抱婴儿的常见姿势有以下几种：

◆ 1.“摇篮式”抱法

这是最常见的抱婴儿方式，也是最自然、最容易的方式，具体做法如下：(1)首先让婴儿平躺，然后一只手滑到他的头部和颈部下，另一只手滑到他的身体下；(2)在把他举到自己胸前的时候，尽量展开你的五指，这样你就能尽可能多地支撑住他；(3)支撑他头和颈部的手轻柔地沿着他的背部滑动，这样他的头部和颈部就可以沿着你的前臂到达你的臂弯处；(4)另一只手要抱住婴儿的臀部；(5)将婴儿抱起贴近你的身体，如果你愿意，也可以前后轻轻地摇晃。

◆ 2.“面对面”抱法

这一抱法有利于和婴儿更好地面对面交流，具体做法如下：(1)把一只手放在婴儿头部和颈部后；(2)另一只手放在他的臀部；(3)把婴儿抱到面前，到胸部下方的位置；(4)对婴儿微笑、说话，进行面对面的交流。

◆ 3.“肚子式”抱法

在婴儿很烦躁的时候，这是让他平静下来的很好的姿势。具体做法如下：(1)把婴儿的头部和颈部放在你的前臂上；(2)确保婴儿的头部是向外的，并且接近你的臂弯；(3)用另一只手轻拍或者摩擦婴儿的背部；(4)要仔细检查婴儿的头部和颈部是不是一直被托着。

◆ 4.“足球式”抱法

这种姿势很适合喂食，而且无论你是坐着还是站着都适用。具体做法如下：(1)把一只手放在婴儿的头部和颈部下，并且把婴儿的背部放在同侧手臂的前臂上(注意：在你调整的过程中，可以把婴儿的头部和颈部暂时放在另一只手上，但是必须确保头部和颈部一直被支撑着)；(2)让婴儿的身体朝向你的身体，他的腿伸向你身体的外侧；(3)把婴儿放在你的胸部或者腰部；(4)用另一只手喂婴儿或者支撑他的头部。

◆ 5."看世界式"抱法

新生儿依然有很强的好奇心,你想让他看到周围发生了什么,这是一个很好的姿势。具体做法如下:(1)让婴儿的背部靠在你的胸前,这样他的头部就有了支撑;(2)把一个手臂放在他臀部下方,另一个手臂环绕他的胸腔而抱住他;(3)保证你的胸部支撑着他的头部;(4)如果你是坐着的,你可以把婴儿放在你的膝上,这样就不用把一只手放在他身体的下面了。

◆ 6."胯部式"抱法

当婴儿长大一点的时候,大约是4~6个月时,就可以自己支撑住头部了。这时,你就可以把他抱在胯部的位置了,下面是具体做法:(1)把婴儿放在胯部的位置。比如可以把婴儿身体的右侧放在你左边的胯骨,这样他就可以看到外面;(2)用手臂去撑住他的背部和臀部;(3)用另一只手抱住婴儿的腿,或者给他喂食,或者完成其他的事情。

五、教养困惑五:在家如何开展适宜的婴儿抚触

婴儿抚触,是抚触者双手对被抚触者的皮肤和身体各部位进行有次序、有手法的抚摩,让大量温和良好的刺激通过皮肤传到中枢神经系统,并产生生理效应,促进婴儿健康发展的过程。给婴儿进行系统的抚触有利于婴儿的生长发育,增强免疫力,增进食物的消化和吸收,减少婴儿哭闹,增加睡眠;同时,抚触可以增强婴儿与父母的交流,帮助婴儿获得安全感,发展对父母的信任感。因此,每一位新手家长都可以在一段时间的练习之后,亲自在家里给孩子做抚触。

在抚触前,保持适宜的房间温度(25摄氏度左右),抚触时间在20分钟左右,确保舒适及不受干扰。让婴儿处于舒适的体位,选择安静、清洁的房间,放一些柔和的音乐做背景。另外,需要选择适当的时候进行抚触。婴儿不宜太饱或太饿,最好在婴儿沐浴后进行。在抚触前准备好毛巾、尿布、替换的衣物,先倒一些婴儿润肤油于掌心,并相互揉搓使双手温暖。抚触的重点部位有婴儿的手部、腿部、腹部、胸部、背部和脸部。

抚触手部,有助于增强婴儿反应的灵活性。具体做法是使婴儿双手下垂,用手指捏住其胳膊,从上臂到手腕轻轻挤捏,然后用手指按摩手腕。用同样的方法按摩另一条胳膊。双手夹住小手臂,上下搓滚,并轻拈婴儿的手腕和小手。在确保手部不受伤的前提下,用拇指从手掌心按摩至手指。

抚触腿部,有助于增强婴儿的运动协调功能。具体做法是按摩婴儿的大腿、膝部、小腿,从大腿至踝部轻轻挤捏,然后按摩脚踝及足部。接下来双手夹住婴儿的小腿,上下搓滚,并轻拈婴儿的脚踝和脚掌。在确保脚踝不受伤害的前提下,用拇指从脚后跟按摩至脚趾。

抚触腹部,有助于婴儿的肠胃活动,但是在脐痂未脱落前不要按摩该区域。具体做法是按顺时针方向按摩婴儿腹部,用指腹在婴儿腹部从操作者的左方向右按摩,操作者可能会感觉气泡在指下移动。

抚触胸部,有助于婴儿呼吸循环顺畅。具体做法是双手放在婴儿两侧肋缘,右手向上滑向右肩复原,左手以同样方法进行。

抚触背部,有助于舒缓婴儿背部肌肉。具体做法是双手平放在婴儿背部,从颈部向下按摩,用指尖轻按脊柱两边的肌肉,再从颈部向脊柱下端做迂回运动。

抚触脸部,有助于舒缓婴儿脸部的紧绷感。具体做法是从婴儿前额中心处用双手拇指往外推压,划出一条弧线。眉头、眼窝、人中、下巴,同样用双手拇指往外推压。

实践篇：0~1岁婴儿早期教育活动方案

方案一 亲亲，我的宝贝

一、活动目标

（一）家长学习目标

1.能利用卡片等工具促进婴儿视觉的发展；
2.理解语言的输入和刺激对于婴儿成长的必要性；
3.能正确操作抚触操，促进婴儿的健康成长。

（二）婴儿发展目标

1.视觉追踪能力随着月龄增加而逐渐增强；
2.能够心情愉悦地配合做抚触操。

二、活动准备

舒缓的轻音乐：如“Baptism”等；抚触用品：毛毯、抚触油、仿真娃娃；黑白卡片、彩色卡片；悬挂玩具（画人脸）材料：直径12厘米的卡片、绳子、水彩笔。

三、活动过程

（一）教师揭示教育价值

刚出生不久的婴儿，在前三个月的时间里，清醒的时间都较短：从初生时的两三分钟，到满月后的六七分钟，然后逐渐加长。进食时间也会从新生儿时一餐可间隔3小时，而后再逐渐变长。由于婴幼儿清醒时长较短，我们的视觉训练等需要在婴儿清醒的情况下开展，因此，此期间的教、养显得更为珍贵。这里会给家长们提供能够随时随地和婴幼儿进行互动的更好方式，而“爱与关注”是我们主要想传递的理念。

（二）活动中心环节

1.活动导入：打个招呼吧

教师行为：教师出示毛毯和仿真娃娃；教师将仿真娃娃平躺，放置在毛毯上，先向家长们介绍自己，然后对着仿真娃娃亲切地打招呼：“宝宝上午好，我是老师/妈妈/爸爸，很高兴见到你呀！”鼓励父母在宝宝清醒的时候进行语言沟通。

教师指导语：在日常生活中，当看到婴儿清醒后，家长应亲切地和他打招呼，如“宝宝中午好呀”“晚上好，你醒了呀？”“宝宝肚子饿了吗？”“我们换尿布啦”等。

2.活动操作环节

（1）游戏一：卡片变变变

教师行为：将仿真娃娃平躺着放置在地毯上，在距离仿真娃娃眼睛25～35厘米处，教师手持黑白卡片，轻轻晃动或缓慢移动（晃动后，停留几秒），吸引宝宝的注意力。在出示卡片时，和仿真娃娃互动“宝贝，黑白闪卡来咯，这是蜂窝格卡片，这是……”等。

家长指导：婴儿满月以后，可以在清醒的时候通过黑白卡片或者开关灯等行为，刺激其视觉发展。婴儿8周以后，视觉追踪能力增强，我们可以采用同样的方式晃动彩色卡片，吸引婴儿的注意力（数次后才有明显反应）。在视觉训练过程中，要用温柔的语言和婴儿进行互动。

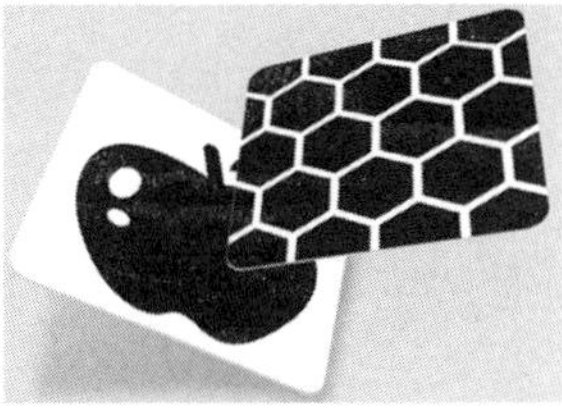

（2）游戏二：最爱升降机

教师行为：教师用仿真娃娃示范，把仿真娃娃紧紧地抱在胸前，注意要托着他的头，使之屈膝。操作时，让娃娃下降几厘米，然后突然停止，并和宝宝进行互动“升降机起飞咯，升！停！”，指导家长抱着宝宝模仿。

家长指导：家长模仿并重复这个动作，使宝宝轻轻地上下颠簸。试着让速度达到升降机的效果，但是需要以很快的速度停下。这是一种安抚宝宝情绪的良好方式，他们的不安情绪能够得到很好的发泄，注意力也得到转移。不过要注意宝宝的安全。

（3）游戏三：亲亲，我的宝贝

教师行为：教师用仿真娃娃示范，将仿真娃娃平躺着放置在毛毯上。轻轻地脱下宝宝的衣物，在手上抹上抚触油，按照从上到下、从头到脚、从躯干到四肢、从前到后的顺序，对宝宝进行轻柔的按摩。

抚触时配合儿歌与宝宝互动：弯弯眉毛像月牙，宽宽额头学问大；小脸蛋，胖乎乎，宝宝爱笑不爱哭，小耳朵，像元宝，天天锻炼听力好；大脑袋，真聪明，长大一定好本领。从肋下，到肩上，呼吸顺畅又健康；小肚子，软绵绵，宝宝笑得甜又甜。妈妈给你揉揉臂，宝宝长大有力气；妈妈给你揉揉脚，宝宝会跳又会跑。妈妈给你揉揉背，宝宝干啥都不累；臀部，髋部，揉一揉，宝宝健康长肉肉。

家长指导：抚触操需要在宝宝状态良好的情况下开展，若宝宝表现出不适、哭闹等应立即停止。将房间温度设置在28℃左右，播放舒缓的轻音乐。家长无首饰、配饰。若为宝宝抚触背部，翻身时需将宝宝的头先偏向一侧后慢慢翻身。最后换上一块干净的尿不湿。

注意：刚出生的宝宝神经系统发育不成熟，注意力无法长时间集中，按摩时间太长容易反感。因此，按摩时间一般控制在10~15分钟，最长不超过20分钟。

（4）游戏四：可爱的人脸

教师行为：教师用颜色对比鲜明的水彩笔，在直径12厘米的卡片上画上人脸。然后用绳子穿过卡片，将其悬挂在宝宝摇椅的最右侧（约30厘米高），逗引宝宝的兴趣。

家长指导：据科学研究表明，宝宝喜欢看“额头到鼻尖的人脸”部分。平时仰卧的宝宝80%~90%的时间里注视最右方，其余时间注视最左方。因此，玩具应悬挂在最右侧或左右两侧均悬挂上，且图案朝向宝宝。悬挂一段时间后应换到另一侧。鲜明的对比色更能吸引宝宝的注意力，家长还可以发挥创造力，绘制、粘贴不同颜色、形状的图案。悬挂人脸或颜色鲜明的卡片等，比很多玩具的效果更佳。

（三）活动结束环节

教师引导家长和宝宝们进行活动结束语的沟通：“宝宝，我们今天的活动就到这里结束啦！你表现得很棒哦！”

然后和家长们进行告别：“今天课程到这里就结束了，宝宝们、家长们再见！”

四、家庭延伸活动

在出生的头3个月里，宝宝们的很多行为还处于初生时的本能反应状态，如：寻乳反应、抓握反射、拳脚弯曲、颈肢反射现象等，且这个阶段的宝宝绝大部分时间都在睡觉。所以家长能做的干预不会太多，但依旧需要为宝宝们创设良好的条件，利于宝宝们的发展。以下给出一些照护建议：

（1）宝宝出现难受、不适时，更喜欢被抱起来四处走动；

（2）我们要经常抚摸宝宝并及时回应啼哭——让宝宝感觉到爱和关心；

（3）肢体训练主要以抚触为主，在出生10天以后逐渐训练被动操等——帮助宝宝身体的发展；

（4）在婴儿床一侧固定放置一面直径15厘米左右的高质量镜子（倾斜10度左右），便于婴儿能够在清醒时关注到自己——鼓励宝宝对周围的外部世界产生兴趣。

方案二 宝宝,看一看

一、活动目标

(一)家长学习目标

1.知道婴儿现阶段抬头训练的重要性;
2.掌握促进抬头训练的方法;
3.了解抬头训练的家庭延伸活动和注意事项。

(二)婴儿发展目标

1.锻炼颈椎和背肌、胸肌的力量,使其得到进一步发展;
2.愿意参与活动,情绪体验积极。

二、活动准备

轻缓的音乐;仿真娃娃、垫子、婴儿摇铃、色彩鲜艳的丝带、毛绒玩具。

三、活动过程

(一)教师揭示教育价值

动作发展是婴幼儿智能发育的重要标志,因为所有的有意识动作都是在大脑皮层的有关区域的指挥下发生的。婴幼儿的动作发展与心理发展有着密切的关系,因此,动作训练对婴幼儿来说是非常重要的。0~6个月是婴儿视觉发展和抬头等基础大动作发展的关键期。多进行抬头训练能锻炼婴儿颈椎、背肌和胸肌的力量;进行抓握玩具训练能提升婴儿手眼协调能力,促进视觉发展。

(二)活动中心环节

1.活动导入

教师先用仿真娃娃跟大家打招呼,进行自我介绍。引导家长举起宝宝的手给大家挥手打招呼:"大家好,宝宝的名字叫×××,现在××个月了,很开心见到大家,谢谢!"

2.活动操作环节

(1)游戏一:找朋友

教师行为:教师先用仿真娃娃示范介绍名字,然后播放音乐;请家长抱着宝宝(宝宝背对家长)跟随音乐节奏舞动。教师请家长配合宝宝们做握手的动作,音乐结束时,让邻近的两个宝宝拥抱。

家长指导：增加宝宝与同伴的肢体接触，满足宝宝社会性的需要，促进社会行为的发育。

（2）游戏二：抬头训练

教师行为：教师示范将仿真娃娃处于俯卧状态，并将仿真娃娃的双手放置在胸前。教师示范在仿真娃娃前方用婴儿摇铃在垫子上逗引仿真娃娃，同时用轻柔的语气呼唤仿真娃娃。家长模仿教师的行为逗引宝宝抬头。教师指导家长将摇铃以匀速状态垂直向上移动，使宝宝的头部抬至45°，再继续上移，使其达到90°，并支撑起上半身，挺起胸部。

家长指导：宝宝满月之后，可以开始练习抬头。由于宝宝的颈、背部力量不同，家长需根据宝宝的个体情况掌握练习时间。待宝宝可以抬头了，可以变换婴儿摇铃移动的方向，练习宝宝抬肩、抬胸、转头追视的能力。宝宝情绪好时，可以多练一会儿，以宝宝不过于疲劳为准。

（3）游戏三：抓玩具

教师行为：教师课前需将丝带拴在毛绒玩具上。教师将拴好的毛绒玩具发给家长，引导家长将毛绒玩具放在宝宝面前左右晃动，鼓励宝宝伸手去抓。如果宝宝能够伸手击打甚至抓住玩具，应及时给予鼓励。如果宝宝只会击打没有抓握动作，可将毛绒玩具放在他手里，观察他拿握的时间及手指的灵活程度。指导家长回家后做相应练习。

家长指导：游戏之前应对宝宝的手指进行按摩，有助于宝宝抓握。毛绒玩具不要离宝宝太远，当宝宝抓住时可让他摆弄一会儿。

（三）活动结束环节

培养宝宝良好的礼节，再见与问好相呼应。在课堂结束前，教师播放轻缓的音乐，并与所有宝宝和家长轻轻拥抱或者握手，说“宝宝们、家长们，我们今天的课程到这里就结束了，再见！”，有意识地培养宝宝良好的社交习惯。

四、家庭延伸活动

这个时期婴儿的大运动刚刚发展，颈部动作还未能很好地完成。因此，在家可以进行一些抬头训练，以及视觉训练（开、关灯）。这个月龄段的训练应循序渐进，慢慢加长时间，一天可分几次进行。

方案三 宝宝、宝宝，聊聊天

一、活动目标

（一）家长学习目标

1. 知道婴儿现阶段颈椎的支撑力及对颈椎的灵活性进行锻炼的重要性；

2.知道亲子语言互动的重要性，能利用亲子游戏促进婴儿听觉、平衡觉和节奏感的发展。

（二）婴儿发展目标

1.锻炼头颈、背部的肌肉及脊椎骨骼的支撑力；

2.愿意参与亲子游戏，并发展听觉、平衡觉和节奏感。

二、活动准备

轻缓音乐；仿真娃娃、摇铃。

三、活动过程

（一）教师揭示教育价值

颈椎的支撑力的发展关键期及颈椎灵活性的形成关键期是0~6月；而锻炼头颈和背部的肌肉及脊椎骨骼的支撑力，能够为婴儿学坐做准备。亲子游戏中包含发展听觉、平衡觉和节奏感的训练，但家长更应注重亲子互动的愉快情绪。

（二）活动中心环节

1.活动导入

教师先用仿真娃娃跟大家打招呼，进行自我介绍。引导家长举起宝宝的手给大家挥手打招呼："大家好，宝宝的名字叫×××，现在××个月了，很开心见到大家，谢谢！"

2.活动操作环节

（1）游戏一：找朋友

教师行为：教师先用仿真娃娃示范介绍名字，然后播放音乐；请家长抱着宝宝（宝宝背对家长），跟随音乐节奏舞动。教师请家长配合宝宝们做握手的动作，音乐结束时，让两个宝宝拥抱。

家长指导：增加宝宝与同伴的肢体接触，满足宝宝社会性的需要，促进社会行为的发展。

（2）游戏二：竖直头部

教师行为：教师示范用仿真娃娃开展抬头动作的练习。教师抱着仿真娃娃坐在地垫上，仿真娃娃背靠教师胸部，教师将摇铃在仿真娃娃面前先晃动着向左侧移动，再向右侧移动（从右向左再做一次）。将摇铃晃动，重复相同的动作，进行听力的训练刺激。家长抱着娃娃模仿教师行为，教师巡视并个别指导。

家长指导：观察宝宝的头的竖直情况，视线是否能跟随摇铃，头部能否左右转动180°。

（3）游戏三：骑坐摇动

教师行为：教师示范用仿真娃娃开展游戏。将仿真娃娃的两腿骑坐在教师的腹部（与教师面对面)，用右手抱住仿真娃娃的臀部，左手托住仿真娃娃的颈部和背部，向前后方向摇动，再采用同样姿势向左右摇动，边摇边唱儿歌："摇摇摇，摇摇摇，摇得宝宝笑嘻嘻。摇摇摇，摇摇摇，摇得宝宝真欢喜。"家长抱着宝宝模仿教师行为，教师巡视并个别指导。

家长指导：摇动时应有节奏，与所唱儿歌合拍。除了语言之外，家长还需注意看着宝宝，给宝宝传递愉快的情绪。

(4) 游戏四：亲子对话

教师行为：教师示范用仿真娃娃开展游戏。教师将仿真娃娃抱在怀里，微笑着发出"ɑ"的音，引导宝宝回应教师。

家长指导：教师巡视观察每个宝宝的发音状态，了解宝宝的语言发育状况，并指导家长进行练习。如果宝宝只会发"ɑ"的音，家长应有意识地引导宝宝学习发"e、o"的音。

(5) 游戏五：亲子舞会

教师行为：教师示范用仿真娃娃开展游戏。教师将仿真娃娃竖抱在怀中，用自己的脸颊支撑宝宝的头部，随着音乐节拍轻轻摇摆、转身或旋转。教师根据歌词内容做些简单的动作。家长抱着娃娃模仿教师行为，教师鼓励家长积极表现。

家长指导：活动过程中要观察宝宝的情绪，适当延长或缩短时间；引导宝宝从音乐的感受、舞步的动作中获得愉快的情绪和美的感受。

(三)活动结束环节

在课堂结束前，教师播放轻缓的音乐，与宝宝和家长轻轻拥抱或者握握手说"宝宝们、家长们，我们今天的课程到这里就结束了，再见!"，有意识地培养宝宝良好的社交习惯。

四、家庭延伸活动

(1)家长可利用家中的玩具进行头颈部的抬头训练。

(2)家长和宝宝可在家中多进行有针对性的互动，练习发音。家长还可根据宝宝的发音数量，在回应时进行扩展。

方案四 小小手，动起来

一、活动目标

(一)家长学习目标

1.知道该阶段的婴儿身心发展规律的代表性行为：

代表性行为一：会反射性抓住手中的物体，会吮吸手指和玩自己的小手；

代表性行为二:频繁露出社会性微笑;

代表性行为三:3个月左右大时,开始练习翻身。

2.准备并创设好丰富的环境以适应该阶段的婴儿发展。

(二)婴儿发展目标

1.对周围环境的变化产生好奇心,并更加主动地去探索、注视;

2.能够享受并配合练习:抬头和翻身以及抚触操;

3.能够给予亲密人微笑的反馈,并积极回应。

二、活动准备

舒缓的轻音乐:如"Baptism"等;抚触用品:毛毯、抚触油;仿真娃娃、玩偶、婴儿摇铃、不同材质的小球。

三、活动过程

(一)教师揭示教育价值

0~3个月的婴儿一天一个样。随着逐渐长大,婴儿开始对身边的事情产生真正的兴趣,开始对手更加注视以及探索周围的物体,也开始频繁露出社会性微笑,和亲密的看护人互动。这个期间,家长的教养方法依旧以提供良好的环境为主,配合抚触、互动等,让婴儿感受到"爱与关注"。

(二)活动中心环节

1.活动导入:打个招呼吧

教师行为:教师先向家长们介绍自己,然后将仿真娃娃平放在毛毯上,对着仿真娃娃亲切地打招呼:"亲亲,我的宝宝,上午好呀,我是老师/妈妈/爸爸,很高兴见到你呀!"鼓励父母依教师的示范和宝宝打招呼,进行语言沟通。

家长指导:宝宝醒来后,亲切地和他打招呼:"中午好呀!""晚上好!""你醒了呀?""宝宝肚子饿了吗?""我们换尿布啦。"等等。

2.活动操作环节

(1)游戏一:我能看得清

教师行为:将仿真娃娃平放在毛毯上,将玩偶从距离仿真娃娃眼睛90厘米左右的高度缓慢下降、靠近,"宝贝,新的玩具来啦,这是黑色小猫(晃动后,停留几秒),它有长长的尾巴、圆溜溜的眼珠……",示范逐渐引导宝宝尝试进行抓握的方法。

家长指导:6~8周的宝宝会注视距离眼睛约45厘米内的物体。到14周,宝宝会注视距离眼睛75厘米的物体。家长可以根据婴儿视觉发育情况训练宝宝的视觉追视能力。游戏进行过程中可以进行描述性讲述，虽然宝宝好像并不会给你任何反馈，但其实这是早期的语音刺激训练。

(2) 游戏二：小小手，动起来

教师行为：教师准备好不同材质的小球，将其中一个放置在仿真娃娃手中，让娃娃能够用小手抓握住。引导家长将不同材质的小球依次放入宝宝的手中，刺激宝宝的手的感知觉，并通过小球发出的声音，吸引宝宝关注、注视自己的小手。教师示范抚摸仿真娃娃的手背，刺激宝宝手部的反射动作，发展手部的抓握能力。

家长指导：家长可隔天更换一次球体，让宝宝感知不同材质的小球的质感。这个游戏还可刺激宝宝抓、握、摇、捏等动作，帮助宝宝获得不同的体验。

(3) 游戏三：按摩身体真舒服

教师行为：在宝宝情绪状态良好的情况下，将房间温度调试在28℃左右，播放舒缓的轻音乐。教师将仿真娃娃平放在毛毯上，轻轻地脱下仿真娃娃的衣物。教师在手上抹上抚触油，按照从上到下、从头到脚、从躯干到四肢、从前到后的顺序，对宝宝进行轻柔的按摩。增加手部、背部的按摩，促进肌肉的发展。为宝宝按摩并使其俯卧时，在前方15~20厘米的位置放置镜子，使之能够观察自己。

家长指导：抚触时放置镜子是为了练习宝宝的抬头动作。抚触操需要在宝宝状态良好的情况下开展，若宝宝表现出不适、哭闹等，立即停止。

(4) 游戏四：是什么，摸一摸

教师行为：教师示范让仿真娃娃躺在软沙发上，让健身架上的小物件处于仿真娃娃的前方。此游戏是为了引导宝宝想要伸手去抓碰的欲望，激发宝宝对新环境的兴趣、好奇心。家长模仿教师的行为，教师巡视一对一指导。

家长指导：大概5月龄后，当宝宝能够拉着东西坐起来时，健身架就可以拆除了，避免宝宝扯下上面的玩具而伤害到自己。

(5) 游戏五：翻翻我的小身体

教师行为：教师将仿真娃娃平放在毛毯上，示范在距离宝宝45厘米处用婴儿摇铃逗引宝宝扭头看并带动翻身。教师示范，轻轻握住宝宝的两条腿，右腿放在左腿上，辅助背部支撑，使宝宝的身体自然翻过去，变成俯卧。休息一会儿，换方向逗引宝宝翻身。

家长指导：宝宝翻身的时间并不绝对统一，若满3月后未开始不用过于担心。翻身练习时需要注意环境安全，如被褥、床单平整，周围不能有塑料布、坚硬物品和小物件，以免宝宝翻身造成窒息、硌伤或误食。翻身动作的顺利完成借助两臂的支撑力。如果宝宝不能完成翻身动作，可以练习宝宝用双手支撑胸部的抬头训练。

(三)活动结束环节

教师引导家长和宝宝们进行活动结束语的沟通：“宝宝，我们今天的活动到这里就结束啦！你表现得很棒哦。”然后，教师挥手告别：“今天的课程到这里就结束了，宝宝们、家长们再见！”

四、家庭延伸活动

(1)增加和宝宝的互动沟通，让宝宝感觉到爱和关心，并更多地展示微笑；

(2)坚持做抚触操，帮助宝宝身心健康成长。

方案五 声音世界真精彩

一、活动目标

(一)家长学习目标

1.能利用玩具促进婴儿听音辨音能力的发展；

2.能正确实施被动操，促进婴儿的动作发展；

3.丰富环境内容，满足婴儿对新环境的探究欲望。

(二)婴儿发展目标

1.愿意参与发展听音辨音能力的游戏；

2能配合完成被动操；

3.能够专注听声音(故事)，并开始发声模仿；

4.愿意使用弹跳椅练习双腿肌肉。

二、活动准备

音乐：“Forest Sounds Makes Baby Sleep”“Find Me”；绘本：《噗隆噗隆洗脸啦》；毛毯、仿真娃娃、摇铃、健身架、小玩具、弹跳椅。

三、活动过程

(一)教师揭示教育价值

婴儿在3个月以后，生理性的条件反射以及机理反应开始逐渐消失，逐渐进入一个能够通过自己去发现、去探索这个世界的阶段。手、脚、身体的肌肉力量也发生了很大的改变，于是情绪、动作开始变得活跃起来。我们需要做的是，提供丰富的环境，满足他们的探索需求，从而激活他们的各个感官。

(二)活动中心环节

1.活动导入:打个招呼吧

教师行为:教师将仿真娃娃平放在毛毯上,拍手和仿真娃娃亲切地唱歌问好,鼓励家长用拍手打节奏的方式微笑着与宝宝打招呼,让宝宝初步感知音乐韵律,以及家长的注视。

1　1 | 5 5 | 6 6 | 5 - |

宝　贝,宝　贝,　早 上　好;

4　4 | 3 3 | 2 2 | 1 - |

我　们　一 起　抱 一　抱。

家长指导:3月龄的宝宝,对声音的感知逐渐增强。在日常生活中,我们可以哼唱着童谣和我们的宝宝打招呼、聊天,让宝宝对音乐、童谣产生一定的兴趣。

2.活动操作环节

(1) 游戏一:丁零丁零,在哪里

教师行为:教师将仿真娃娃平放在地毯上,将摇铃或其他有声音的玩具高举在仿真娃娃周围,一边让其发出声响一边不断变换位置,并对着仿真娃娃说:"宝宝,摇铃的声音出现啦!在这里,在这里,在这里!"引导家长参照同样的方式和宝宝互动。

家长指导:3月龄的宝宝,眼睛和耳朵的协调有了很大的进步,能够逐渐准确地定位发声位置。这个阶段也是筛查婴儿听力发展情况的一个时期。

(2) 游戏二:快来快来,抓住它

教师行为:教师将仿真娃娃放置在健身架下,示范引导宝宝观察架子上的小玩具,并示范逗引宝宝进行抓握尝试,让宝宝体会抓握后玩具会发声而产生的愉快感,从而激发他的探索欲。家长带领宝宝模仿教师的行为。

家长指导:在日常生活中,宝宝进行抓握探索时,家长尽量陪在身旁,照顾宝宝安全;及时宝宝鼓励,和宝宝一起进行模拟发声。

(3) 游戏三:一二三四,动起来

教师行为:教师将仿真娃娃平放在毛毯上,播放音乐;然后根据被动操的动作与娃娃进行互动(数节拍一、二、三、四……),并告知娃娃锻炼的是身体的什么部位。(每个动作共两个八拍)

被动操结束环节,教师引导家长变换自己的位置,并用声音吸引宝宝的目光,让宝宝不断尝试翻身:俯卧到仰卧、仰卧到俯卧。

附被动操的具体动作:

将娃娃两臂左右张开,再胸前交叉;

将娃娃的左右手臂依次向上、还原、向下、还原弯曲臂肘关节;

依次握住娃娃的左手、右手,由内向外做圆形的旋转肩关节的动作;

将娃娃的双手向外平展,再胸前交叉后举向头顶,最后还原放至身体两侧;

用左手握住娃娃脚踝，右手握住脚掌，将手掌放置在娃娃脚趾根处，帮助娃娃进行勾绷脚动作；

握住娃娃小腿，交替伸展膝关节至其腹部，成踩脚踏车样；

握住娃娃两膝关节，将娃娃两腿伸直平放，然后伸直其腿上举90°。

家长指导：这一阶段的婴儿，大肌肉的发展处于重要时期，大腿、背部的良好训练有助于其很好地发展翻身、蹬腿等动作技能。被动操和抚触操需要的环境条件一致。同样的，被动操需要宝宝的配合，只有在其状态良好的情况下开展才是最有效的。若宝宝表现出不适、哭闹等，则立即停止。运动时和宝宝保持互动沟通，引导宝宝注视家长并开心地微笑。

（4）游戏四：噗隆噗隆，洗脸啦

教师行为：教师一边展示绘本一边用比较夸张的语言和表情模仿绘本里洗脸的动作，和宝宝开展声音游戏。绘本的故事内容可以重复，引导宝宝微笑、关注，并尝试重复发出一些小声音，进行声音的模仿。

家长指导：这个月龄段的婴儿非常喜欢这种类型的声音绘本。在这个阶段，我们可以有意识地重复讲一些绘本内容，引导宝宝声音的启蒙。

（5）游戏五：弹弹跳跳，我的腿

教师行为：播放音乐。在婴儿做了被动操、腿部得到了一定的锻炼之后，可将宝宝放置进弹跳椅内，让宝宝赤脚踩在坚硬的地板表面，双腿略弯，双脚着地。

家长指导：这种方式能够帮助宝宝有效进行腿部训练，为之后的爬、站、走等所需的腿部力量做准备。每次练习时间不要超过10分钟，每天可做3~4次；同样的，游戏过程中注意观察宝宝的情绪，若宝宝不适应，比较反感，应及时抱出。

（三）活动结束环节

教师和宝宝们进行活动结束语的沟通："宝宝，我们今天的活动结束啦！你表现得很棒哦，很开心能够见到你！我们下次见！"引导家长对宝宝的表达，然后和家长们进行告别："今天的课程到这里就结束了，宝宝们、家长们再见！"

四、家庭延伸活动

宝宝3个月后，对世界的探索欲望变得很强，喜欢各种声音，能够用手去感知不同的事物，对丰富的未知开始了自我探索。这里给家长一些小的建议，希望能为宝宝的成长助力：

(1)坚持做被动操，帮助宝宝的颈部、腿部力量的发展；

(2)为宝宝播放轻缓或节奏感强的音乐，让宝宝能够自己随乐而动；

(3)开始进行绘本阅读，增加和宝宝的有意义沟通，促进宝宝的认知发展。

方案六 小乌龟，爬呀爬

一、活动目标

(一)家长学习目标

1.知道婴儿爬行练习的重要性和价值；

2.了解根据婴儿的爬行水平进行指导的方法。

(二)婴儿发展目标

1.爬行的基本能力得到进一步发展，为行走做准备；

2.愿意爬行，享受爬行的乐趣。

二、活动准备

轻缓音乐；童谣：《小老鼠》；仿真娃娃、小玩具。

三、活动过程

(一)教师揭示教育价值

6~9个月是婴儿学习爬行的关键期。爬行能锻炼婴儿全身大肌肉如胸肌、背肌、腹肌以及四肢肌肉的力量；爬行还可以提高婴儿膝部、臂部动作的协调性与四肢关节的灵活度，为以后站立和行走打下良好的基础。

(二)活动中心环节

1.活动导入

教师先播放轻缓的音乐，用仿真娃娃跟大家打招呼，进行自我介绍。引导家长带着宝宝给大家挥手打招呼，介绍自己："大家好，我的名字叫×××，希望大家喜欢我！"

2.活动操作环节

(1) 游戏一:膝上童谣《小老鼠》

教师行为:指导家长双腿伸直并拢,让宝宝坐在家长的大腿跟部,家长跟老师一起念童谣《小老鼠》,双腿跟随童谣节奏进行上下抖动。

家长指导:念童谣的过程中,宝宝和家长最好面对面地坐,家长嘴型要夸张,语速要慢,要用眼神和宝宝交流。

附童谣:

小老鼠,上灯台,偷油吃,下不来;
喵喵喵,猫来了,叽里咕噜滚下来。

(2) 游戏二:俯卧操

教师行为:教师用仿真娃娃示范,引导家长使宝宝俯卧在地上,手肘撑地,家长跪在宝宝身后,双手握住宝宝的脚踝,随节拍向上提拉(一二向上抬起,三四放下),在提拉的过程中,宝宝的双手仍然撑在地上。教师提示家长动作要轻柔,避免伤到宝宝。

家长指导:俯卧操可增强宝宝上肢、颈部、腰背部力量,为行走做准备。建议家长最好每天坚持给宝宝做体操。家长的动作要轻柔,不要伤到宝宝;要保持愉快的情绪,感染宝宝。

(3) 游戏三:蹬脚操

教师行为:教师用仿真娃娃示范,使其处于仰卧位,双脚抬起。教师双手手掌分别压在仿真娃娃脚掌上,示范让宝宝用脚掌来回蹬。教师喊口令“一二三四,二二三四”。

家长指导:蹬脚操主要是锻炼宝宝双腿的肌力,家长以游戏形式和宝宝互动,提升宝宝参与的乐趣。

(4) 游戏四:地面爬行

教师行为:把逗引玩具散放在教室的各个地方,引导宝宝爬行;教不会爬的宝宝爬行,告知家长爬行的方法,与家长沟通爬行的重要性。

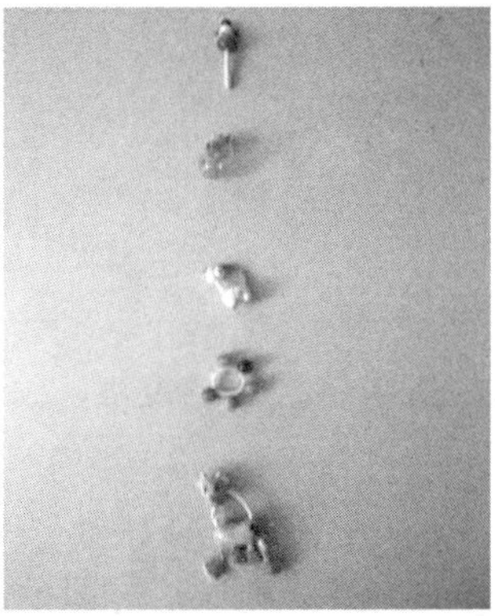

家长指导:指导幼儿学习爬行的方法。首先,让宝宝俯卧,家长在宝宝前面摆弄会叫或会响的玩具如小鸭子、小汽车等,吸引宝宝的注意,并说:“宝宝,小鸭子叫了(或小汽车开走了),

快来拿啊！”让宝宝产生想移动自己身体的意识。宝宝想去拿，但不能向前爬，常常手往前一伸就趴下，还有的宝宝在原地打转或向后退。这些都是宝宝学习爬行过程中的正常现象，家长不必着急，可以有意识地教宝宝学习向前爬。教宝宝学习爬行的时候，两个家长配合的效果比较好。一个家长拉着宝宝的双手，另一个家长推宝宝的双脚，拉左手的时候推右脚，拉右手的时候推左脚，让宝宝的四肢被动协调起来。如果爬行过程中宝宝的脚不动，可以把手放到他的膝盖上，帮助他弯一下小腿，不一定非要推他的脚。开始爬行时宝宝可能很费力，腹部离不开床面，家长可用一条大毛巾提起腹部让他练习手膝爬行，以后逐渐减少帮助，让宝宝练习自己爬行。

（三）活动结束环节

培养宝宝良好的礼节，再见与问好相呼应。在课堂结束前，教师要与所有宝宝和家长说“宝宝们、家长们，我们今天的课程到这里就结束了，再见！”，有意识地培养宝宝良好的社交习惯。

四、家庭延伸活动

这个时期的婴儿的大运动主要以爬行为主，家长要多鼓励婴儿进行平面爬行，然后是障碍爬行；多让婴儿练习体操，这个时期婴儿主要以被动操为主，经常做类似的体操来增强婴儿手臂和双腿的力量，有助于婴儿爬行。

方案七　我的小脚

一、活动目标

（一）家长学习目标

1.知道婴儿的脚部动作发展的重要性；

2.掌握帮助婴儿发展下肢力量的方法。

（二）婴儿发展目标

1.练习行走，锻炼双腿力量；

2.通过亲子游戏培养模仿力，促进身体运动的发展。

二、活动准备

律动音乐《小脚踏起来》；仿真娃娃、脚掌印画、无毒无味的颜料、A4纸、湿纸巾、报纸、平衡木、脚腕铃铛。

三、活动过程

(一)教师揭示教育价值

现阶段的婴儿对周围世界充满了浓厚的兴趣,喜欢通过自身开始探索世界。家长每天都会触摸婴儿的小脚,却很少有机会让婴儿在趣味十足的活动中感受小脚的特点,本次活动的主要目的是发展婴儿的下肢运动能力以及认知能力。当婴儿能独站片刻,扶椅或推车能走几步时,还需要进一步加强练习。在活动过程中,希望家长朋友们鼓励婴儿积极参与活动,在婴儿需要帮助的情况下及时给予一定的支持。

(二)活动中心环节

(1) 游戏一:活动小脚

教师行为:教师播放律动音乐《小脚踏起来》,借由仿真娃娃示范脚部活动,并引导家长帮助宝宝对小脚进行触摸、闻等感知动作。教师介绍小脚的组成、小脚的作用,激发宝宝对小脚的兴趣。

家长指导:家长帮助宝宝把小脚都伸出来,跟随教师的示范引导宝宝进行脚部活动,如小脚动一动、小脚踏一踏、小脚勾一勾、小脚绷一绷、小脚碰一碰、小脚转一转。

(2) 游戏二:贴脚趾和脚掌

教师行为:教师出示脚掌印画,教师示范用仿真娃娃的小脚印画。

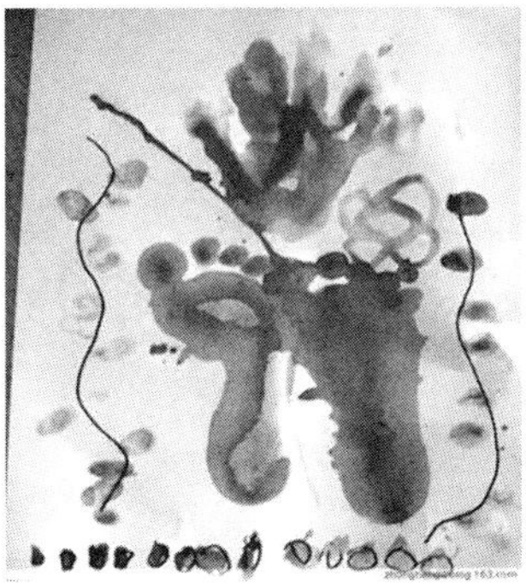

家长指导:家长和宝宝亲密交流,动动宝宝的脚趾头,然后轻轻地给小脚涂上无毒无味的颜料,让宝宝站立在A4纸上作画(画好后,用湿纸巾把小脚擦干净)。

(3) 游戏三:我们来踢球

教师行为:教师通过小故事引出运动的主题,讲解和示范怎么玩游戏。教师协助家长将宝宝的脚踩在家长的脚背上,家长带着宝宝随意走动。试着将难度升级,进行将用报纸做成的球踢进筐的游戏活动。

家长指导:这个游戏是让宝宝感受行走的乐趣,不用强调踢球进筐的准确性。家长的积极情绪会感染宝宝的情绪。

(4) 游戏四:小脚活动韵律

教师行为:教师出示平衡木、脚腕铃铛,和宝宝们以器械操的方式一起进行小脚活动,在愉快的韵律中结束这次活动课程。

(三)活动结束环节

教师提醒家长:在宝宝进行行走练习时一定要注意安全,避免宝宝出现摔伤等事故。

在生活中,家长需要认真观察并记录宝宝的能力发展水平,根据宝宝自身发展水平,引导宝宝完成一个行为后,再进行下一个更高难度的锻炼活动。活动可以重复操作,可以根据宝宝的完成情况适当增减难度。

四、家庭延伸活动

(1)该阶段婴儿能逐渐独站、弯腰拾东西,将圆圈套在木棍上等;因此,多给予婴儿扶走的机会,并多与婴儿对话、交流。

(2)带着婴儿学走路时经常数数"1、2、3、4、5……",慢慢地,婴儿就会跟着说"1、2、3",甚至有一些还会说"1、2、3、4、5"。

方案八 灵敏的小耳朵

一、活动目标

(一)家长学习目标

1.知道婴儿的听觉能力发展的重要性;

2.掌握促进婴儿听觉能力的方法。

(二)婴儿发展目标

1.通过活动,婴儿的听觉能力得到进一步发展;

2.愿意参与活动,享受活动带来的乐趣。

二、活动准备

欢快的音乐；玩具、方块布。

三、活动过程

（一）教师揭示教育价值

婴儿的听力发育得很早，研究发现胎儿在母体里6个月时就有了听力，这也是早期胎教遵循的主要原理之一。进行早期的听力练习，不仅有助于婴儿听力敏锐度的提升，也为语言的发展奠定基础。随着婴儿年龄的增长，手、脚、身体的肌肉力量也发生了很大的改变。我们需要做的是，提供丰富的环境，满足他们的探索需求，从而激活他们的各种敏锐感官。

（二）活动中心环节

1.活动导入：跟着欢快的音乐晃动身体

教师播放欢快的音乐，第一遍让家长抱着宝宝跟着音乐一起晃动身体。第二遍家长可放下宝宝，引导宝宝自己跟着音乐一起晃动身体。

2.活动操作环节

（1）游戏一：东看西瞧

教师行为：教师将玩具藏在身后，然后慢慢地从身后拿出来，不停地移动玩具，引导宝宝追视玩具。

家长指导：家长可帮助、提示宝宝进行玩具方位的确认，增加和宝宝的互动，激发他的兴趣。

（2）游戏二：你藏我找

教师行为：将玩具用方块布遮住，让玩具发声，引导宝宝找出玩具。将两个玩具用两张布遮住，放在婴儿面前，然后只让一个玩具发声，让婴儿找出发声的玩具。

家长指导：家长可让宝宝进行听力训练；然后在感觉到宝宝视线聚集在有声音的玩具处时，瞬间掀开方块布，激发宝宝的兴趣。

（3）游戏三：请你听指令

教师行为：教师给婴儿一些简单的指令，比如让婴儿做摇头的动作、做再见的动作、做拍手的动作……

家长指导：家长可先与宝宝一起随指令做动作，然后逐渐让宝宝根据一定的指令独立做动作。

（三）活动结束环节

教师点评宝宝的行为，提醒家长：如果婴儿不能追视发声物，家长可以帮助婴儿指出物体所在方向，也可以用简单的语言帮助婴儿找寻玩具。家长可以根据婴儿的日常表现，给婴儿简单的指令。

四、家庭延伸活动

1.呼唤婴儿的名字

分别在婴儿头的两侧亲切地呼唤婴儿的名字,使婴儿听到大人的声音后出现关注的神情。家里人都可以呼唤婴儿的名字,使他慢慢熟悉全家人的声音。

2.听铃鼓声

用铃鼓在婴儿的耳边轻轻摇动,引导婴儿出现转头寻找的动作。

方案九 小鸭子学走路

一、活动目标

(一)家长学习目标

1.知道婴儿现阶段行走练习的重要性;

2.会根据婴儿的发展情况指导婴儿练习行走。

(二)婴儿发展目标

1.在活动中进行行走练习,愿意为行走做准备;

2.愿意参与活动,享受活动乐趣。

二、活动准备

童谣:《小朋友爱清洁》《白胖鸭》;仿真娃娃、玩偶兔子、玩具蘑菇、学步车;小鱼图片、蒙氏线(当作池塘)。

三、活动过程

(一)教师揭示教育价值

婴儿进入10个月以后,会出现两个进入发展关键期的大肌肉运动:独自站立、独自行走。这一时期是婴儿身体平衡能力发展的一个飞跃期,同时是婴儿身体与四肢协调发展的重要时期。我们可通过游戏来训练婴儿的平衡感和腿部力量,帮助婴儿学会正确的行走姿势。

(二)活动中心环节

1.活动导入

教师用仿真娃娃跟大家打招呼,进行自我介绍,然后引导家长带着宝宝和大家挥手打招呼,帮助宝宝介绍自己:“大家好,我的名字叫×××,希望大家喜欢我!”

2.活动操作环节

(1) 游戏一:膝上童谣《小朋友爱清洁》

教师行为:教师带着仿真娃娃一起念童谣,并做动作。

家长指导:家长双手握住宝宝手掌,让宝宝的两只小手抓住家长的大拇指,随节拍拉起宝宝。第一个八拍的前四拍,把宝宝拉坐起,后四拍拉站起;第二八拍的前四拍,让宝宝坐下,后四拍让宝宝躺下。四个八拍为一节。

附童谣《小朋友爱清洁》:

小鸭叫,嘎嘎嘎,叫我剪指甲;
小鸡叫,叽叽叽,叫我擦鼻涕;
小狗叫,汪汪汪,叫我换衣裳;
小猫叫,喵喵喵,叫我把脸洗。
小朋友,爱清洁,人人都欢喜。

(2) 游戏二:小鸭与小鱼

教师营造情境描述内容:在草地上,有一个美丽的小池塘(蒙氏线),池塘里每天都有小动物过来玩,我们来看看是什么小动物呢?(教师模仿鸭子走路的姿势)

教师行为:引导妈妈和宝宝扮演鸭妈妈和鸭宝宝。音乐响起,教师带领家长及宝宝模仿鸭子在池塘边摇摆走路的动作,并念童谣:“呷呷呷呷白胖鸭,一摇一摆回到家。”家长扶着宝宝腋下模仿鸭子走向“池塘”。

教师将小鱼图片散放于蒙氏圈内,家长和宝宝一起进“池塘”,引导宝宝捡起“小鱼”。结束时请家长引导宝宝用指头点数,数一数捡起了多少条“小鱼”,并赞扬“鸭宝宝”。

家长指导:家长要和宝宝一起参与游戏,并用自己的情绪带动宝宝的游戏兴趣,游戏过程中要注意安全。这个月龄段的宝宝刚能扶走,蹒跚的步态就像一只可爱的小鸭子,家长回家后可以继续带领宝宝模仿小鸭走路,以满足宝宝“行走敏感期”的需要。捡小鱼的动作可以练习下蹲,增强宝宝的平衡能力。

附童谣《白胖鸭》:

呷呷呷呷白胖鸭,
一摇一摆回到家。
站在院里叫妈妈,
妈妈、妈妈,我回来啦!

(3) 游戏三:小鸭子帮小兔捡蘑菇

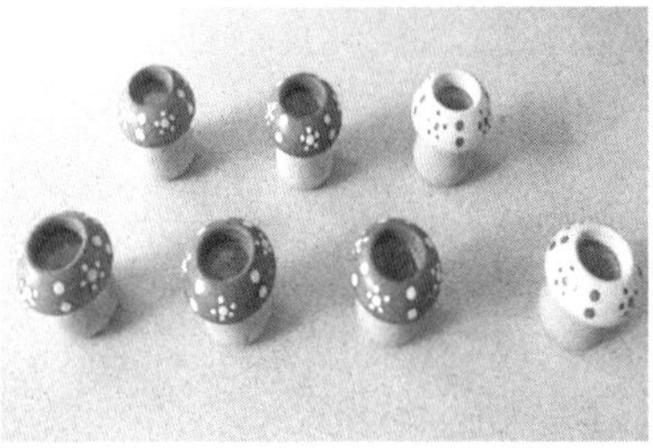

教师营造情境描述内容:小兔子特别爱吃蘑菇,但今天小兔子病了,没有力气出来捡蘑菇了,它请了小鸭子帮助自己捡蘑菇。

教师行为:教师模仿小鸭子,拿起一只小筐,蹲下示范捡起蘑菇放在筐里的动作,并伴随语言:"今天,小兔子病了,我来帮它捡蘑菇,嘎、嘎、嘎,然后将蘑菇送到小白兔家。"另一名教师扮演生病的小兔子,有人给他送来蘑菇,连声道谢。指导家长领着宝宝一起练习。每当有宝宝将蘑菇送到小兔子家时,扮演小兔子的老师都要向宝宝说谢谢。

家长指导:请家长一起进入角色,替宝宝说"我来帮忙""不用谢""不客气"等语言。宝宝练习蹲、起的动作,不仅腿部肌肉得到了练习,也为独立行走奠定了基础。此时正是语言的吸收关键期,应在家中多为宝宝创设良好的语言环境。

(4) 游戏四:行走练习

教师行为:把学步车放在教室里,引导宝宝推车行走。根据需要,指导家长帮助宝宝练习行走的方法。

家长指导:给宝宝提供学步环境,让宝宝练习行走,并了解指导宝宝行走的方法(具体操作)。

(三)活动结束环节

在课堂结束时,教师对所有宝宝和家长说:"宝宝们、家长们,我们今天的课程到这里就结束了,再见!"

四、家庭延伸活动

这个阶段是婴儿的行走敏感期。在家中,家长应多让婴儿练习行走。刚开始练习时可以让婴儿扶物,然后是独立行走。可以让婴儿蹲下帮家长捡东西,通过蹲下、站立的动作来增强婴儿的腿部力量以及平衡感。

在行走练习的过程中,家长要有耐心,保证婴儿的安全。同时要坚持与婴儿做体操,做完体操后要给予鼓励。

方案十 娃娃、娃娃,在哪里

一、活动目标

(一)家长学习目标

1.认识躲猫猫游戏在婴儿成长中的价值和重要性;

2.掌握躲猫猫游戏的多种玩法,增进亲子之间的感情。

(二)婴儿发展目标

1.愿意理解指令所代表的动作,并给出相应的反应;

2.愿意参与游戏,加强亲子感情。

二、活动准备

轻缓的音乐;仿真娃娃;布娃娃、方帕;贴纸、发夹、镜子。

三、活动过程

(一)教师揭示教育价值

躲猫猫游戏是一种普遍且非常简单的互动游戏,只要家长合理有效地利用它,就能给婴儿带来乐趣,还能促进婴儿在视觉、听觉、语言、运动、注意力、记忆力、知觉以及互动性等方面的发展,帮助婴儿掌握"客体永久性"的概念,还能很好地增强亲子之间的感情。

(二)活动中心环节

(1) 游戏一:娃娃本领大

教师行为:教师播放轻缓的音乐,示范用仿真娃娃做动作,如爬一爬、走一走、蹲一蹲、坐一坐等。

家长指导:家长在旁进行辅助,帮助宝宝扶走、下蹲等,并进行亲子语言互动交流。

(2) 游戏二:娃娃在哪儿

教师行为:教师告诉宝宝,布娃娃想和宝宝们玩捉迷藏的游戏。教师用方帕将布娃娃藏起来,可故意露出布娃娃的一部分,让宝宝寻找布娃娃,找到布娃娃要给宝宝奖励,同时带领宝宝认识"这是布娃娃的手""这是布娃娃的脚"等。

家长指导:家长带宝宝散坐在教室地毯上,每人有一个布娃娃,家长带着宝宝与布娃娃交朋友,当宝宝能熟练找出布娃娃后,家长可用方帕将布娃娃整个盖住以增加难度,再让宝宝寻找。

(3) 游戏三:宝宝在这里

教师行为:教师给每位家长分发一面镜子,引导宝宝观察镜子中的自己,可依次选择贴纸、发夹等物品对宝宝进行装饰,让宝宝初步了解镜子中的宝宝就是自己;进一步认识自己的手脚。

家长指导:家长也可逗宝宝笑、皱眉等,让宝宝通过面部表情来进行观察。在这个过程中,可对装饰物进行名称的描述或者表情变化的描述。

(三)活动结束环节

拥抱告别:“布娃娃陪着宝宝们玩了这么久了,它们要回家了。我们和布娃娃拥抱说再见吧!”

四、家庭延伸活动

(1)引导婴儿观察家长的示范动作,学习从坐到站的动作;

(2)可在生活中多进行亲子活动,常玩躲猫猫等简单易操作的游戏。

中篇

0～3岁婴幼儿早期教育与活动方案

1~2岁幼儿早期教育与活动方案

理论篇：1~2岁幼儿身心发展与早期教育

和0~1岁的婴儿相比,1~2岁的幼儿“本领”更大了。他们的运动能力迅速发展,学会走路,可随意行走,能上下台阶,逐渐掌握蹲、跑、跳、踢、钻、爬、攀登、平衡等基本能力,精细动作、手眼协调和准确性也相应得到发展。幼儿的注意力和观察力得到了提高,对词语的理解力发展迅速。幼儿会说的单词逐渐增多,会说出常接触到的人与物的名称并做出相关动作,能说出简单的短句,近两岁时能开始用语言和成人交往,喜欢学儿歌,对周围事物感兴趣,喜欢认识周围常见的物品,能辨别简单的图形等。

第一节 ‖ 1~2岁幼儿的生理特点

一、1~2岁幼儿体格发育

一周岁后,幼儿的身高和体重开始稳定增加,但不如出生最初几个月那么快。比如,在4个月左右体重增加了1.8千克的婴儿,在第二年里体重增加总量可能只有1.4~2.3千克。在两周岁时,女童的平均身高是87.2厘米,平均体重是11.92公斤;男童的平均身高是88.5厘米,平均体重是12.54公斤。1~2岁的幼儿头部生长也特别慢,一年内头围有可能只增加2.5厘米,但到两岁时,其头围将达到他成年时的90%。相比而言,1~2岁的幼儿容貌改变比身高体重变化大得多。一周岁的幼儿虽然会走路或会说几句话,但看起来仍像一个婴儿,头部和腹部仍然是占比最大的部位。站立时,婴儿的腹部仍然突出,臀部偏小,腿和胳膊既软又短,好像没有肌肉,面部软而圆。但随着活动量增加,上述情况会发生变化,其肌肉逐步发育,脂肪逐渐减少。胳膊和腿逐渐增长,脚不再扭向一边,而是走路时朝前了。脸变得比以前更有棱角,下巴也显露了出来。到两周岁时,外貌慢慢地向幼儿变化。

二、1~2岁幼儿的牙齿发育

婴儿一般在4~7个月时,开始相继萌出乳牙。一般来说,两颗门牙先长出来,也就是中门齿和中切牙。有的上面的门牙先长,有的下面的门牙先长。紧接着是上下侧的切牙,然后是磨牙和尖牙。需要注意的是,乳牙不一定是成对长出的,有的是一个接一个萌出,或者间跳着萌出的。另外,因为遗传的原因,出牙的顺序、时间和数量各不相同。有的可能先长出侧切牙,家长不必过于担心。出牙数量=月龄-4(或6)。例如10个月的婴儿,乳牙应为4颗或6颗;在1岁时,应该有6～8颗乳牙;2岁时乳牙应出齐,共为20颗。

表1　婴幼儿出牙顺序表

婴儿年龄	出牙顺序
5～10个月	上下各长两颗乳中切牙
6～14个月	上下各长两颗乳侧切牙
10～17个月	上下各长两颗第一乳磨牙
18～24个月	上下各长两颗乳尖牙
20～30个月	上下各长两颗第二乳磨牙

乳牙萌出的前几天,婴儿可能会有一些异常表现,如啃咬妈妈的乳头、啃咬奶嘴、口涎增多、喜欢咬手指和硬的东西、睡眠不好、食欲减退,一旦得不到满足就烦躁和哭闹,有的还有低热、轻度腹泻,局部牙龈可能充血、肿大等。一般来说,以上现象持续3~4天,乳牙就穿破牙龈萌出了。乳牙的牙釉质、牙本质薄,钙化度低,抗酸能力弱。因此,家长需要注意做好婴儿的口腔卫生。

第二节 ‖ 1～2岁幼儿的心理特点

一、1～2岁幼儿的动作发展

(一)1～2岁幼儿粗大动作发展

◆ 1.行走

直立行走是人类独有的姿势。通过直立行走,幼儿扩大了主动活动范围,解放了双手,同时手眼协调配合的动作大大增加,这对幼儿脑发育有着良好的作用。

生活小片段

果果10个月大了,妈妈觉得果果到该学步的时候了。因此,平时带果果出去玩的时候,妈妈会用自己的围巾把果果拴住。具体拴法是把围巾的一头从果果的左腋窝下穿过,经胸前再经右腋窝下绕到背后打一个结,做成一个绳套套在果果的胸部,另一头则攥在自己手中。果果在绳套中一会儿向东,一会儿向西,妈妈则跟着他跑。妈妈觉得,这样一来,不管果果怎样跑动也不至于摔倒了,安全确实得到了保证。

果果妈妈这样做是错误的。家长不宜过早让婴儿开步。这是因为婴儿的骨骼钙化不完全,骨质较软,只有到11个月左右时下肢骨骼的强度才能支撑起其体重。如果在此之前勉强婴儿去学站立、走步,容易造成"O"型腿(罗圈腿)、"X"型腿。再如家长经常向上牵着婴儿的手走路,由于婴儿肘部桡骨小头的环状韧带薄弱,这样做可能发生桡骨小头半脱位。另外,由于婴儿的小脑发育尚未完善,平衡能力不佳,过早走路也容易发生意外。婴儿独站和开步时间具有较大的个体差异,家长不必过于担心。果果妈妈用围巾拴住果果的做法,实际上剥夺了果果训练平衡能力、积累走路经验的机会。另外用围巾拉住婴儿,会使其胸部受到外力压迫,呼吸受到影响,降低肺功能。婴儿的骨骼处于发育阶段,围巾扎的时间过长,可能会导致肋骨外翻,变成鸡胸,严重影响婴儿健康。

1岁左右,幼儿的腿部肌肉已经足以支撑本身的重量,并且能够灵活地转移身体各部位的重心,协调四肢。这个时候,幼儿就可以开始学习独立行走。最开始,幼儿还需要扶着东西行走,接下来就能独自跌跌撞撞地走两三步。到14个月左右,幼儿可以熟练走路,或者蹲下再站起,甚至有的能够倒退一两步拿东西。15个月左右的幼儿可以自由行走,大部分幼儿能够走得比较熟练,喜欢边走边推着或拉着玩具玩。有的幼儿到16个月大时才能自己走。

幼儿在学步时,有可能会出现一些错误的姿势,比如八字脚、剪刀步等情况。这种情况是否异常,需要依具体情况分析。第一类,八字脚,也就是常说的"X"型腿和"O"型腿。"X"型腿的幼儿爱夹着大腿走,一般都不爱走长路,老嚷着让家长抱,这种姿势的幼儿有可能是因为肌肉缺乏负重能力导致的,应加强锻炼。"O"型腿的婴儿走路像骑马,不过一般能自己调整过来。这两种步态一般在两岁就能慢慢恢复正常。但如果一直这样,有可能是因为缺钙和维生素,需要去医院做进一步检查。第二类,剪刀步和醉步。这两种步态的共同点是跌撞不稳、影响平衡。事实上,幼儿学步时的跌撞、摔跤都是正常的,幼儿正是在跌跌撞撞中学会保持平衡的。但是,如果到两岁后还是这么跌撞着走,则可能是骨架结构的问题,或者是小脑疾病影响平衡,还可能是脑缺氧或脑瘫,需要去医院做进一步检查。第三类,鸭子步和跛行。有的幼儿走起来像小鸭子,两条腿移动很慢。如果不小心摔倒了,需要用手撑地、弯腰,或用手撑膝关节才能站起来。这种步态在开始学步时就很明显,一种原因是平足,一般到5岁前就会自然出现弧度。另一种原因是两侧先天性髋关节脱位,需要去医院做进一步检查。走路跛行多有可能是小儿麻痹症,若是一开始就这样,那可能是单侧髋关节脱位引起的。[①]

生活小片段

妞妞7个多月大时就已经坐得很稳了,自己还经常尝试着站立起来。为了让妞妞尽快学会走路,而不总是爬来爬去,妞妞妈妈特地为妞妞选购了一辆漂亮的学步车。一坐上学步车,妞妞就在车内独自玩耍。但是,让妞妞妈百思不得其解的是,整天待在学步车里的妞妞,学会走路却比别人家的孩子晚,甚至妞妞两岁时走路还不稳。到医院检查,医生居然说妞妞有轻微的O型腿,这很可能和过早使用学步车有关,这让妞妞妈后悔不已。在现代家庭,更多爸爸妈妈会把学步车作为宝宝的玩具,那么学步车的使用应该注意些什么呢?

① 参考资料:http://baobao.sohu.com/20101030/n276496957.shtml

一些家长喜欢把孩子放入学步车内,认为这样既省事又可以防止其摔倒,但实际上,长期依赖学步车对成长是不利的。首先,学步车并不能有效地培养走路能力。因为四平八稳的学步车剥夺了孩子体验平衡的机会,不利于其平衡能力的提高。其次,学步车内的孩子在学步时是用脚尖移步的,依附着学步车实现了行走。这时候,脚跟基本不用力,腰部、胯部均被保护得无需用力,大腿肌肉得不到锻炼而力量较弱,过多使用会让孩子习惯性地形成前脚掌着地的走路姿势。再次,孩子骨骼还没有完全发育到能支撑身体的全部重量,过早使用学步车可能导致其下肢畸形,出现"O"形腿、"X"型腿、双足内翻、肌肉损伤、走路姿势不对等问题。最后,学步车没有制动系统,会自动滑行,容易发生意外事故。当学步车遇到由小玩具或丢弃的物件形成的障碍物时,就有翻倒的可能,从而伤害到孩子。此外,若学步车滑入危险地带,可能造成不可挽回的严重意外事故。因此,学步车应该少用或者不用。

◆ 2.跑

跑是幼儿在走的基础上,加大步伐和频率的一种行动方式。跑可以增强四肢肌肉及腰腹肌肉的力量,身体的爆发力也进一步提高。同时,跑可以刺激前庭器官,促进感觉综合功能发展和平衡能力的提高。幼儿在13~18个月时开始学会跑,但是此时四肢动作并不协调,摇摇晃晃,步幅小、步子快,只有跑的外形,而没有跑的腾空环节。这其实是幼儿在练习走时,身体重心较靠前,不得不加快步伐的频率,以类似"跑"的动作来代替走造成的。两岁过后,幼儿基本上可以迈开步子奔跑了,还可以追逐跑,绕障碍物跑。

家长可以和幼儿"牵手跑",即家长面对着幼儿,牵着他的两只手让幼儿向后慢慢退着跑,接着可以只牵幼儿的一只手让幼儿退着跑。熟练以后,家长可以从侧面牵着幼儿的一只手跑。需要注意的是,练习跑步时,家长不要用力握幼儿的手,而应尽量让他自己掌握平衡,以防用力不均使幼儿前臂关节脱臼。当幼儿"牵手跑"比较熟练的时候,家长可以让幼儿"放手跑",即当幼儿向前跑时,家长在他前方半米远处慢慢后退,以防他头重脚轻向前倾时摔倒。最后,要训练幼儿"自动停稳跑",跑时能自动放慢脚步平稳地停下来才算学会了跑。你可以在幼儿跑时用口令"一、二、三、停",使他学会渐渐将步子放慢、身体挺直而平稳地停下来。在跑步中停下来,对幼儿的肌肉控制能力和平衡能力要求更高。

◆ 3.跳

约18个月大时,幼儿可以两足交替走下台阶,或者用一只脚跨过低障碍物。19~24个月大时,幼儿可以并足往前跳一步和原地跳跃。30个月大时,幼儿能够单脚原地跳,从楼梯的梯末并足跳下。30~36个月大时,幼儿能双脚离地连续跳跃几步,并足跳远,以及双脚交替上下楼梯。

在对孩子进行跳跃训练时,家长可以先做示范,双脚离地向上跳,让孩子跟着跳,还可用"青蛙跳跳""小白兔蹦蹦""顶气球"等游戏来鼓励其练习双脚跳。在孩子能稳定地双脚跳离地面的基础上,可教其从台阶上往下跳,开始练习时应选比较矮的台阶,待孩子有一定的胆量,并能跳下站稳后,再逐渐增加台阶的高度。开始学跳时,如果孩子不敢跳,家长可以给予一定的帮助,让孩子拉着大人的手往下跳。在孩子能双脚跳离地面又能从台阶上往下跳后,可教孩子在原地往前跳。家长在一小块空地上并足站立,做向前跳的示范,再让孩子学样往前跳。对于只会跨、不会双脚离地跳的孩子,家长可以抓住他的手,助其向前跳。另外,在学习双脚跳时应注意以下几个方面的问题:第一,学习双脚跳应在草地、泥地、地板等有一定弹性,相对安全、平坦的地方进行。第二,练习双脚跳时,家长应注意多加保护。第三,应教会孩子正确的跳跃姿势——双脚并拢屈膝轻轻地跳起,脚尖先着地,两臂自然摆动。

(二)1~2岁婴儿精细动作发展

生活小片段

吉吉快两岁了,慢慢地学会了自己吃饭。妈妈发现,吉吉吃饭的时候总是用左手,妈妈递玩具给吉吉的时候,他也是习惯用左手接。妈妈有点着急,吉吉要是以后成了个"左撇子",写字用左手,吃饭拿筷子也用左手的话,该多不方便哪。所以,每次吉吉用左手拿勺子吃饭时,妈妈都要纠正他,要求他必须把勺子换到右手。

左撇子,即左利手。在生活中,人们对左利手的观点是不一样的,有人认为左撇子更聪明,还有人认为左撇子需要纠正,要不然孩子长大后有很多不方便的地方。那么,家长发现自己的孩子有左利手倾向时,是顺其自然、还是强制纠正呢?其实,已有的研究无法证明左利手比右利手的人聪明。但是,如果强行纠正左利手孩子使用右手,会增加孩子出现学习困难、阅读障碍、口吃等的可能性。因此,并不建议家长强行纠正孩子的左利手。

家长之所以纠正孩子,也是想让孩子和大多数人的用手习惯一样,希望他们以后在生活上更便利些。比如:如果使用左手吃饭、写字,容易碰到邻桌;开车挂挡也不方便。其实,对于孩子左右手的使用,我们的态度应该是尊重其自然发育,在这个前提下慢慢引导,不可强行纠正而给孩子带来心理负担。如果孩子在3岁的时候已经形成左利手,家长担心将来可能会给孩子带来些许不便,不妨在3~7岁之间引导、纠正;过了7岁,就不要强行纠正了,顺其自然。左撇子与右撇子在3~7岁之间持续变化,7岁以后就基本固定下来了。生活中完全使用左手的情况非常少见,毕竟手部的动作相当复杂。在婴幼儿期,当孩子还没有形成明显的左利手、右利手时,家长不要过早提示,强制孩子只使用右手,1~3岁期间最好是左右手共用。当孩子握勺、拍球、翻书、用剪刀、穿珠子、摆积木、涂鸦时,都可以双手轮流进行。即使后期,孩子在6~7岁后固定为右利手,家长也应有意识地锻炼儿童的左手,不要让左手就此"空闲"。

12月大的幼儿能够全手握住笔在纸上留下笔道,能把小食品投入瓶口直径约2.5厘米的瓶中。15个月左右大时,幼儿能够打开非螺纹的盒子,能倾斜瓶子倒出其中的小物件,然后用手去捏。18个月左右大时,幼儿可以将小线绳穿进大珠子或大扣子的孔洞,可以稳稳地叠起四块积木。21个月左右大时,幼儿可以模仿画线条,可以稳稳地叠起八块积木。24个月左右大时幼儿可以一页一页地翻书,能转动门把手打开门。总的来说,在前期抓握能力发展的基础上,幼儿的双手协调能力和手眼协调能力得到了进一步发展。

生活小片段

萌萌快两岁了，平时就喜欢拿笔在纸上、地上、墙上随意画各种图案，尤其喜欢在墙上涂鸦。萌萌的爸爸妈妈从来没有因此责骂过她，或是抢下女儿手中的笔。爸爸妈妈总是鼓励萌萌，无论她画什么，画得怎么样，爸爸妈妈总是用欣赏的眼光去看待她的作品。前两天，朋友带自己的儿子来萌萌家玩，萌萌拿出她的画笔邀请小伙伴一起画画，可是朋友的孩子看了看他妈妈，很委屈地说："妈妈说如果乱画就要打屁股。"朋友也对萌萌妈妈说："上星期，儿子在家里的墙上乱画，我揍了他一顿。你怎么能让孩子随便在地上、墙上乱画呢？这样可不好。"萌萌妈妈听了之后也很纳闷，究竟萌萌妈妈的做法对还是朋友的做法对呢？

知识拓展

孩子爱涂鸦，是要禁止还是要鼓励呢

绘画水平处于未分化涂鸦阶段的幼儿喜欢拿起笔漫无目的地涂抹，桌子上、墙上，凡是能画的地方都让他们画完了。由于他们的手发育不完善，眼动轨迹杂乱，脑、眼、手还不够协调，所以他们画的是一些无序的线条，且边画、边说、边玩。这一阶段的涂鸦只是满足他们的动觉。涂鸦对于幼儿来说是一种游戏方式，有助于发展其肢体运动能力、手眼协调能力、创造性思维和审美意识，是幼儿表达心理的一种方式。家长应该鼓励幼儿涂鸦，并为其提供一定的条件和环境。

第一，鼓励幼儿自由涂鸦。

涂鸦期，幼儿绘画的特点是重在表现而不在写真。通常是事物最突出、最明显的特征引起孩子注意，在他们心目中留下较为深刻的印象，于是孩子在画画的时候就会把那些印象最深的部分画出来，并且自以为画出了整个事物。因此，家长应尽量让孩子按照自己的想法去涂画，没有必要一定要教给他正确的画法，也没有必要期望他在画面上写实地描绘，或者非要他遵照成人的意愿来布局、着色，表达某些情节，更不要批评孩子这里画得不像那里画得不成比例，多了什么少了什么。其实，所谓"像不像"是将孩子的画与实物比较，以与实物形象相符合的程度作为衡量的标准；所谓"美不美"是用成人的审美观来评价孩子的画，以符合或接近成人画的标准者为"美"，否则为"不美"；所谓"行不行"是以成人画的画法来要求儿童，近于成人的技能技巧者为"行"，反之为"不行"。如果一定要功利地看待某项活动，不仅不能如愿，还可能给孩子带来一些不必要的心理压力，使孩子对绘画失去兴趣，甚至挫伤其自信心。家长应该让孩子自由涂鸦，并对他们

的作品给予积极的关注和回应,帮助他们把涂鸦的积极性保持下来。比如,当孩子用笔在纸上画出各种不同形状的点和线条时,家长可以说“宝宝画了条直直的线”,“宝宝画了个大大的圆圈,真棒!”,让幼儿从自由涂鸦中去学习自我表达,从鼓励中得到自我肯定。家长还可以鼓励幼儿变化涂鸦动作,画出各种长短、粗细的线条,体会动作和涂鸦之间的关系。

第二,为幼儿创设必要的涂鸦环境。

对于幼儿来说,涂鸦是一种游戏,因此他们才会乐在其中。若担心孩子破坏家里的墙面或物件而压抑其涂鸦兴致,不如给他们创设一个安全的、专属的涂鸦环境。比如,准备一块白板或者在白色的墙壁上用透明胶粘一层白纸,让他们可以在上面尽情地自由涂画;提供适合孩子涂鸦的材料和工具,如蜡笔、记号笔、油画棒、铅笔等,笔以笔芯粗短、不易折断者为佳。另外,黑、深蓝、红、绿等高彩度、低明度颜色的笔比较利于幼儿发现对象和背景之间的差别。需要注意的是,很多家长认为孩子小,东西画得不大,应该给孩子小纸。其实,幼儿的手发育尚不完善,对笔的控制能力较差,对形状亦不易把握,因此更应该给他们大一些的画纸,让他们大胆涂鸦,不受拘束,尽情作画。当然,也可以让孩子根据自己的绘画需要自由选择纸张大小、颜色、笔的种类,以满足其个性需求。

第三,让幼儿感受和体验各种环境。

随着年龄的增长,幼儿开始喜欢色彩明亮、有变化的环境。成人应多带幼儿外出接触外面的世界,观察各种事物,引导他们用眼睛看、耳朵听、鼻子闻、手摸,运用各种感觉去认识事物,丰富表象,为以后绘画积累经验。比如,观察一朵花,看看它是什么形状,是由几个花瓣组成,是什么颜色的,靠近花蕊部分的颜色和花的边缘部分的颜色又有什么不同等。

○ **参考资料**:李文馥.涂鸦解析——怎样指导儿童画[J].成人必读,1996(12):14-15.

二、1~2岁幼儿的言语发展

经历了近一年的言语准备,幼儿开始进入正式学说话阶段。

(一)单词句阶段(1~1.5岁)

在这一阶段,幼儿往往以词代句,语言的情境性强,需要结合语言、手势、表情、体态来确定其说话的含义。语言理解能力胜于语言表达能力,常常出现短暂的沉默,甚至只用手势和行动示意。重叠音较多,两岁是叠音词使用的高峰期。另外,幼儿会给常见物体命名,但常出现用词不准确的现象。如:

以声代物:如,“汪汪”指狗;

词义泛化：即一词多义，比如，“毛毛”指所有带毛的东西；

词义窄化：词义缩小，如，“车车”仅指自己的婴儿车；

词义特化：如，因自己尿裤子后妈妈常着急地说了“糟糕”，幼儿在想解便时就说“糟糕”。

（二）双词句阶段（1.5~2岁）

在这一阶段，幼儿会出现“词语爆炸”现象。幼儿在19个月时已能说出约50个词，此后掌握新词的速度会突然加快，平均每个月能掌握25个新词，这就是19~21个月的词语爆炸现象。在此后的两个月内，开始说出带一定声调的双词句，从而结束了单词句阶段，进入词的联合和语法生成时期。在这一阶段，幼儿的语言发展具有以下特征。

以双词句为主，会说3~5个字的简单句，最多不超过5~6个字的句子；

喜欢开口说话，词汇量大增，主要是表达具体物品名称的词汇，以名词、动词、代词居多；

喜欢提问，尝试使用疑问句和否定句，开始出现“语言反抗”行为。

知识拓展

幼儿早期语言教育误区

误区一：过分满足造成孩子语言滞后。

不少成人过分满足孩子的要求，若孩子指着水瓶，家人立马“领会”孩子这是想喝水了，于是把水瓶递给他。这种满足孩子要求的方法，使孩子的语言发展缓慢。因为他不用说话，就满足了自己的需求，反而失去了说话的机会。因此，当孩子有某种要求时，不应立即满足，应鼓励其用语言表达自己的要求和愿望。比如，当孩子想喝水时，可以给他一个空水瓶，他拿着空水瓶想要得到水时，会努力去说“水”，即用语言表达自己的需求。

误区二：家长过多使用叠词。

“宝宝，饭饭了！”“宝宝看，那是狗狗，那是花花。”“宝宝，喝开开。”用叠词和儿语说话是幼儿语言特定阶段的表现，一些爸爸妈妈却随着孩子一起说了起来。孩子用儿语是因为其语言发展的限制，让其无法准确表达自己的意思，有些家长却以为孩子只能听懂这些儿语或觉得有趣，也用同样的语言与孩子讲话，这样做就很可能阻碍了其语言的发展。家长应用正常的交流方式，不要过多使用叠词。

误区三：互相攀比。

有的家长没有充分意识到孩子间的个体差异，从而互相攀比，使孩子在语言自然习得过程中产生了不应有的压力。成人绝不能用其他孩子的语言发展情况作为标准来要求自己的孩子。否则，只会给孩子自然习得语言制造心理障碍，反而影响了语言的发展。

三、1~2岁幼儿的认知发展

（一）1~2岁幼儿注意的发展

与1岁以内相比，12~18个月的幼儿注意时间更持久，开始对图书、图片、儿歌、故事、电视等产生兴趣。对词意产生注意，当听到某个物品的名称时，会去注意那个物品，对感兴趣的事物能够集中注意5~8分钟。19~24个月大时，幼儿注意开始受表象影响。当幼儿眼前的事物和其表象出现矛盾和巨大差异时，会引起个体最大程度的注意。比如，一张眼睛和鼻子位置对调的人脸图片。集中注意时间延长至8~10分钟，有意注意有所发展，能安静地听成人讲5~8分钟的故事，对三角形、圆形等简单的图片感兴趣，逐渐能按照成人提出的要求完成简单的任务。

知识拓展

注意力缺陷障碍

注意力缺陷障碍又被称为多动症，是儿童期常见的一类心理障碍，表现为与年龄和发育水平不相称的注意力不集中和注意时间短暂、活动过度和冲动，常伴有学习困难、品行障碍和适应不良。比如，在活动过度特征上，患有多动症的儿童经常精力旺盛、烦躁不安，不能保持安静，特别是在学校这样需要限制自己活动的地方，表现更加突出。在分心特征上，患有多动症的儿童会不断变换注意对象。他们注意力不集中，看起来好像无法把注意力集中在学校里的各项活动上。在冲动特征上，患有多动症的儿童做事不经过考虑，如在别人话未说完时就任意打断。当然，不是所有患多动症的儿童都会表现出这些症状，而且症状的程度也不一定都相同，一些症状常会随着环境的变化而发生变化，国内外调查发现患病率为3%~7%。部分患儿成年后仍有症状，明显影响患者学业、身心健康以及成年后的家庭生活和社交能力。

造成儿童多动症的原因是多方面的，包括遗传、神经递质、母亲在妊娠期和分娩期吸烟或饮酒、早产、产后出现缺血缺氧性脑病以及甲状腺功能障碍、儿童期疾病、家庭社会影响等因素。需要注意的是，多动症分为三类亚型：注意力缺陷型、多动冲动型、混合型。三种亚型的患儿在病因、症状、共患病方面均有所不同。不同亚型的多动症患儿在患病因素和症状表现上具有差异，注意力缺陷型的患儿大部分是由于轻微的大脑器质性损伤引起的，而多动冲动型患儿更多的是家庭教育和环境问题所致。在多动症儿童的治疗上，单纯性的药物治疗只能短期缓解部分症状，一般会根据患者及其家庭的特点制订综合性干预方案，包括心理治疗、药物治疗、行为管理、家长培训等。

○ **参考资料**：陈帼眉．幼儿心理学（第2版）[M]．北京：北京师范大学出版社，2017.

（二）1～2岁幼儿记忆的发展

13～18个月大时，幼儿开始出现初步的回忆能力；再认保持时间延长至十几天；可记住大部分自己常用物品的名称；喜欢藏东西，也喜欢帮成人找东西。19～24个月大时，幼儿出现稳定的延迟模仿能力，除了模仿动作，还可以模仿语言；形象记忆出现；更容易记住直观的、形象的、趣味的、能引起强烈情绪体验的事物。

知识拓展

婴幼儿期健忘

婴幼儿期健忘是指婴幼儿有记忆的表现，但是在以后的幼儿期和成人期，他们却不能回忆起婴幼儿期经历的现象。也就是说，人们成年后不能回忆、提取3岁以前的记忆内容。最早对这一现象进行解释的是弗洛伊德，他认为个体早期没有记忆是因为被禁止的想法被压抑到无意识中。当代心理学家中已很少有人接受这一解释，现在关于这一现象的解释主要有以下两种观点。

第一种观点认为，个体对事情的记忆程度主要取决于信息在被存入与在被提取时所用的加工方式的一致程度。因此，人类个体之所以不能记住发生在两三岁以前的事情，是因为个体在婴幼儿期对信息进行编码的方式与在后期对信息的提取方式不匹配而造成的。具体而言，早期儿童的记忆更多的是非语言编码，即表象编码，但是成人回忆时多以语言编码进行。3岁以前儿童缺乏将个人经历、事件组织起来的能力。所以对3岁前的信息，即表象信息、不连贯的信息、零散的信息缺乏提取的线索和依据，这是成年后无法回忆的重要原因。第二种观点认为，在儿童成长早期，脑在不断地完善和成熟，脑的各区域活动有分工，脑的成熟部位也有先后的不同，先发育成熟的脑区域负责接收3岁以前儿童获取的信息，比较晚成熟的脑区域主管4岁以后获取的信息，而后晚成熟区域的活动完全控制了大脑的活动，压抑了早成熟脑区域中的活动，原来的信息便无法提取。

○ **参考资料**：陈帼眉．幼儿心理学（第2版）[M]．北京：北京师范大学出版社，2017.

（三）1～2岁幼儿思维的发展

13～18月的幼儿，出现了最简单的概括行为，但这种概括行为是根据事物最鲜明、突出的外部特征进行的。1～2岁的婴幼儿在遇到新问题时，会通过试误来寻找解决问题的方法。试误的出现说明幼儿有了初步的分析综合和判断推理能力。19～24月的幼儿，随着语言的发展，思维逐渐摆脱对动作的直接依赖，可借助事物的表象进行思考。思维工具逐渐由行为过渡到心理表象。但是，该月龄段的幼儿还没有形成一般化概念，不能掌握部分和整体的关系；一般只能考虑事物的一种个性，难以兼顾两种特征。幼儿多依据自己的经验来考虑和解决问题。

知识拓展

婴幼儿思维的自我中心化特征

发展心理学家皮亚杰认为，在个体的心理发展初期，自我和外部世界还没有明确分化开来。婴幼儿把每一件事情都与自己的身体关联起来，好像自己就是宇宙的中心一样。也就是说，婴幼儿只能根据自己的需要和感情去判断和理解事物、情境、和人的关系等，而完全不能采取别人的观点，不去注意别人的意图，不会从别人的角度去看问题，同样不能按事物本身的规律和特点去看问题。从认知发展阶段上看，婴幼儿进入前运算思维阶段后，产生了自我中心化思维。自我中心化思维主要表现在意识不到他人观点的存在，不能从他人或客体的角度去思考或估量事物，出现了绝对性、不可逆性、想象与现实混同等。

婴幼儿思维的绝对性表现在对外在世界的认识缺乏相对性，总是绝对相信自己的感知、看法和观点。例如，他可以准确地指出自己的左右耳，却不能从别人的角度辨别左右耳。绝对性还表现在泛灵论和人工论。泛灵论是指婴幼儿认为所有客观事物都和自己一样是有生命、有意识的。比如，婴幼儿认为小狗毛绒玩具会和自己一样要吃饭、要睡觉，会感觉到疼痛，有高兴、悲伤等情绪。一般情况下，这个特点会在一岁半左右的时候产生，并能延续到3岁左右。人工论是指婴幼儿认为世界上万事万物都是人造的。比如，天上的星星是被人抛上去的。

思维的不可逆性是指，婴幼儿还不能动态考虑并协调好思维过程中连续转换过程的每一步，也不能从事物发展的来路再返回原出发点进行逆向思考，因此就很难获得物质守恒的概念。比如，无法回答"乐乐是一位小男孩，乐乐的姐姐是可可，那么可可的弟弟是谁呢"这类问题。

想象与外在现实的混同。这时期婴幼儿经常把自己的想象同客观现实相混淆，并以为想象的就是外在现实，由于他们常常不能把想象与现实分开，不自觉地使自己的认识无限扩张，从而常常无意识地说一些"谎话"或者是"胡言乱语"，这都是其独特思维特点的自然表现，切不可批评、讽刺或打击。

○ 参考资料：陈帼眉. 幼儿心理学（第2版）[M]. 北京：北京师范大学出版社，2017.

四、1～2岁幼儿的情绪发展

（一）1～2岁幼儿的情绪发展特征

13～18个月的幼儿，恐惧感产生的范围进一步扩大，除了天生的本能反应，后天的生活经验也成了幼儿恐惧感的来源。特别是对母亲的恐惧情绪，幼儿尤为敏感。在这一阶段，幼儿处于依恋高峰。在情绪管理上，幼儿可以在成人的鼓励下控制自己害怕的情绪，用微笑向陌生人打招呼。在情绪表达上，除了用面部表情表达自己的情绪外，还会用肢体语言来表达自己的情绪。比如，在高兴时会拍手。19～24月的幼儿，在情绪理解上，发展出幽默感和同情心。在情绪管理上，能够察觉出别人情绪的变动，并用自己的表情和动作去安慰别人。在悲伤时，开始主动寻求成人的帮助。

（二）1~2岁幼儿的社会情绪发展

◆ 1.快乐

快乐属于积极情绪，最早出现于出生后3～6周，是人类最早体验到的基本情绪之一。快乐有助于心理健康，促使其进行更为有效的智力活动。最初的愉快来源于温暖安静的体验，比如，轻柔的抚摸、充足的喂养等。随着月龄段的增加，婴幼儿开始在自己的活动及其活动成果中体验到真正的愉快。比如，用积木搭起一座“塔”，捏起桌子上的小颗粒积木，或者把纸撕成碎片。

在快乐的获得上，一方面，快乐具有生物学基础，有着明显的个体差异。在同一个家庭里长大的兄弟姐妹乃至双胞胎，快乐的频率和程度也是不一样的，情绪激动较高的个体更快乐、更活跃，很少紧张反应，这就是所谓的快乐的天性。另一方面，快乐是在体验中获得的。成功、友谊、被理解、获得信任等都可以使个体体验到快乐。养育者要为幼儿提供体验快乐情绪的机会。

◆ 2.愤怒

愤怒是指由于外界干扰使需要的满足遭受阻碍，压抑、紧张的感受逐渐被积累起来而产生的情绪体验。作为一种爆发式的负性情绪，愤怒最早出现在婴儿出生后4~8周，由最初的不愉快情绪分化而来。幼儿在以下几种情况下容易产生愤怒的情绪：第一，强烈的愿望受到抑制时。第二，身体运动受到限制时。第三，愿望的实现和自我表现受到阻碍时。第四，受到挫折或者被迫去做违反个人意愿的事情时。愤怒可能导致攻击性行为，个体越是愤怒，冲动就越强烈，攻击性行为产生的可能性就越大。

◆ 3.悲伤

悲伤是与失去所热爱的对象或所期盼的东西相联系的情绪体验。失去对象的价值越大，个体的悲伤程度越深。悲伤有时会伴随哭泣，使紧张得到释放，缓解心理压力，强烈的悲伤会引发个体失眠、焦虑、冷漠等心理反应。4个月大的婴儿开始有悲伤的情绪表现。幼儿的悲伤多源于和养育者分离，或者养育者没有及时应答。比如，当感到饥饿、疼痛、冷热，而养育者又没有及时采取措施的情况下，幼儿就会因为悲伤而哭泣。同时，幼儿悲伤的面部表情、声音和其他非语言的表达能引起养育者的注意，幼儿对于分离的反抗和哭叫一般会使养育者回到幼儿身边，对其进行安慰。

◆ 4.恐惧

恐惧是企图摆脱、逃避某种情景而又无能为力时的情绪体验。作为一种消极情绪，恐惧会让个体紧张，产生逃避、退缩行为，并使认知活动受到抑制。恐惧除了具有消极作用外，对个体也具有生存意义。当危险事物来临时，恐惧可以作为警戒信号促使个体躲避灾难。婴幼儿的恐惧发展经历如下几个阶段。

第一，本能的恐惧。6个月以内的婴儿，感受到的恐惧多由听觉、皮肤觉、机体觉等刺激所引起。比如，听到巨大声响，身体位置突然急距变化等。这种恐惧也是人类最初在进化过程中保证个体存活的表现。

第二，与知觉和经验相联系的恐惧。婴儿大约从4个月大开始，出现了与知觉发展和经验相联系的恐惧。比如，打防疫针、被小狗咬过等不愉快的经历会给婴儿留下恐惧的经验，使他再看到同样事物时产生恐惧反应。

第三，对陌生情境或陌生人的恐惧。婴儿6～9个月大时，面对陌生的外界刺激会产生害怕的心理。例如，当婴儿所熟悉的人不在场，或者是处于一个全新的环境中，陌生人接近他或者抱他，都会让他产生害怕的心理。当婴儿无法适应这些陌生刺激时就会产生恐惧，表现出回避或是哭泣。

第四，预测性恐惧。当幼儿两岁左右时，随着想象能力和预测、推理能力的发展，幼儿产生了想象性恐惧和未知情况下的预测性恐惧，表现为开始怕黑、怕独处、怕想象中的妖怪等。如果养育人经常使用黑暗、想象中的妖怪来吓唬幼儿，则幼儿更容易产生这种恐惧，从而变得胆小。

◆ 5. **焦虑**

焦虑是一种指向他人的情绪，幼儿的焦虑主要分为分离焦虑和陌生人焦虑。分离焦虑是指幼儿因与养育者分离而引起的焦虑、不安等不愉快的情绪反应。陌生人焦虑是指幼儿对不熟悉的人所表现出来的焦虑反应。两种焦虑基本在同一时间产生，也就是出现社会性依恋的时候。

生活小片段

娇娇出生3个月，妈妈就去工作了。娇娇由奶奶带，奶奶把她养得白白胖胖的。娇娇很懂事，从不耍脾气，更不哭着喊着找妈妈，一家人甭提多开心了。但是最近，娇娇变了，一见到妈妈，就往妈妈身上爬，双手搂着妈妈的脖子，小脸往妈妈脸上贴，生怕妈妈把她放下来，害得妈妈什么家务都做不了。最折磨人的是每天早晨上班前，奶奶都得使劲儿把她从妈妈怀里抢过来，妈妈才走得了。有一次，娇娇撕心裂肺地哭得跟小泪人似的。妈妈的眼里涌满了泪水，使劲把女儿搂在怀里，娘俩一起哭。一家人都看不下去了，个个抹眼泪，觉得亏待了这么小的孩子。

娇娇的这种情况属于分离焦虑。婴儿6到7个月大时，当与母亲或者其他重要养育者分开后，会表现出明显的焦虑。当发现母亲要离开时，小婴儿会紧紧抱着母亲不放，害怕、爱哭。而幼儿则表现为情绪非常不稳定，又叫又跳，要赖，躺在地上哭而不起来等。随着月龄段的增加，幼儿的动作能力增强，活动范围增大，探索外部世界的渴望也增强，但需要以养育者为安全源，这个时候分离焦虑达到高峰。幼儿需要养育者与他保持连结，以便安全离开或返回其身边。

婴幼儿在6个月左右还表现出明显的陌生人焦虑。比如，当陌生人突然接近婴幼儿或抱起婴幼儿的时候，婴儿会大哭。陌生人焦虑受到陌生人接近的性质与情境的影响。比如，当陌生人微笑着轻声说话，或拿着玩具慢慢接近婴儿，而养育者是在旁边可触及的，婴儿通常表现出兴趣和愉快，很少表现出痛苦。另外，陌生人焦虑存在着个体差异。

◆ 6.嫉妒

生活小片段

圆圆今年两岁了，有一天，妈妈带着圆圆去小区玩。一开始，妈妈一直微笑着和圆圆说话，陪圆圆玩，圆圆可开心了。过了一会儿，隔壁奶奶带着珍珍来了。妈妈看到珍珍，马上抱起珍珍说“好几天不见，珍珍胖了一些，更可爱了”，还亲了亲珍珍的小脸。圆圆立刻生气了，圆圆心想：“我的妈妈，怎么能去抱别的宝宝，还亲她呢？是不是不喜欢我了？”于是，圆圆一巴掌打到珍珍身上，还使劲把珍珍往下拉，嘴里还大叫：“这是我的妈妈，你走开。”珍珍一下子大哭起来。妈妈生气地说：“你怎么能打人呢，你看珍珍多乖，不像你。”妈妈只顾着哄珍珍，圆圆感觉好难过，便哇哇大哭起来。

圆圆的表现是嫉妒。婴儿嫉妒与人际沟通有关，一般是感觉到某人的出现威胁到自己与亲人关系后所做出的反应。以往的研究认为1岁左右的幼儿出现嫉妒情绪，并于1岁半左右表现出嫉妒行为。而目前的研究认为，嫉妒出现于更早的时候，婴儿在6个月大时就已经表现出明显的嫉妒情绪和行为。

五、1～2岁幼儿的社会性发展

（一）1～2岁幼儿自我意识的发展

1岁以后，幼儿逐渐开始用自己的名字来称呼自己，逐渐认识到自己的身体和身体的各个组成部分，还对自己身体的感觉有意识，会表达“饿”“痛”等主观感觉，这表明幼儿已经把自己作为一个整体和别人区分开。大约两岁以后，幼儿学会使用“你”“我”这样的代词，标志着其自我意识又有了进一步的发展。这时的幼儿已真正地把自己作为一个主体而不是作为一个客体来认识。3岁以后，幼儿的自我意识继续发展，开始出现自我评价的能力，会对自己的行为给予好或者坏的评价。

幼儿自我意识发展的具体表现包括：第一，学会了说“不”。“宝宝你饿了没，吃饭吧？”“不”；“天气太热了，过来喝点水吧？”“不”；“咱们不玩了，该回家休息了。”“不”。不知道从什么时候开始，孩子开始学会了说“不”，有时候甚至是一连串的“不”，这让家长觉得自己的孩子突然开始不听话了。其实，这是孩子自我意识发展的典型表现。不过孩子所说的“不”，并不代表他真的拒绝，而是在表达他的一种自我意志。如果家长把饭给他，他照样会吃，但嘴里依然会说“不”，因为他不想被别人要求，只想按照自己的意愿来行事。第二，不愿意分享。家里有小朋友来做客，自己一人霸占着玩具，不愿意让小朋友玩，甚至小朋友摸一下都不可以。在这一年龄阶段，孩子的这种行为也属于典型的自我意识发展的表现，他们喜欢用“我的”来表达自我意识。家长不要用自私、小气来解释他们的行为，也不要强迫孩子分享，可以让他先自己玩一段时间，然后再教他学着分享。

（二）1～2岁幼儿亲子关系的发展

幼儿在18个月以后，开始与母亲以外的人建立依恋关系。比如，父亲、兄弟姐妹、爷爷奶奶、外公外婆等。除了母亲，幼儿最重要的依恋对象为父亲，父亲对其成长的影响体现在各个方面。

第一，父亲对幼儿人格特征的影响。在中国家庭里，母亲较多地扮演照顾者角色，较多地养育孩子，满足其情感需要。而父亲较多扮演玩伴角色，满足孩子对刺激、兴奋活动和探索外部世界的需要。当孩子因为好奇而探索周围世界时，母亲常常因担心孩子受到伤害而阻止其探索，这样就阻碍了其探究欲望。而父亲常常鼓励孩子探究与冒险，去完成一些具有挑战性的任务。经常与父亲接触并一起玩耍的孩子更多地表现出勇敢、自信、意志坚强等良好的人格品质。

第二，父亲对幼儿性别角色的影响。性别角色是指社会公认的代表男性或女性的行为和态度，或是符合大众审美的男性或女性的行为和态度。幼儿性别角色的发展过程是指婴幼儿形成与自己的生理性别相同的社会价值期望的性别认知和性别行为的过程。幼儿的性别化发展离不开成人的养育方式和教育态度的影响。社会学习理论认为，幼儿通过观察和模仿，从年长者那里了解到社会对于不同性别的期待和要求，慢慢获得关于性别角色的知识。在与父亲的交往中，男孩会假设父亲就是未来的自己，学习父亲身上典型的男性特征品质，变得更勇敢、坚强、独立。有父亲参与教养的男孩更有男子汉气概，缺乏父亲参与的男孩则显得略微文弱一些。而对于女孩来讲，父亲这一角色同样重要，女孩在与父亲交往中获得关于异性的看法、把父亲当作对男性的审美标准，有些甚至把父亲具有的特征品质作为未来寻找另一半的标准。近年来的一些心理学家认为，心理双性化是最好的性别角色模式，即个体同时具有男性化特征和女性化特征。这使得人们摆脱了性别角色的刻板效应，使个体同时具有男性化和女性化的优点。因此，父亲对于女孩就是这样的存在，将男性独具的优点潜移默化地影响给女儿，让本来柔弱胆小的女孩具备一些男性化特征，使她们变得更加坚强、独立。[①]

第三，父亲对幼儿人际交往的影响。父亲是孩子积极情绪的重要来源，在与父亲的交往中，孩子可以体会到不同于与母亲交往的快乐和满足，父亲与孩子的交往会使孩子心理功能更加完备，如对世界和社会更加信任、自身更有信心、与人相处更加宽容。母亲出于对孩子的爱护多表现得较为“自私”，她们担心其他小伙伴欺负自己的孩子。而父亲则常常鼓励孩子多闯荡、多交友，鼓励孩子多“探险”，因此促进和提高了孩子与同伴交往的能力和遇事随机应变的能力。[②]

---

① 参考资料：王晓阳.亲子依恋关系需要父亲的积极参与[J].教育理论与实践，2018（14）：29-31

② 参考资料：邓李薇.亲子依恋中父亲对儿童发展的影响及其角色建构[J].牡丹江师范学院学报（哲学社会科学版）.2007（1）：108-111.

(三)1~2岁幼儿同伴关系的发展

12~18个月幼儿的同伴关系处于“简单的相互作用”阶段,开始出现某些带有应答性特征的交往行为。这时的幼儿已经能对同伴行为做出反应,包括拿玩具、身体接触、玩和同伴相同或类似的玩具、互相拍打对方等。比如,第一个宝宝因为不小心碰着了自己而大哭起来。这时,第二个宝宝“触景生情”,也跟着哭起来,第一个宝宝看见第二个宝宝跟着他哭起来,似乎觉得挺好玩,自己的哭声就更大了。18个月以后的幼儿处于“互补的相互作用”阶段。幼儿会走、会跑以后,社会交往变得丰富复杂了,模仿行为普遍出现,并且有互补或互惠的角色游戏,比如一个逃一个追,一个藏一个找。他们在发生积极的相互作用时,也会伴有消极的行为,比如打架、抓脸和争玩具等。

总的来说,在1~2岁阶段,幼儿随着运动能力的提高和语言交流能力的出现,同伴交往的内容和形式更加复杂,同伴间互动的时间也随之增长。在两岁左右,幼儿的社会性游戏迅速增加,逐渐超过了单独游戏。他们更愿意和同伴一起玩,而不是母亲。同时,幼儿还逐渐把玩具融入游戏中,能够同时注意到物体和同伴。这一阶段的同伴关系发展,为后期“友谊”的出现打好了基础。

第三节 ‖ 1~2岁幼儿的教养困惑及解答

一、教养困惑一:孩子学步过程中,需要注意些什么

在幼儿学步过程中,家长应该注意以下几点:

第一,提供安全的学步环境。第一个安全隐患是阳台。幼儿一旦学会行走,“到处乱走”是必然的情形。阳台没有围栏或栏杆高在85厘米以下,栏杆间隔过大(超过10厘米以上)都需要处理。如果阳台上摆小凳子,容易误导幼儿爬上去,从而导致危险。现代居室的飘窗也要注意这个问题,不要小看幼儿的攀爬能力。第二个安全隐患是家具。家具的摆设应尽量避免妨碍幼儿学习行走,成人宜将所有具有危险性的物品放置在高处或移走,如刀具、开水瓶等。成人还需留意所有家具中尖锐的角,以防幼儿不小心发生碰撞。第三个安全隐患是门。婴儿容易在开关门时发生夹伤,家长可使用门防夹软垫来避免危险。意外往往发生在一瞬间,没有任何预兆,家长切不可大意。

第二,选择适当的纸尿裤。臃肿肥大的纸尿裤会严重影响幼儿的活动,而太小紧绷的纸尿裤又很可能磨损其大腿内侧的肌肤。因此,选购纸尿裤时,家长要考虑纸尿裤的设计与剪裁。质地柔软、吸收力强、侧腰围弹力强、拉伸力好的纸尿裤才能保证幼儿在学步过程中自由活动。

第三，舒适的穿着和鞋子。幼儿学步阶段的衣物要合体，衣服不能太长，不要有太多装饰性的零件，不然会影响幼儿的迈步，甚至会使其跌倒。学步时的鞋子也有一定的要求。穿太大和不跟脚的鞋子容易摔倒，不利于幼儿学步。如果幼儿穿挤脚的鞋，那危害更大了。一方面，挤脚的鞋会让幼儿感到痛，失去学步的兴趣；另一方面，挤脚的鞋子会造成脚的血脉不通，阻碍脚的正常发育。刚学会走路的幼儿，足底和地面需要更紧密的接触，以感觉地面的软硬度和斜度，在感受地面的反射过程中学会脚趾的配合活动，保持身体平衡。所以，给学步幼儿选择鞋时，要挑柔软透气的鞋面，鞋底不能太硬，也不宜太薄太软，鞋子最好是前1/3可以弯曲，后2/3固定不动，后跟略高。随着幼儿的发育，一般3个月更换一次鞋子为宜。

二、教养困惑二：如何培养孩子独立进食

一岁左右，孩子开始对餐具和自己吃饭感兴趣，逐渐成为进食的主体，家长的作用应从主导转变成辅助作用，通过鼓励和协助小孩进食，让小孩感到进食的快乐，和大人一起享受食物的美味。如果家长在孩子年龄逐渐增大的同时依然给其喂饭，会造成以下危害：第一，不利于咀嚼功能的发展。由于家长喂饭往往导致小孩进食时狼吞虎咽，不能充分咀嚼食物，不利于牙齿的正常发育和胃的消化吸收。另外，喂饭过量还容易造成小儿肥胖。第二，心理负担过重或角色不明。在喂饭的过程中，家长的各种行为会给小孩带来不同程度的心理压力。如，有的家长由于赶时间，一边喂饭一边催促小孩，久而久之会使孩子感到吃饭是一种负担，觉得进食毫无乐趣，从而厌食挑食。还有的家长，一边喂饭一边与孩子游戏，一顿饭经常要喂一个小时以上，导致孩子养成不良习惯。还有的家长在喂饭时为了让孩子多吃一点，一边喂一边承诺给孩子各种东西，这会让孩子认为吃饭不是自己的事情。第三，影响精细动作发展。使用勺子吃饭看似简单，但是需要具备一定的腕部力量、五指协调性、手眼口的协调与配合。家长喂饭，则让孩子失去了训练精细动作发展的机会。

家长可以从以下方面培养孩子的进食习惯：第一，给孩子准备安全易用、大小合适的餐具。家长可以让孩子从玩勺子开始，慢慢过渡到用勺子进食。8～9个月的时候，家长可以在用餐的过程中给他一个勺子，让他握在手中玩耍。当孩子知道如何正确拿勺子之后，让他试着自己用勺子吃东西。家长一定要有足够的耐心，不要因为孩子使用勺子不正确就将勺子从其手中夺走。第二，进食前给孩子洗净小手，穿上围嘴或围兜。第三，移走餐桌上不安全的物件和不适合宝宝吃的食物。第四，食物的温度、大小、软硬要适中。第五，允许孩子用手抓东西吃。第六，避免频密擦拭孩子的手和嘴，妨碍其进食。第七，让孩子的注意力集中在吃饭上，没有其他因素的打扰。当孩子能主动、自主进餐时，就能自己调节食量，不会吃得过多，还能避免养成边吃边玩的坏习惯。第八，从小养成坐下来吃饭的习惯。家长应根据家中的环境，选择合适的婴儿餐椅或座位。家长可以选择附有餐盘的儿童餐椅或让孩子靠近餐桌坐下，以便孩子在餐盘或餐桌上拿食物和学习使用餐具，这样会让他更乐意独立进食。

三、教养困惑三：孩子语言发展的影响因素有哪些

幼儿的语言发展有较大的个体差异，有的在8个月大时就能开始说单个的词，不到1岁就能说简单的句子，而有的迟迟不能开口说话。什么原因使得幼儿的语言发展出现如此大的差距呢？其实幼儿语言的发展受到各种因素的影响，如环境、智力、遗传等。

第一，环境因素，包括养育者的文化程度、语言习惯、职业等。语言的发展与环境所提供的信息刺激量的多少有关，接受外界信息刺激多的孩子，其语言发展就快于其他孩子。

第二，智力因素。认知能力是人类智力的一个重要部分，智力低下会影响语言能力的发展。智力低下的儿童精神不能集中，模仿能力差，开始说话的年龄晚，词汇量少，或者不能理解词的意思，表达能力差。年龄较大者表现为说话不切题，以及模仿、重复与其年龄不相符的语言。

第三，听力因素。听觉对儿童的语言发展非常重要。如果在语言发展期间存在语音输入障碍，如中度以上听觉障碍，就会影响儿童对语言的理解和表达，导致语言发展障碍。其语言障碍的程度与耳聋程度平行。

第四，发音器官因素。语言的发音首先要有正常的发音器官，包括喉、声带、咽、舌、唇、齿、腭等。这些部位必须完整且功能正常，儿童才能正常地发展其语言能力。比如，腭裂儿童虽然听力和理解不受影响，但会出现构音障碍。患有腺样体增生的儿童，其鼻音较重。另外，上下颌咬合不良也会影响儿童的发音。

第五，大脑中枢因素。大脑是语言活动的中枢，如果大脑受到损伤，儿童就不能正确地处理接收到的语言信息，会出现偏听、误听、误解等现象，自然也就不能正确地进行语言的表达，进而影响儿童与他人进行语言交流，使语言发展出现各种不同类型的语言障碍。

第六，遗传因素。有些儿童听力和智力发育正常，也没有器质性疾病，但语言发展迟缓。这些儿童常常有家族史，其父亲、母亲或其他家族人员的幼儿期在语言发展上可能存在问题。

四、教养困惑四：如何避免孩子分心

家长可以从以下几个方面培养孩子的注意力。

第一，有规律的生活。简单而有规律的家庭生活节奏，对孩子的成长非常有好处。每天起床、吃饭、做游戏、讲故事、睡觉的时间都应该安排得较为固定。对于注意力不易集中的孩子，尤其需要成人帮助建立规律的生活。

第二，营造安静整洁的环境。安静整洁的环境能够让孩子少受外界干扰，更好地保持注意。比如，家中物品的摆放不杂乱，孩子的用品和玩具收在固定的位置，每次不给孩子过多的玩具，成人在家里不大声说话和看电视，不做孩子的干扰源等。

第三，限制孩子看电视和玩电子游戏。如果孩子习惯了充满声光影的刺激环境，就不容易静下心来看书、思考和学习，尤其是对电视和电子游戏上瘾的孩子，即使家长强迫孩子读书学习，也是“身在书本心在电视”。所以，要限制孩子看电视和玩电子游戏的时间，平时尽量让孩子多看书，多接触大自然。

第四，多关爱孩子，及时调整孩子的情绪状态。孩子在身心状态不佳的时候，比如伤心、疲惫、有压力或者生病时，是很难集中注意力的。此时家长要多给予关爱，而不是盲目地严格要求。只有在保持愉快心情的时候，孩子才更易于专心致志地做事。

五、教养困惑五：如何形成孩子的安全型依恋

婴幼儿时期是个体依恋感发展最关键的时期，是为其今后高层次情感发展奠定基础的时期。培养孩子的安全型依恋，需要注意以下几个方面。

第一，相对稳定的照料者和生活环境。首先，婴幼儿的照料者要相对稳定。在婴幼儿成长过程中，需要一个对照料者逐步认识并建立情感的过程，这就要求照料者是相对稳定的。频繁更换照料者，会让婴幼儿难以与照料者之间建立情感连接，更不可能建立安全的依恋关系。比如，爷爷奶奶和外公外婆轮值带孩子，或者频繁更换保姆等，这些都会影响婴幼儿安全型依恋的建立。其次，婴幼儿的生活环境也要相对稳定。相对稳定、熟悉的生活环境，会让其更有安全感，而安全感有利于婴幼儿与他人的交往，以建立安全型依恋。因此，在婴幼儿安全型依恋尚未真正建立之前，应尽量为其创设一个熟悉、稳定的生活环境，不要频繁搬家，或者交替更换居住环境等。

第二，保持需求的敏感性。对于婴儿来说，当饿了、渴了、困了的时候，常常用哭声表达自己的需求。如果母亲经常对孩子的痛苦和要求置之不理，婴儿对这样的依恋对象也就不容易产生信任感。因此，家长对孩子的生理需要和心理需要做出敏感反应是促进其安全型依恋形成的重要因素。安全依恋型儿童的母亲对孩子的需要更敏感，更多反应，更亲切，更易接近，言语更积极并予以恰当及时的满足；而不安全型依恋的儿童的母亲有较多的消极态度，影响母子间的互动过程，这种不良的交互作用模式会逐渐内化为儿童的依恋模式，不但影响儿童的自我调节机制的发展，还可能将此消极的互动关系泛化到其他人际关系中去，出现攻击或退缩行为。

第三，营造温暖的家庭气氛。家庭情绪气氛是抚养质量的重要组成因素之一。家庭情绪气氛由每位家庭成员共同创造，温暖、互助、和谐或冷漠、疏远、拒绝，都对儿童的成长起着潜移默化的作用，成人对其子女进行温暖的照顾，并以合理的方式养育子女，其子女多形成安全型依恋风格。而成人如果存在行为与情绪问题，往往难以形成和谐温暖的家庭气氛，从而使子女感到在需要时无法获得关爱，并因此认为人际关系是不可靠的，增强疏离感，产生回避型依恋风格。所以成人应尽可能给婴幼儿营造一个温馨、和睦的家庭氛围，让其在这样的氛围中感受爱与关怀。

第四，针对不同的依恋类型进行培养。对于安全型婴幼儿，成人继续对其需要积极反应，并努力为其营造健康和谐的家庭氛围即可。而面对回避型和矛盾型婴幼儿，成人要用不同的方法和手段。矛盾型婴幼儿比较被动，对新刺激畏缩，接受变化难，需要成人耐心地使其接受抚爱，并要努力摸索出其生活活动规律，调整自己的行为以符合孩子的要求，但也要特别注意把握好变化的度。回避型的婴幼儿常常是安静的、退缩的，对新事物适应缓慢，需要成人有极大的耐心，创造宽松愉快的环境气氛，用积极的情绪和行动主动去唤起婴幼儿的反应。如果得到成人的抚爱和正确的教育，这类婴幼儿的气质就会向积极的方向转化，并且获得安全的依恋。

实践篇：1~2岁幼儿早期教育活动方案

方案一 积木堆高高

一、活动目标

(一)家长学习目标

1.家长了解幼儿搭积木的能力与未来发展的关系；

2.家长知道幼儿搭积木能力的表现。

(二)幼儿发展目标

1.愿意和家长一起进行积木的搭建游戏；

2.通过活动，幼儿能在搭积木的原有水平上得到进一步发展。

二、活动准备

音乐："Melody of Love"《请你跟我这样做》"Going Home"《火车开来了》；火车玩具，黄色、红色、绿色、蓝色的积木多个。

三、活动过程

(一)教师揭示教育价值

本次活动以积木为主要材料，拼搭积木是今天的主要活动，活动过程中主要是为了发展宝宝的精细动作和认知能力。我们现在的生活水平日益提高，各位家长的教育意识也越来越强，购买的玩具也越来越高档，但并非越高档越好。积木这类玩具其实既平价又环保，对宝宝的精细动作、认知能力、创造能力等大有裨益。

(二)活动中心环节

1.活动导入

(1) 热身活动

教师自我介绍，和宝宝们亲切地打招呼，然后播放儿歌《请你跟我这样做》，邀请家长和宝宝一起进行热身活动："请你跟我这样做，我就跟你这样做！"教师重复点头、拍手、叉腰、踏脚等动作，请家长和宝宝跟着做。

（2）互相熟识：火车火车，你好呀

教师行为：教师出示一串长长的火车玩具，吸引宝宝注意力。哼唱歌曲"咔嚓咔嚓，咔嚓咔嚓，火车开来啦……"，将小火车依次开到每个宝宝面前，并和他们打招呼"你好"，然后留下一节小车厢给每个宝宝。

家长指导：不同的宝宝，他们的外显性可能会很不一样，并不是所有的宝宝都愿意在大家面前表达，我们要多鼓励、等待。若宝宝出现排斥或不愉悦的心情时，请给予更多耐心陪同孩子一起进行或尊重他内心的意愿。每个宝宝的性格与成长环境不同，尽量减少将宝宝和其他孩子进行横向比较，多鼓励和给予宝宝爱和尊重，使之获得更多的安全感。

2.活动操作环节

（1）游戏一：拆一拆

教师行为：教师示范将火车车厢的四个轮胎拆下，然后将圆圆的轮胎轻轻地滚动，请宝宝自己尝试，并引导其发现圆圆的轮胎才能滚动，方方的车厢不能滚动。

家长指导：该阶段的宝宝，对于圆形、方形没有概念，但能感受到能滚动和不能滚动的不同。在生活中，可多提供可拆卸的玩具让宝宝动手操作，促进宝宝对事物的认知能力以及探索力的发展。

（2）游戏二：搭建火车

教师行为：教师给每个宝宝分发红色、黄色、绿色、蓝色的积木，示范搭建一列长长的火车。可以选择相同的颜色进行搭建，也可以将火车摞高，假装在运送货物。

家长指导：宝宝具备基本的颜色的辨识力，但对颜色的分类选择还没有很大的倾向性。家长可与宝宝交流"这两个是一种颜色吗？这是红色的，这是绿色的"，促进宝宝对颜色的分类认知。

（3）游戏三：开火车

教师行为：请宝宝拉着搭建好的火车让火车开起来吧。教师示范一遍游戏，然后播放音乐《火车开来了》，根据音乐的节奏和指令走走停停，如在"轨道"上行走、绕过"小河"、钻"山洞"、爬"山"等。最后，回到火车站吧！（火车绕过"小山丘"，回到"轨道"上。）

家长指导：家长从旁协助宝宝听从指令完成拉火车"上山""绕河"的任务。

（4）游戏四：按摩放松

教师行为：将火车送回火车站。小小司机们工作累了，也该休息了。教师示范坐下来，引导宝宝和家长一起相互按摩（捏捏小手、搓搓手臂、捏捏肩膀、拍拍小腿等）。

家长指导：家长和宝宝相互按摩，由于不同宝宝的敏感性可能不同，家长可根据平日习惯来改变动作。

（三）活动结束环节

拥抱告别：教师播放音乐“Going Home”，与宝宝拥抱，挥手告别；宝宝之间拥抱告别。

四、家庭延伸活动

（1）家长在家中可提供可拆卸的玩具而非只能观赏的玩具，让宝宝动手操作，以促进宝宝对事物的认知以及探索力的发展；

（2）可在家里对宝宝进行抚触、按摩操的操作，促进幼儿血液循环等。

方案二 夏日果缤纷

一、活动目标

（一）家长学习目标

1.了解幼儿在该年龄阶段的颜色识别力的发展特性；
2.能利用常见的水果开展游戏，发展幼儿认知。

（二）幼儿发展目标

1.知道水果大小之别，能进行正确的区分；
2.愿意参与运水果、剥水果的游戏，发展大动作和精细动作。

二、活动准备

音乐：“Melody of Love”《糖果屋》；水果：苹果、火龙果、梨、香蕉等；水果头饰、盘子、魔法箱、塑料刀具、卡片。

三、活动过程

（一）教师揭示教育价值

水果是生活中常见的物体，对幼儿有多种启智作用。通过五感的不同体验，可促进幼儿的认知发展；进行水果分类活动，可以促进幼儿逻辑思维的发展；幼儿在送水果回家的过程中可以发展平衡力和专注力；任务完成后，享受“水果沙拉”，会让幼儿感受到乐趣，并更加愿意参与其中。

（二）活动中心环节

1.活动导入

（1）热身活动

教师行为：教师自我介绍，和宝宝们亲切地打招呼，然后播放轻音乐“Melody of Love”，和宝宝一起进行走线活动，引导宝宝进入活动状态。走线动作有小手前平举、小手侧平举、小手放肩膀、小手放头顶、小手藏起来等，根据活动情况增加动作花样及延长动作时间。

家长指导：在日常生活中，家长也可以在保证安全的情况下，让宝宝多走走平衡线，如人行道的台阶，刚开始可以牵着宝宝的手，之后可以慢慢地松手，锻炼宝宝的平衡感，促进感统协调发展。

(2) 互相熟识：水果水果碰一碰

教师行为：教师事先请每位家长在衣兜里藏一种水果，并请宝宝们找出来，然后出示魔法箱，摇一摇、听一听，并伸手在魔法箱中拿出一种水果，最后请有这种水果的宝宝前来“碰一碰”，自我介绍(姓名、年龄、喜欢的水果)，并戴上相应水果的头饰。

家长指导：不同宝宝的外显性可能会很不一样，并不是所有的宝宝都愿意在大家面前表达，我们应多鼓励、等待。若宝宝出现排斥或不愉悦的心情时，请给予更多耐心陪同孩子一起进行或尊重孩子内心的意愿。

2.活动操作环节

(1) 游戏一：藏起来啦

教师行为：请助教将水果藏在活动室的各个地方——无盖的盒子里、垫子中间、书上、家长手中等；请家长带宝宝寻找，找到一个就放进魔法箱里，然后继续寻找。

家长指导：该阶段的宝宝对于“藏猫猫”游戏只会一种玩法，就是他们看得见的地方才可能是藏东西的地方。家长不必因宝宝找不着而意外。

(2) 游戏二：配配对

教师行为：教师从魔法箱里拿出所有水果并进行分类，红色的苹果、火龙果；黄色的梨、香蕉。教师将红色的水果放在红色卡片前，将黄色的水果放在黄色卡片前。

家长指导：宝宝对于水果颜色的分类，也许不是特别在行，请家长耐心指导。等宝宝能区分之后可以增加颜色的种类，也可以进行大小的分类，如大大的西瓜、哈密瓜，小小的葡萄、蓝莓等。分类练习是训练逻辑思维的基础，家长可以有意识地引导。

(3) 游戏三：送回家

教师行为：示范端着有水果的盘子沿着“轨道”走，穿过“山洞”，跨过“小河”，将水果送回“家”。家长带领宝宝模仿教师行为，教师巡视并一对一指导。

家长指导：宝宝的身体协调性、平衡性还不够，需要家长从旁协助宝宝端着盘子送回家。

(4) 游戏四：水果沙拉

教师行为：将运回的水果洗净，组织宝宝们洗手，然后一起剥皮、削水果，用塑料刀具进行水果沙拉的制作。

家长指导：家长和宝宝一起剥水果皮，如剥香蕉时家长可先帮忙在皮上撕个小口，因为宝宝的精细动作发展还不够，开口的香蕉能让宝宝顺利锻炼和发展精细动作。

（三）活动结束环节

宝宝们吃完水果，收拾干净桌子，拥抱告别。教师嘱咐："水果健康营养，要经常吃哟，不过，一次不能吃太多！"

四、家庭延伸活动

（1）家长在家中可提供不同的水果让幼儿认识，并逐步进行类似"大与小、红与黄、个与串"的分类；分类练习是训练逻辑思维的基础，家长可以有意识地引导；

（2）幼儿很愿意尝试做事，日常生活中让幼儿自己剥水果、递东西等，不仅可以锻炼其精细动作和大动作，还能促进自信心的建立。

方案三 小蚯蚓真能干

一、活动目标

（一）家长学习目标

1. 知道幼儿现阶段的手部精细动作发展：拇指、食指、中指配合下的捏的动作；
2. 主动积极地参加活动，能够为幼儿选择适合的游戏。

（二）幼儿发展目标

1. 练习"嵌"的动作，促进三指动作灵活性和手眼协调能力；
2. 练习拇指、食指的配合动作，提高协调能力。

二、活动准备

音乐：《手指歌》；蒙氏线、动物嵌板、小木鞋。

三、活动过程

（一）教师揭示教育价值

这个阶段的幼儿手眼协调能力发展较好，手指灵活性开始发展，并开始学习把物体当作工具来使用。通过拇指、中指、食指的熟练配合和腕部的初步控制，幼儿的形状认知增强，亲子互动的过程中也能促进其语言和动作技能的发展。此阶段的幼儿对独立的需要逐渐增强，家长应为幼儿创造提高自我服务能力的空间。

（二）活动中心环节

1.活动导入

（1）热身活动：走线活动

走线动作有小手前平举、小手侧平举、小手放肩膀、小手放头顶、小手藏起来，根据情况增加不同的动作和延长活动时间。

（2）互相熟识：问好

教师做火车头，随机点唱宝宝的名字，唱到名字的宝宝和家长一起站到教师身后当作车厢，直到所有的宝宝和家长都拉成一节节的火车厢，一起在蒙氏线上玩开火车的游戏，以满足此阶段宝宝行走的需要。教师边走边唱“×××你好，×××欢迎你”。

2.活动操作环节

（1）游戏一：手指游戏——小蚯蚓

教师行为：播放音乐《手指歌》，教师伸出食指变成小蚯蚓爬到宝宝的身体某处逗宝宝，宝宝也变出自己的小蚯蚓一起做早操，引导家长帮助宝宝伸出食指、拇指、小指。

家长指导：宝宝做完后，家长要帮助宝宝按摩手指关节。在家中，随时随地都可以进行手指的练习。手指游戏能帮助宝宝的拇指、食指及小指的动作分化，增加手指的灵活性。

附《手指歌》：

大拇指大拇指，你在哪里？（双手握拳伸出大拇指，左右摇摆）

我在这里，我在这里，大家好。（双手的大拇指相对伸曲，再转向宝宝）

食指食指，你在哪里？（双手握拳伸出食指左右摇摆）

我在这里，我在这里，大家好。（双手的食指相对伸曲，再转向宝宝）

小指小指，你在哪里？（双手握拳伸出小指左右摇摆）

我在这里，我在这里，大家好。（双手的小指相对伸曲，再转向宝宝）

（2）游戏二：动物嵌板

教师行为：徒手展示拇指、中指、食指，将嵌板按从大到小的顺序依次取下。右手三指配合逐一拿起嵌板。教师向宝宝展示母板上的凹槽，用食指、中指分别沿凹槽轮廓触摸，然后用右手三指拿起动物嵌板，将嵌板缓缓放入相应的凹槽内，双手食指、中指在嵌好的嵌板上向外划弧线触摸检验。将所有嵌板全部嵌好，可有意做1~2个错误尝试，如将嵌板对准一个错误凹槽观察、比较后摇摇头，在找到相应凹槽后嵌入检验并点点头。

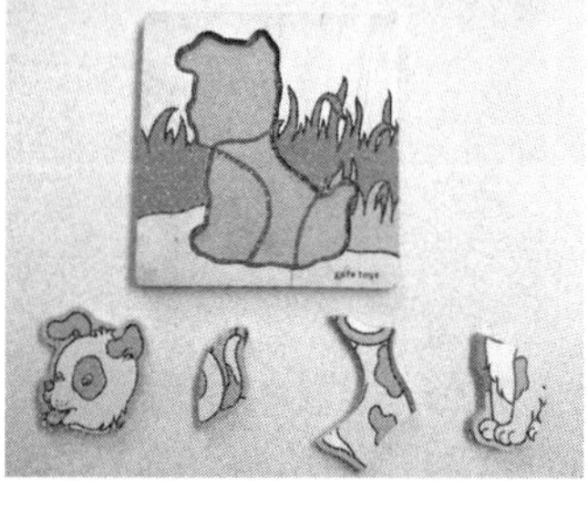

家长指导:让宝宝练习“嵌”的动作能促进宝宝三指动作的灵活性和手眼协调能力;宝宝把嵌板放入凹槽的过程是观察与比较的过程,这增强了宝宝的观察能力,促进了思维的发展。

(3) 游戏三:解鞋带

教师行为:教师示范如何解鞋带,观察木鞋的绳扣后,寻找到两个绳头,以一手食指分别指出,点头示意。

教师徒手展示拇指、食指动作后,捏住绳头;双手捏住两个绳头稍停顿后,语言配合动作“拉——”,双手同时将绳头拉开,满意地点头微笑。

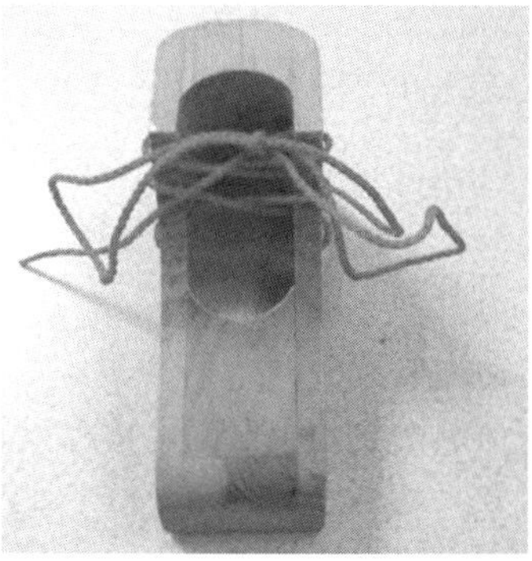

家长指导:若宝宝状态较好,教师可将木鞋鞋带系好,再展示一次。解鞋带活动能培养宝宝的生活自理能力及自我服务意识,提高双手配合能力,发展精细动作。

(三)活动结束环节

拥抱告别:在课堂结束时,教师要与所有宝宝和家长说“宝宝们、家长们,我们今天的课程到这里就结束了,再见!”,培养宝宝良好的社交习惯。

四、家庭延伸活动

(1)在家中让幼儿练习解蝴蝶结扣,并能解开自己的鞋带;

(2)家长可用硬纸板或卡纸自制嵌板让幼儿练习,指导幼儿左右手交替练习。这不但可以练习平面的镶嵌,还可以给幼儿提供玩具,练习立体物的镶嵌;

(3)在家中做体操时还可以加入日常生活中的动作,如洗衣服、擦地、开车等。

方案四 球球运动会

一、活动目标

(一)家长学习目标

1.学习利用球类物品开展游戏活动,促进幼儿运动能力的发展;

2.主动积极地参加活动,能够为幼儿选择适合的游戏。

(二)幼儿发展目标

1.能根据指令运用不同种类、材质的球做出抓握、投掷、跑等动作;

2.喜欢参加集体游戏,体验与家长游戏的快乐。

二、活动准备

音乐:《卡农》《彩虹的约定》《加油》等背景曲;彩虹伞,装球的箱子,绳子,各种不同材质、大小的球5套,海洋球若干,红色、蓝色、绿色的盘子。

三、活动过程

(一)教师揭示教育价值

各类球是幼儿生活中常见的玩具,如何玩才能更好地发展幼儿自身的能力呢?本次活动以球类运动为主题,训练幼儿的动作、认知能力。

(二)活动中心环节

1.活动导入

(1)热身活动:走线活动

走线动作有小手前平举、小手侧平举、小手放肩膀、小手放头顶、小手藏起来等,根据情况增加不同的动作和延长活动时间。

(2)互相熟识:手指游戏——数鸭歌

教师行为:教师伸出手进行示范,通过歌唱的方式带领家长和宝宝们做手指游戏,边唱歌边左右手指一一对应点数。

家长指导:在日常生活中,家长鼓励、帮助宝宝主动与别人打招呼,用较为连贯的句子介绍自己。喜欢并勇敢地介绍自我有利于促进宝宝语言能力的发展和自信心的培养。在家里也可以多和宝宝玩手指谣的游戏,帮助宝宝锻炼手指动作,培养宝宝手口一致地点数的能力。

附手指谣《数鸭歌》:

五只小鸭子去散步,翻过山坡走远了,鸭子妈妈嘎嘎叫,四只小鸭子回来了。

四只小鸭子去散步,翻过山坡走远了,鸭子妈妈嘎嘎叫,三只小鸭子回来了。

三只小鸭子去散步,翻过山坡走远了,鸭子妈妈嘎嘎叫,两只小鸭子回来了。

两只小鸭子去散步,翻过山坡走远了,鸭子妈妈嘎嘎叫,一只小鸭子回来了。

一只小鸭子去散步,翻过山坡走远了,鸭子妈妈嘎嘎叫,没有小鸭子回来了。

鸭子妈妈出门找它,翻过山坡走远了,鸭子妈妈嘎嘎叫,五只小鸭子回来了。

五只小鸭子回来了,跟着妈妈回家了。

2.活动操作环节

(1) 游戏一:小球真能干

教师行为:教师引出小球,和宝宝们一起进行小球儿歌游戏。教师用球示范滚来滚去的动作并念儿歌。

“老师今天给你们带来了一个熟悉的东西——小球,绿色的小球。绿色的小球是个能干的小球哦,我们一起玩滚小球的儿歌游戏吧。”教师指导家长们也跟着宝宝们一起念儿歌,并和宝宝进行滚、扔小球的游戏。教师示范与幼儿来回滚小球的操作。

家长指导:在活动中,家长协助宝宝做某些动作,如滚动、扔小球等。在游戏中让宝宝们感受方位的变化。家长陪同宝宝并模仿老师的动作,让宝宝更有兴趣。随时观察宝宝的情绪状态,使他们乐于参与游戏。

附儿歌:

小球小球本领大,滚来滚去真有趣,我的小球真能干!

(2) 游戏二:会唱歌的小红球

教师行为:教师出示红色发声小球,并分发给每个宝宝,指导他们捏、听。“我们听,咦,这个声音从哪里来的啊,哦,原来是会唱歌的小红球。我们拿在手上捏一捏,听听它的声音,和爸爸妈妈一起分享一下小红球的歌声吧。”

家长指导:在活动中,家长协助宝宝握紧小球使其发声,让宝宝们感受听觉的刺激。最后家长引导宝宝将红色的小球放在红色的盘子里,归位。

(3) 游戏三:蓝色刺球宝宝

教师行为:教师出示蓝色的小刺球,引导家长和宝宝捏、触摸,感知球的不同触感,认知不同的球类。“小球,蓝色的小刺球,宝宝们把小球拿在手里捏一捏,感受一下它,尖尖的、硬硬的,似乎有点儿刺手呢!”

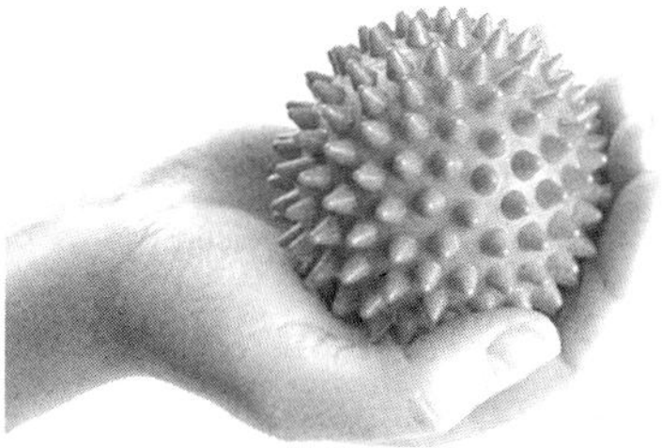

家长指导:请家长朋友将宝宝抱在怀中,跟着老师用蓝色的小刺球给宝宝做抚触操——将小刺球在宝宝的手臂、大腿、背上,从上到下地轻轻滚动。在游戏中让宝宝感受小刺球在身体不同部位游走的刺激感,刺激宝宝的皮肤敏感性。最后家长引导宝宝将蓝色的小刺球放在蓝色的盘子里,归位。

(4) 游戏四:送海洋球宝宝回家

教师行为:教师出示海洋球,制造一个"送球回家"的故事情节,对不同的球进行分类,即把蓝色的海洋球放在蓝色的盘子里,把绿色的海洋球放在绿色的盘子里,把红色的海洋球放在红色的盘子里。

家长指导:在活动中,家长协助宝宝将海洋球放入相应颜色的盘子里,让宝宝学会根据颜色分类。宝宝如果刚开始不能区别,家长可引导宝宝跟着教师一起认识颜色。在日常生活中,可以让宝宝边念儿歌边做分类动作,感受念儿歌带来的快乐。

附儿歌:

小皮球、圆又圆,小宝贝、真能干,来将皮球送回家。

(5) 游戏五:投掷小球

教师行为:教师准备好篮子和装有海洋球的箱子。教师在离墙1米处放一条绳子做分界。"我们现在要用海洋球开一个小球运动会啦,第一个环节是投掷小球。将篮子里的小球投掷到对面墙上。在爸爸妈妈的帮助下,看哪个小朋友最先完成任务。"

家长指导:在活动中,家长协助宝宝完成投掷动作,锻炼宝宝上臂的肌肉力量,体验和家长一起做游戏的乐趣。随着宝宝能力的提升,可以加长投掷的距离。和宝宝在游戏的时候交流互动,相互协作。鼓励宝宝大胆尝试,积极参与游戏。在共同完成任务中促进亲子关系的和谐发展。

(6) 游戏六:运球跑跑跑

教师行为:教师示范将刚刚成功投掷上墙的海洋球捡起来并通过运球的方式将球带回,放入篮子里。

家长指导:在活动中,家长鼓励宝宝独自捡球和运球。大动作发展较好的宝宝,还可以让其跑回家长的身边,锻炼宝宝奔跑的能力。

(7) 游戏七:和彩虹伞的约会

教师行为:教师和家长一起牵着彩虹伞的角,将海洋球放在彩虹伞上,引导宝宝们躲在彩虹伞下面寻找海洋球,用头去顶海洋球,将球顶出去,发展下肢弹跳的能力。

家长指导:活动中,家长协助教师鼓励宝宝玩彩虹伞的游戏,让宝宝体会亲子游戏的乐趣。

（三）活动结束环节

拥抱告别："和老师的游戏活动就到这里啦。宝宝们，我们相互抱一抱，再离开吧。"

四、家庭延伸活动

在家里，家长可以运用生活用具进行类似的球类游戏，也可以用海洋球和彩虹伞创作多种球类游戏，一方面发展宝宝的认知能力，另一方面让宝宝和家长在游戏的过程中收获成长和快乐。

方案五 今天是什么天气

一、活动目标

（一）家长学习目标

1.家长须知道此阶段宝宝的声音辨别能力和此能力对未来发展的重要性；

2.家长通过活动学习如何使用常见物品锻炼宝宝的声音辨别能力。

（二）幼儿发展目标

1.能够初步认知生活中常见物品发出的各种声音；

2.能够积极地参与活动，能辨别活动中的不同声音。

二、活动准备

生活中常见声音的音频；塑料盆、玻璃杯、塑料杯、小鼓、沙锤。

三、活动过程

（一）教师揭示教育价值

听觉是幼儿感知世界、理解世界的重要途径，而训练宝宝的听觉要从锻炼宝宝对声音的分辨能力出发。日常生活中的声音是我们最熟悉也最容易被忽视的。本次活动提供了这些声音让宝宝去感受,以增强宝宝对声音的辨别能力,丰富宝宝的认知。

(二)活动中心环节

1.活动导入:问好

教师行为:示范问好,引导宝宝们进行自我介绍。

家长指导:鼓励宝宝在大家面前表达。但当宝宝出现排斥或不愉悦的心情时,请耐心等待或者陪同孩子一起进行。每个宝宝的性格与成长环境不同,不要将宝宝和其他孩子进行横向比较,应多鼓励,并给予爱和安全感。

2.活动操作环节

(1) 游戏一:美妙的声音

教师行为:播放生活中常见声音的音频(如闹钟的声音、水龙头的流水声、敲门的声音、小狗汪汪叫的声音、小猫喵喵叫的声音),让幼儿感受声音的刺激。在建立初步体验后,教师介绍各种声音。

家长指导:家长在播放音频时问宝宝这是什么声音,做启发性提问。宝宝答不上来也没关系,家长可以在宝宝的耳边轻轻提醒他。

(2) 游戏二:找来敲一敲

教师行为:出示塑料盆、塑料杯、玻璃杯等,示范敲击的动作,引导宝宝关注声音。

家长指导:引导宝宝选择自己喜欢的生活材料进行敲击练习,感知不同物体发出的不同声音。在游戏过程中引导宝宝说出这是什么材料发出的什么声音,比如"这是塑料盆,敲一敲就发出'嘭嘭嘭'的声音"。将乐器放在宝宝身后,观察宝宝是否能将头转向声源的方向,观察宝宝对声音是否有反应。

(3) 游戏三:学儿歌《天气变化》

教师行为:教师播放不同天气中出现的声音,引导宝宝倾听、感知。示范儿歌的动作表达,鼓励宝宝模仿教师的动作。

家长指导:引导宝宝观察教师的动作表达,鼓励宝宝用肢体语言表现儿歌。

附儿歌《天气变化》:

大风来了,呼呼呼。(双手举高摇晃)
打雷啦,轰隆隆。(双手拍地板)
大雨来啦,哗啦啦。(双手从上至下抖动)
雨小啦,太阳出来啦,(双手掌心举高向上)
照在身上暖洋洋。(双手交叉于肩膀)

(4) 游戏四:绘本《今天是什么天气》

教师行为:精彩讲述绘本《今天是什么天气》,根据绘本内容引导宝宝们用相应的乐器来表示这些天气。如雷声用敲小鼓表示，大雨用快速摇晃沙锤来表示，小雨用缓慢摇晃沙锤来表示，风用嘴吹气来表示，太阳用高举手来表示。

家长指导：引导宝宝专心听教师讲述绘本。当宝宝不能自主地根据绘本内容利用乐器表示天气时，家长可以协助宝宝完成。

（三）活动结束环节

教师与宝宝拥抱告别。

四、家庭延伸活动

（1）家长多利用生活中的材料让幼儿探索声音；

（2）家长可以在宝宝周围发出声音，训练幼儿追踪声音来源的能力。

方案六　给小动物送食物

一、活动目标

（一）家长学习目标

1.知道该阶段的幼儿对小动物比较有兴趣，喜欢与小动物玩；

2.引导幼儿模仿动物的叫声，发展语言能力。

（二）幼儿发展目标

1.通过活动，宝宝能在双手交替动作的原有水平上得到进一步发展；

2.体验与家长一起做游戏的快乐。

二、活动准备

音乐："Going Home"，动物的声音；小狗、小猫、小兔、肉骨头、小鱼、萝卜的卡片，数字卡片。

三、活动过程

（一）教师揭示教育价值

这一阶段的幼儿开始由牙牙学语到自言自语，逐渐学会说话，对动物发出的声音也很感兴趣。家长要尽量多地与幼儿说话，可以经常读故事，也多给幼儿机会让他去表达，进行语言输出，家长应耐心等待。

（二）活动中心环节

（1）游戏一：小动物在哪里

教师行为：教师将动物图片放在桌上，示范动物的叫声。引导宝宝依指令找到相应动物的卡片，并模仿此种动物的叫声。依次把所有动物图片都认识一遍。给每组家庭分发一组动物的卡片。

家长指导：家长和宝宝进行互动，家长模仿动物的声音，引导宝宝拿出相应动物的卡片；也可以角色互换，宝宝模仿动物的声音，家长出示动物卡片。

（2）游戏二：配对游戏

教师行为：教师出示动物和食物的卡片，示范将动物和食物进行匹配。出示食物的卡片，引导宝宝先认识食物“这是什么呢？ 小鱼！ 小猫喜欢吃小鱼”，然后将小猫和小鱼的卡片放在一起。待宝宝将每种食物和动物进行匹配后，引导家长和宝宝进行角色互动游戏。

家长指导：家长需要先引导宝宝了解每种动物爱吃的食物，再进行配对。

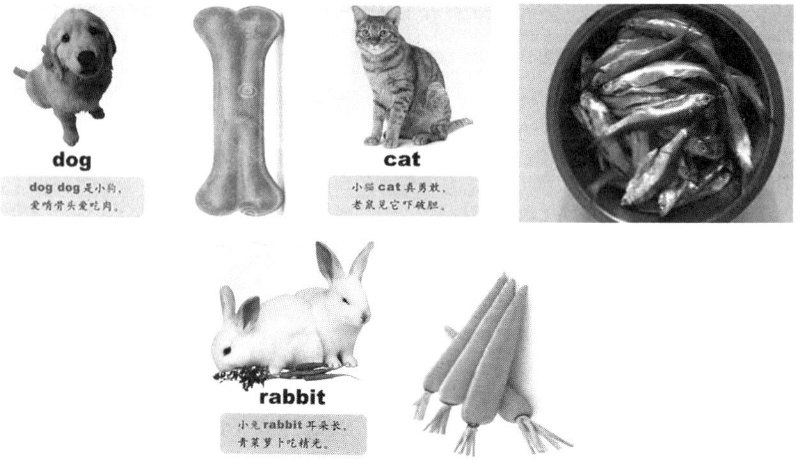

(3) 游戏三:投喂食物

教师行为:教师出示数字卡片、小动物卡片和食物卡片,示范根据不同的数字投喂小动物相应数量的食物。如小狗想吃两根骨头,就喂两根骨头给小狗。

家长指导:这个游戏是对宝宝按数取物的能力练习。数的范围在1、2、3之间选择即可。刚开始宝宝可能会出错,多练习几次后准确性就会提升。

(4) 游戏四:小动物怎么叫

教师行为:教师播放动物声音的音乐,模仿该动物的代表性行为或动作。

家长指导:家长抱着宝宝和老师一起随着音乐做相应的动作。

(四)活动结束环节

拥抱告别:教师播放音乐"Going Home",与宝宝拥抱,挥手告别;宝宝之间拥抱告别。

四、家庭延伸活动

(1)在家玩时可以将卡片换成其他的动物卡片及相应的食物卡片;

(2)在生活中可以引导幼儿发展配对认知。

方案七 我的脸蛋

一、活动目标

(一)家长学习目标

1.能理解五官认知在自我认知中的意义;

2.能利用童谣、游戏引导幼儿对五官的认知。

(二)幼儿发展目标

1.认识五官的名称并知道其对应位置及各自的作用;

2.在游戏活动环节中认真参与,体验游戏的乐趣。

二、活动准备

音乐:"Going Home";幼儿面部照片,报纸或广告纸若干,人物卡纸以及五官部位图。

三、活动过程

(一)教师揭示教育价值

现阶段的幼儿已经有了初步的自我认识,对自己脸部的每个部位都很好奇。设计这个活动的目的是让幼儿在活动中加强对自己五官的认识,同时增加幼儿的语言表达机会。在游戏中,家长注意引导幼儿自己动手操作,鼓励幼儿积极参与活动。

(二)活动中心环节

1.活动导入

教师通过出示班级宝宝的图片,介绍图片上的宝宝的特征进而引出鼻子、嘴巴、耳朵、眼睛、眉毛这些五官名称,以及让宝宝知道其相应的数量,让宝宝对自己的脸部有初步的认识。

2.活动操作环节

(1) 游戏一:我说你做

教师行为:教师发出指令,例如眨眨小眼睛,张张小嘴巴等。教师和宝宝互动后,家长和宝宝互动。

游戏升级(看电影):教师出示挖有洞的报纸,并分发给每个宝宝,当发出"露出我们的小眼睛"指令时,宝宝则把眼睛露在洞眼处。

家长指导:教师和宝宝互动后,宝宝和家长互动。

(2) 游戏二:唱响五官之歌

教师行为:教师讲解五官的位置,例如鼻子在我们脸部的最中间,再通过儿歌的方式进行巩固。教师示范儿歌,家长和宝宝跟着一起做。

家长指导:教师与宝宝互动后,宝宝和家长互动。

附儿歌:

小小鼻子本领大,长在脸的正中央;
鼻子上面是眼睛,眨巴眨巴真闪亮;
鼻子下面是嘴巴,笑一笑呀像月牙;
耳朵耳朵在两边,认认真真最听话。

(3) 游戏三:送五官回家

教师行为:教师出示五官搭配错误的图片,告诉宝宝们图片上的这个宝宝很难过,希望宝宝们帮忙把他的五官送到相应的位置。

家长指导:宝宝对自己的五官的认识是一个由浅到深的过程,在这个过程中需要家长有耐心,不可因为宝宝搭配出错就对宝宝发火。

(4) 游戏四:练唱儿歌

教师行为:教师引导宝宝了解五官的作用,例如"我们嘴巴的本领很大,我们的嘴巴会说话……”。宝宝学会使用简单的句子表达，再通过儿歌的方式巩固五官的作用。

附儿歌：

这是我的眼睛，眼睛会睁大；
这是我的鼻子，鼻子会呼吸；
这是我的嘴巴，嘴巴会说话；
这是我的耳朵，耳朵会听话。

家长指导：宝宝的语言发展是一个循序渐进的过程，家长可观察自己宝宝的语言处于哪个水平，有针对性地引导宝宝进行练习，提高其语言表达能力。

（三）活动结束环节

拥抱告别：教师播放音乐“Going Home”，与宝宝拥抱，挥手告别；宝宝之间拥抱告别。

四、家庭延伸活动

继续练习有关五官的儿歌，提高幼儿对儿歌的理解力和对五官的熟悉度。

方案八 转转小手腕

一、活动目标

（一）家长学习目标

1.知道此阶段幼儿腕部动作发展的四个代表性行为以及相应的指导方法：
代表性行为一：能上下连续提压手腕；
代表性行为二：能左右连续摆动手腕；
代表性行为三：手腕转动90度；
代表性行为四：手腕转动180度。
2.通过观察，理解幼儿现有腕部动作发展水平并进行指导。

（二）幼儿发展目标

1.通过活动，幼儿能在原有的腕部转动水平上得到进一步锻炼、发展；
2.体验与家长游戏的快乐。

二、活动准备

音乐：活动背景音乐、“Going Home”；小兔布偶、铃铛、装有水的瓶子、沾有颜料的小木棍、扇子、不同的锁和钥匙玩具、宝箱。

三、活动过程

(一)教师揭示教育价值

亲子活动主要是为了锻炼、发展幼儿的腕部转动能力,在生活中,例如翻书、拧瓶盖等生活小事常常会用到手腕。手腕动作的灵活程度反映幼儿生活自理能力的高低,所以发展手腕动作能力的意义非常重大。此活动提供不同难度的游戏来有意识地促进幼儿手腕转动能力的发展。

(二)活动中心环节

1.活动导入:小兔你好

教师行为:教师介绍新朋友小兔子跳跳,引导宝宝逐一挥手向跳跳打招呼。

家长指导:家长和宝宝一起热情地打招呼,带动宝宝一起完成问好等活动,慢慢地养成表达的习惯。

2.活动操作环节

(1) 游戏一:给小兔扇扇风

教师行为(设置情境):"刚刚小兔子跳跳带着宝宝们一起做运动,它有点热了,我们来给它扇扇风吧!没有小扇子怎么扇风呢?小手变变变,变成小扇子,扇一扇!左扇扇,右扇扇,前扇扇,后扇扇。好啦,现在请小宝宝们过来给跳跳扇扇风。"教师示范用手代替扇子上下摆动扇风,然后出示扇子给宝宝,宝宝练习运用腕部操作扇子。

家长指导:家长和宝宝一起进行模仿,轻轻用手扇扇风,用扇子扇风,上下转动腕部。

(2) 游戏二:铃儿响叮当

教师行为(设置情境):"跳跳现在感觉凉快多了,它特别感谢宝宝们,所以呀,它带来了一个好玩的东西想和宝宝们分享。小宝宝们仔细听一听,跳跳带来了什么东西?现在让我们和跳跳一起来玩一玩铃铛吧!"教师先在身后摇铃铛,然后出示手腕铃铛,并且慢慢地、轻轻地转动示范,然后连续、加速摆动,摇响铃铛。

家长指导:家长引导宝宝,或者轻轻握住宝宝的小手转动手腕,帮助宝宝练习左右转动手腕。

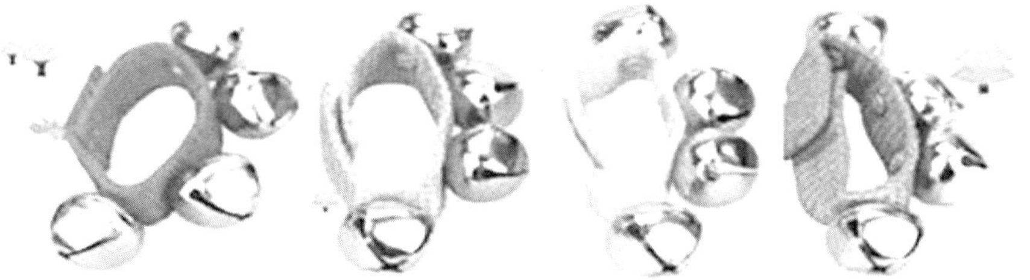

(3) 游戏三:开锁小能手

教师行为(设置情境):“小兔子跳跳和小宝宝们玩得可开心了,它又想到家里还有一个更好玩的东西,想和小宝宝们分享,所以它现在想先回家拿东西。哎呀!兔妈妈出门买东西了,门被锁住了,跳跳力气太小了,拧不开锁,我们来帮帮它吧!”教师演示一手固定锁,一手握住钥匙轻轻旋转,解开锁,替小兔子开门。

家长指导:家长要耐心等待宝宝自主探索,适时提供引导方法,不要代替宝宝操作。

(4) 游戏四:神奇的水

教师行为(设置情境):“哇!跳跳想和小宝宝们玩这个瓶子,瓶子里面还有水,我们这儿有根棍子,诶,这根棍子和水会发生什么奇妙的反应呢?我们来拧开瓶盖,将木棍放进去搅一搅,试试吧!”

教师演示怎样拧开水瓶(一手拿瓶,一手捏住瓶盖轻轻旋转,然后松手,继续拧动),然后将沾有颜料的木棍放进瓶子中,轻轻地搅动矿泉水瓶中的水,让水开始变颜色。

家长指导:家长在引导宝宝模仿教师动作时可帮忙扶住瓶身。

(三)活动结束环节

拥抱告别:教师播放音乐“Going Home”,与宝宝拥抱,挥手告别;宝宝之间拥抱告别。

四、家庭延伸活动

这个活动的目的是帮助幼儿发展腕部的精细动作,提高幼儿的自理能力,所以家长在家里可以做的事情有:

(1)为幼儿购买拧螺丝之类的玩具;

(2)开门时,请幼儿来开锁,拧门把;洗脸时,请幼儿和妈妈一起拧毛巾。

方案九 比尔与碧奇

一、活动目标

(一)家长学习目标

1.家长对该阶段幼儿手部发展的代表性行为有一定的了解:
代表性行为一:能选择大小合适的瓶盖进行匹配,并轻拧;
代表性行为二:能手握颜料刷涂色。
2.家长须知道该阶段幼儿的专注力与未来发展的关系。

(二)幼儿发展目标

1.愿意专注地倾听绘本故事;
2.手部精细动作得到提升。

二、活动准备

音乐:“Melody of Love”“Going Home”《高人矮人》;绘本:《臭臭的比尔》;比尔头饰、不同大小的瓶子及盖子、沙锤、颜料盘、白色颜料、刷子、脏脏的碧奇阿姨图片。

三、活动过程

(一)教师揭示教育价值

在活动中幼儿认真倾听故事以提升专注力,感知、认识不同大小的物体并能正确配对。该阶段的幼儿的精细动作有了一定的发展,本次活动针对幼儿的发展特点提供了不同难度的操作练习,让幼儿参与其中,并感受到乐趣。

(二)活动中心环节

1.活动导入

(1)热身活动

教师行为:教师自我介绍,和宝宝亲切打招呼;播放轻音乐“Melody of Love”,和宝宝一起进行走线活动,引导宝宝进入活动状态。(走线动作有小手前平举、小手侧平举、小手放肩膀、小手放头顶,小手藏起来等,根据情况增加不同的动作和延长活动时间)

家长指导:在日常生活中,家长可以在保证安全的情况下,让宝宝多走走平衡线,如人行道的台阶,刚开始可以牵着宝宝的手,之后可以慢慢地松手,锻炼宝宝的平衡感,促进感统协调发展。

(2) 互相熟识:认识好朋友

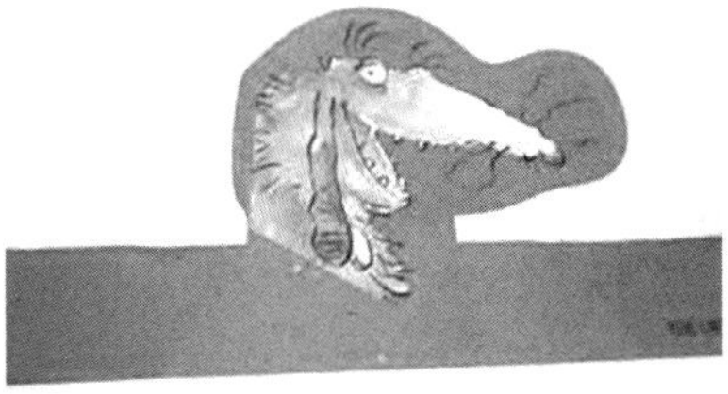

教师行为:教师戴着"比尔"的头饰和大家打招呼"大家好,我是你们的新朋友比尔,我快2岁啦,我喜欢臭臭的、脏脏的,不喜欢洗澡"。然后邀请宝宝前来和"比尔"打招呼,"你好,我叫×××"。

家长指导:该阶段宝宝的语言发展还未完成,家长可一起进行介绍。不同的宝宝的外显性可能会很不一样,并不是所有的宝宝都愿意在大家面前表达,我们应多鼓励、等待。若宝宝出现排斥或不愉悦的心情时,请给予更多耐心或者陪同宝宝一起进行,或尊重宝宝内心的意愿。每个宝宝的性格与成长环境不同,尽量避免将宝宝和其他孩子进行横向比较,应多鼓励和给予宝宝爱和尊重,使之获得更多的安全感。

2.活动操作环节

(1) 游戏一:绘本分享

教师行为:教师绘声绘色地和小朋友分享故事,表情、动作夸张。

家长指导:家长和宝宝一起认真倾听故事,可以和宝宝进行亲子互动。

(2) 游戏二:瓶盖找妈妈

教师行为:"臭臭的比尔在逃出房间的时候,打翻了家里的瓶瓶罐罐,可真麻烦,我们来帮帮碧奇阿姨吧。"教师出示多个不同大小的瓶子和盖子,示意宝宝对大小进行配对。教师示范将大盖子放在不同的瓶子口进行大小的比较,并旋转拧紧瓶盖。

家长指导:宝宝用小手感受不同瓶子、瓶盖的触感及大小,再进行大小、形状的匹配,家长可进行大小比较的相应引导以及瓶盖的旋转辅助操作,在家还可准备不同颜色的瓶子进行匹配。

(3) 游戏三:洗干净!

教师行为:“请宝宝用刷子沾上白白的颜料把碧奇阿姨的衣服洗干净吧!”教师出示脏脏的碧奇阿姨图片,用小刷子在颜料盘里轻转一下以粘上白色的颜料,然后轻轻地刷在脏脏的衣服上。

家长指导:鼓励宝宝大胆使用刷子帮忙,注意尽量不把颜料沾到衣服以外的区域。

(4) 游戏四:高高低低游戏

教师行为:“为了庆祝比尔、碧奇阿姨都变得干干净净的了,我们来舞动沙锤庆祝下吧。”教师播放《高人矮人》音乐,拿着沙锤跟随音的高低做出相应的动作。音高时手举过头顶,音低时手自然下垂。

家长指导:家长鼓励宝宝模仿老师的动作,并和宝宝一起进行高低音的辨别。不过,辨别音的高低是一个长期的过程,先让宝宝感受到音乐的趣味就好。

(三)活动结束环节

拥抱告别:教师播放音乐“Going Home”,与宝宝拥抱,挥手告别;宝宝之间拥抱告别。

四、家庭延伸活动

(1)家长在家中可提供节奏感强的音乐,让幼儿去倾听、感受节奏,家长鼓励并可参与互动;

(2)生活中,适当提醒幼儿注意个人卫生、玩偶的卫生,可让幼儿帮助玩偶"洗澡",与玩偶一起玩耍。

方案十 毛毛虫找朋友

一、活动目标

(一)家长学习目标

1.知道该阶段幼儿精细动作的发展特点以及其与未来发展的关系;

2.能耐心、积极地引导幼儿进行手指印画。

(二)幼儿发展目标

1.尝试用手指点画的方法,表现出各种形态的毛毛虫;

2.体验手指画带来的乐趣。

二、活动准备

音乐:"Going Home";绘本:《好饿的毛毛虫》;白色卡纸,红色、黄色、蓝色的颜料。

三、活动过程

(一)教师揭示教育价值

这个阶段,幼儿对自己的手很感兴趣,喜欢反复玩自己的手,跟家长做一些简单的手指游戏。所以本次活动能根据幼儿的兴趣,通过手指印画的方式发展幼儿的手眼协调能力,帮助幼儿建立对自己的认识。

(二)活动中心环节

1.活动导入:《手指谣》

教师进行《手指谣》的导入,引起宝宝对手指的兴趣,同时引出毛毛虫。

附儿歌《手指谣》:

一根手指头呀,变呀变呀变,变成毛毛虫,爬呀爬呀爬;
两根手指头呀,变呀变呀变,变成小白兔,跳呀跳呀跳;
三根手指头呀,变呀变呀变,变成小花猫,喵喵喵;
四根手指头呀,变呀变呀变,变成小花狗,汪汪汪;
五根手指头呀,变呀变呀变,变成大老虎,吼——。

2.活动操作环节

(1) 游戏一:绘本故事《好饿的毛毛虫》

教师行为:教师讲述绘本故事《好饿的毛毛虫》,让宝宝观察毛毛虫的外形特征,了解毛毛虫一天天慢慢变成蝴蝶的过程,培养宝宝的专注力。

家长指导:家长适时引导宝宝关注毛毛虫每日不同的食物,鼓励宝宝前往教师处碰触绘本上的洞洞。

(2) 游戏二:小手变蝴蝶

教师行为:教师示范手指游戏,引导家长和宝宝一起跟着做。

家长指导:家长用手做出“蝴蝶”,让宝宝用小手抓“蝴蝶”。

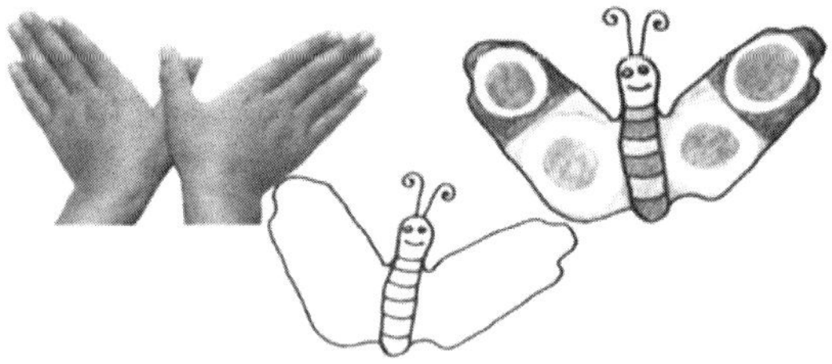

附儿歌:

一只手指点,(拇指相对,点一下)
两只手指点、点,(拇指、食指各自相对,点两下)
三只手指点、点、点,(拇指、食指、中指各自相对,点三下)
四只手指点、点、点、点,(拇指、食指、中指、无名指各自相对,点四下)
五只手指点、点、点、点、点,(拇指、食指、中指、无名指、小拇指各自相对,点五下)
变成蝴蝶飞、飞、飞。(双手拇指交叉相扣,其余四指做出飞的动作)

(3) 游戏三:手指印画毛毛虫

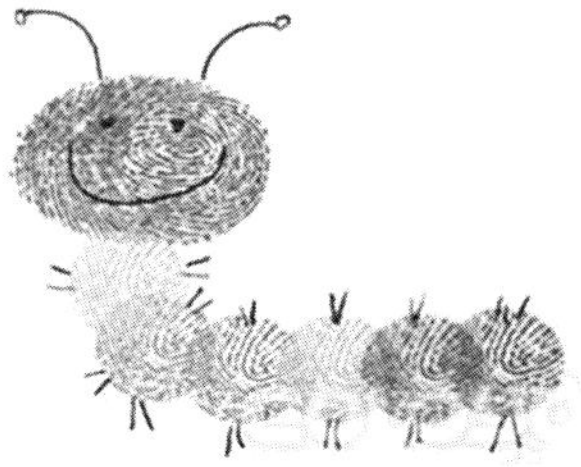

教师行为:教师出示《好饿的毛毛虫》绘本封面,引出手指印画主题“手指印画毛毛虫”。教师出示红、黄、蓝三种颜色的颜料,示范用手指在白纸上印出形态不同的毛毛虫。在活动中,教师引导宝宝用不同的手指、不同的颜色进行印画尝试。

家长指导:教师在白纸上示范手指印画,在印画过程中鼓励家长和宝宝选择丰富的颜色、用不同的手指创作毛毛虫印画，表现出毛毛虫的不同形态。对于不太积极的宝宝，注意通过语言、动作激发宝宝参与活动的乐趣，还可根据宝宝的兴趣爱好选择宝宝喜欢的方式进行游戏。

(三)活动结束环节

拥抱告别：教师播放音乐“Going Home”，与宝宝拥抱，挥手告别；宝宝之间拥抱告别。

四、家庭延伸活动

(1)引导幼儿进行绘画活动：手指印花；

(2)结合与大自然、动物有关的绘本，带幼儿融入大自然，观察、了解动物的变化，如绘本《小蝌蚪找妈妈》。

方案十一 不同的房子

一、活动目标

(一)家长学习目标

1.家长了解幼儿听音辨音的代表性行为及其发展特点：

代表性行为一：能正确听音、辨音；

代表性行为二：能手握响板，跟随一定的音乐节拍打响板。

2.家长能在每个环节中和幼儿积极互动，耐心温柔地陪伴幼儿操作，在必要的情况下给予指导。

(二)幼儿发展目标

1.幼儿专注听故事，知道动物的特性，具有初步的认知；

2.通过活动，幼儿能在原有的听音、辨音水平上得到进一步发展。

二、活动准备

音乐：“Melody of Love”《我爱我的小动物》“Going Home”；绘本：《新房子》；印章、印泥、响板、小老鼠等动物的头饰和卡片。

三、活动过程

(一)教师揭示教育价值

本次亲子活动中，幼儿通过听音、辨音、跟随音乐做动作等不同体验，促进认知发展，感知、认识不同的物体,同时在游戏环节中练习自己的精细动作。该阶段的幼儿的精细动作有了一定的发展,本次活动针对幼儿的发展目标提供了不同难度的动作活动。

(二)活动中心环节

1.活动导入

(1) 热身活动:走线活动

教师行为:教师自我介绍,和大家亲切打招呼,然后播放轻音乐"Melody of Love",和宝宝一起进行走线活动,引导宝宝进入活动状态。(走线动作有:小手前平举、小手侧平举、小手放肩膀、小手放头顶,小手藏起来等,根据情况增加不同的动作和延长活动时间)

家长指导:在日常生活中,家长也可以在保证安全的情况下,让宝宝多走走平衡线,如人行道的台阶。刚开始可以牵着宝宝的手,之后可以慢慢松手,锻炼宝宝的平衡感,促进感统协调发展。

(2) 互相熟识:认识好朋友

教师行为(戴上小老鼠头饰):"小老鼠搬新家了,住在了他的新房子里面,他想邀请宝宝们还有他的两个好朋友小兔子、小熊来他家参加新年晚会。可是,这是小老鼠第一次和大家见面,他还不认识大家,大家和他打个招呼,介绍一下自己吧。"

家长指导:不同的宝宝的外显性可能会很不一样,并不是所有的宝宝都愿意在大家面前表达。我们应多鼓励、等待。若宝宝出现排斥或不愉悦的心情时,请给予更多耐心陪同孩子一起进行,或尊重他内心的意愿。每个宝宝的性格与成长环境不同,尽量避免将宝宝和他人进行横向比较,应多鼓励和给予宝宝爱和尊重,使之获得更多的安全感。

2.活动操作环节

(1) 游戏一:绘本分享《新房子》

教师行为:教师出示绘本,和宝宝们进行故事分享,在分享的过程中对呈现的页面进行观察、提问。"所有的小动物们还有小老鼠的两个好朋友小兔子、小熊都去他家参加新年晚会咯,可是小老鼠并没有告诉我们他家是什么样子的,我们能找到吗?试试看吧!""小熊手上拿着的东西是什么呢?原来是邀请函呢!上面还有小音符的标记,这和小老鼠有什么关系呢?——原来小老鼠是音乐家。"

家长指导:家长和宝宝一起认真倾听故事,进行亲子互动。

(2) 游戏二:盖印章

教师行为:教师出示小老鼠新房子的图片,没有花纹的格子地板图片,教师示范在每个格子里面盖印章。教师示范轻轻拧开印章的盖子,在印泥上轻轻按一下,再将印章印在方格子里面,盖出了漂亮的图案。"大家想要来帮帮忙,装饰一下小老鼠家的地板吗?"

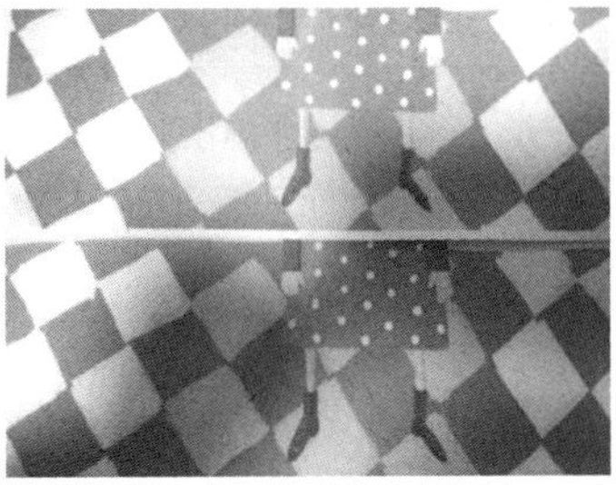

家长指导:家长可引导宝宝观察印章,瞧瞧上面是什么图案、花纹。当宝宝盖印章用力较大的时候可提醒宝宝做对比——用力较大的印章会不清晰,要轻轻的。适当提醒宝宝盖在格子内,但做不到也没关系,让宝宝自己动手。

(3) 游戏三:可爱的小动物

教师行为(设置情境):"小老鼠的新家布置好了,地板也铺得漂漂亮亮的了,于是,有更多的小动物们也想要去他家里参加新年晚会,会有哪些动物想去呢?"

教师出示动物卡片,引导宝宝模仿并表达出来——模仿动物叫声、动作。

家长指导:家长和宝宝一起模仿动物的叫声,进行有趣的互动活动。

(4) 游戏四:音乐响板游戏

教师行为:教师边打响板边哼唱"我爱我的小狗,小狗怎么叫,汪汪汪,汪汪汪,汪汪汪汪汪",然后播放歌曲《我爱我的小动物》。"小动物齐聚新家,他们非常开心地欢唱歌曲,我们也来试一试吧!"

家长指导:家长和宝宝一起使用响板打节拍,并互相模仿动物的叫声,进行有趣的互动活动。

（三）活动结束环节

拥抱告别：教师播放音乐“Going Home”，与宝宝拥抱，挥手告别；宝宝之间拥抱告别。

教师说：“今天，大家的表现很不错，有很大的进步。希望家长和宝宝在家中也能经常进行这样的游戏活动。宝宝最开心的时光莫过于和家长一起玩儿！家长也可以利用宝宝的玩具或各种生活材料积极与宝宝互动，而不只是观察或表扬宝宝哦。”

四、家庭延伸活动

（1）可以时常播放音乐，给幼儿提供可敲击的东西，让他根据音乐节奏打节拍；

（2）可以和幼儿玩捉迷藏的游戏，藏起小动物，露出他们的部分明显特征，让宝宝寻找、辨识。

方案十二 小猪威利

一、活动目标

（一）家长学习目标

1.知道该阶段幼儿的双手精细动作及其与未来发展的关系；

2.掌握发展该阶段幼儿的双手精细动作的2～3种游戏；

3.能耐心温柔地等待幼儿自己动手操作，在必要的情况下给予一定的指导。

（二）幼儿发展目标

1.能专注地倾听绘本故事；

2.双手精细动作在原有水平上得到进一步发展。

二、活动准备

音乐：“Going Home ”《小猪吃得饱饱》；绘本：《小威利闹别扭》；小威利头饰，口径较大的矿泉水瓶，沾上双面胶的猪耳朵、猪眼睛、猪鼻子等，黄豆，碗，小勺子。

三、活动过程

（一）教师揭示教育价值

本次亲子活动主要通过自制小猪、给小猪喂食等游戏，发展幼儿的手眼协调能力。幼儿在音乐活动中感知豆子发出的声音，感受乐趣。幼儿通过倾听故事，感受小威利的情绪，初步体验同理心。

（二）活动中心环节

1.活动导入

（1）热身活动

教师行为：教师自我介绍，和宝宝们亲切地打招呼，然后带着宝宝们一起进行小手游戏活动，引导宝宝进入活动状态。

家长指导：家长和宝宝一起进行热身活动，并和宝宝互动，引起宝宝的兴趣。

附儿歌：

小手小手拍拍，我的小手举起来；
小手小手拍拍，我的小手转起来；
小手小手拍拍，我的小手藏起来。

（2）互相熟识：认识好朋友

教师行为：教师戴着小威利头饰出现，和大家打招呼。“大家好，我是你们的新朋友小威利，我快2岁啦，我喜欢对妈妈说‘不’。”然后邀请宝宝上前和“小威利”打招呼，“你好，我叫×××”。

家长指导：该阶段宝宝的语言发展还不完全，家长可一起进行介绍。不同的宝宝的外显性可能会很不一样，并不是所有的宝宝都愿意在大家面前表达。我们应多鼓励、等待。若宝宝出现排斥或不愉悦的心情时，请给予更多耐心陪同宝宝一起进行或尊重他内心的意愿。每个宝宝的性格与成长环境不同，尽量避免将宝宝和其他孩子进行横向比较，应多鼓励和给予宝宝爱和尊重，使之获得更多的安全感。

2.活动操作环节

（1）游戏一：绘本分享

教师行为：教师绘声绘色地将故事和大家分享，表情、动作夸张。

家长指导：家长和宝宝一起认真地倾听故事，不时和宝宝进行亲子互动；当宝宝模仿其中的语气说“不”时，点头微笑示意。

（2）游戏二：小猪大变身

教师行为：教师出示装饰成小猪的瓶子，分别给宝宝介绍小猪的眼睛、鼻子、嘴。教师出示空瓶子和沾上双面胶的猪耳朵、猪眼睛、猪鼻子,请宝宝们制作小猪。

家长指导:家长和宝宝合作,不一定要十分规范,宝宝可自己操作;撕双面胶时,家长可在宝宝尝试多次未果后,撕开一个小口让宝宝继续操作。

(3) 游戏三:喂食

教师行为:教师出示黄豆、小勺子,示范喂小猪吃东西。拧开瓶盖(嘴巴),然后用小勺子轻轻舀一勺黄豆放进小猪的嘴里,摇一摇。

家长指导:家长可帮宝宝扶住装黄豆的碗,避免碗失去平衡而倾倒。鼓励宝宝大胆操作,给小猪喂食。每个宝宝的手眼协调能力发展不一,家长不要着急。

(4) 游戏四:小猪吃得饱饱

教师行为:"大家给小猪们吃了那么多的食物,它们要去散步了!"教师播放、哼唱《小猪吃得饱饱》,跟随音乐节拍上下摇晃小猪。

家长指导:家长引导宝宝享受豆子在瓶中摇晃发出的声音,可带着宝宝有节奏地摇晃,也可自由摇晃而后慢慢地跟上音乐节拍。

(三)活动结束环节

拥抱告别:教师播放音乐"Going Home",与宝宝拥抱,挥手告别;宝宝之间拥抱告别。

四、家庭延伸活动

(1)家长在家中可提供节奏感强的音乐,让幼儿去倾听、感受节奏,家长鼓励并可参与互动;

(2)家长可让幼儿自主吃饭,先使用勺子后慢慢转为使用筷子。

方案十三 听，那是什么

一、活动目标

（一）家长学习目标

1.知道这个阶段的幼儿处于听力发展的关键期，能够对幼儿进行多方位的听力刺激；

2.知道该阶段的幼儿对动物的好奇心和敏感性非常强，能够以此激发他们探究动物的兴趣。

（二）幼儿发展目标

1.知道几种常见动物（鸭子、小狗、小猫、小鸟）的叫声；

2.能够依据动物的叫声说出相应的动物名称。

二、活动准备

音乐："Going Home"；绘本：《挤呀挤》；小鸭、小狗、小鸟、小猫等的叫声音频和动物图片，玩偶鸭子，足够大的背景图（图上有几种常见的动物），几种常见动物的贴纸。

三、活动过程

（一）教师揭示教育价值

这个阶段的幼儿对声音的反应越来越强。本活动选择生活中常见的动物进行游戏，利用其叫声、形态等特征丰富幼儿的生活经验，提高幼儿的认知能力，发展幼儿听觉的敏锐性。

（二）活动中心环节

1.活动导入

（1）热身活动：走线活动。

（2）玩偶导入，用鸭子玩偶和大家打招呼。

2.活动操作环节

（1）游戏一：绘本《挤呀挤》

教师行为：教师讲述绘本故事，激发宝宝模仿动物叫声的兴趣。

家长指导：此月龄的宝宝喜欢模仿动物的叫声，喜欢翻看图画书。家长可以在共读绘本时通过夸张的声音和动作，引发宝宝模仿的兴趣。

附《挤呀挤》节选：

宝宝一个人躺在床上，真害怕呀！他"哇哇"地哭着去找妈妈。

"呷呷呷"，小鸭子来了。它钻进被窝里，高兴地说："真暖和呀！"

“呱呱呱”，小青蛙来了。它钻进被窝里，高兴地说：“真暖和呀！”

“喵喵喵”，小猫咪来了。它钻进被窝里，高兴地说：“真暖和呀！”

“汪汪汪”，小狗来了。它钻进被窝里，高兴地说：“真暖和呀！”

…………

(2) 游戏二：我是模仿小高手

教师行为：教师示范逐一听辨小动物的声音，猜猜是谁在叫。教师引导宝宝模仿小动物的叫声，如小狗汪汪汪、小猫喵喵喵等。教师为家长示范怎样与宝宝进行语言交流，比如“汪汪汪，谁在叫？”“喵喵喵，谁在叫？”“嘎嘎嘎，谁在叫？”家长再与宝宝进行对话，帮助宝宝复习、回忆。

家长指导：宝宝开始可能还不熟悉动物的声音，因此听声音时要给宝宝反复听，因为这一时期宝宝喜欢听重复的声音，这能让宝宝逐渐熟悉各种动物的声音，也能帮助宝宝积累声音的有关经验。

(3) 游戏三：我来找一找

教师行为：出示背景图，让宝宝认识背景图上的天空、小河、草地和动物；给宝宝发放动物贴纸，再次播放动物的声音，让宝宝听到动物的叫声就把相应的动物贴纸贴到背景图上，如：青蛙贴在小河里等。

家长指导：宝宝可能会乱贴，此时家长需要耐心地指导宝宝贴在相应的地方，并及时表扬宝宝，抱抱宝宝。这样可以增加宝宝的勇气和兴趣。

(4) 游戏四：我来唱一唱

教师行为：教师教唱儿歌，家长和宝宝一起唱。宝宝熟悉之后还可以和家长进行互问互答。

附儿歌《动物叫》：

|1 2 3 4 5 - |5 5 5 - |

小 猫 怎 么 叫　喵 喵 喵

小 狗 怎 么 叫　汪 汪 汪

小 鸭 怎 么 叫　嘎 嘎 嘎

家长指导:用唱歌的方式来辨别动物的声音,有利于激发宝宝的兴趣,同时宝宝也能在唱儿歌中逐渐熟知不同动物的声音。待宝宝熟悉之后,家长可与宝宝互问互答,还可以在儿歌中增加一些动物的声音让宝宝来唱。

(三)活动结束环节

拥抱告别:教师播放音乐"Going Home",与宝宝拥抱,挥手告别;宝宝之间拥抱告别。

四、家庭延伸活动

家长在日常生活中可以带幼儿去户外多听听自然界中的声音,去动物园听听更多动物的叫声,还可以让幼儿听听汽车、锅碗瓢盆发出的声音等,增强幼儿听觉的敏锐性。

方案十四 软软的糯米团

一、活动目标

(一)家长学习目标

1.了解该阶段幼儿手部的协调能力的发展特点;
2.掌握发展幼儿手部协调能力的方法;
3.耐心等待幼儿自己动手操作,在必要的情况下给予一定的指导。

(二)幼儿发展目标

1.幼儿对糯米团活动产生兴趣,想要玩弄糯米团;
2.幼儿能通过"压、切、搓"糯米团,提高手部精细动作的能力。

二、活动准备

糯米团、盘子、安全小刀、大小不一的硬币。

三、活动过程

(一)教师揭示教育价值

该阶段幼儿的精细动作有了一定的发展,本活动通过制作糯米团能提高幼儿手指精细动作的能力,并建立起幼儿"我会做"的自信。

（二）活动中心环节

1.活动导入

(1) 热身活动：儿歌游戏

教师行为：教师和大家打招呼，自我介绍，并用儿歌游戏的方式与大家进行互动，让家长与宝宝互动游戏。

家长指导：家长与宝宝互动，引导宝宝体验儿歌游戏的快乐，增强宝宝的积极性。

附儿歌：

炒菜、炒菜切切切，
包饺子、包饺子捏捏捏，
横三刀，竖三刀，
画个鼻子，扭脸包。

(2) 互相熟识：糯米团见面会

教师行为：教师（洗净手）出示制作好的笑脸糯米团，引导宝宝初步认识糯米团，和糯米团打招呼说“你好”，并说出自己的名字。

家长指导：宝宝在该时期有一定的语言表达能力，能够和大家打招呼。但并不是所有的宝宝都愿意在人家面前表达，当宝宝出现排斥或不愉悦的心情时，请耐心等待，或陪同孩子一起进行。每个宝宝的性格与成长环境不同，不要将宝宝和其他孩子进行横向比较，应多鼓励宝宝并给予其爱和安全感。

2.活动操作环节

(1) 游戏一：软软的、硬硬的

教师行为：教师（洗净手）将一块糯米团放在盘子中展示给宝宝，让每个宝宝动手触摸、捏捏，感受其柔软。给每个宝宝分发一块糯米团和两个大小不一、洗净后的硬币，让家长和宝宝一起捏捏糯米团、用手掌压压糯米团，压平后再将硬硬的硬币放上去进行拓印。

家长指导：宝宝对能自己动手触碰的东西比较感兴趣，软软的、硬硬的触感有利于刺激宝宝大脑。而在活动环节中，需要家长耐心陪伴宝宝一起进行活动，并给予一定的指导。在宝宝出现一些特别的探索性行为时也请勿打断。

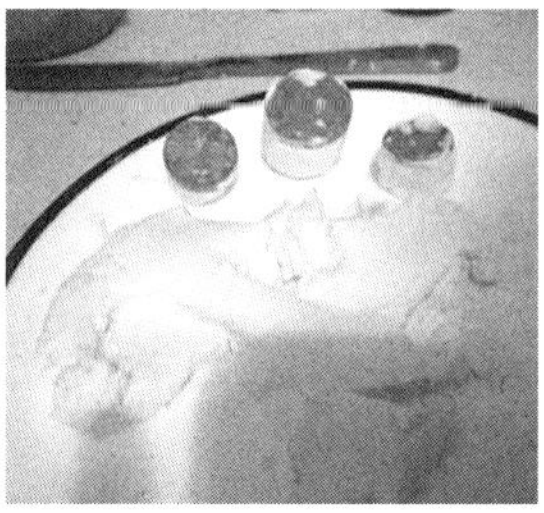

(2) 游戏二：我会切切切

教师行为：教师示范（洗净手），将剩下的糯米团揉捏在一起，然后正确示范用手握住安全小刀“切”,将糯米团切成多个大小较均匀的小块。

家长指导:运用小刀工具可训练宝宝的精细动作,但该阶段宝宝使用工具的能力较弱,所以希望家长能从旁指导协助,但不强求宝宝的手势一定要规范。宝宝切完糯米团之后,如果还想用小刀进行“再加工”,可以让他们充分探索。

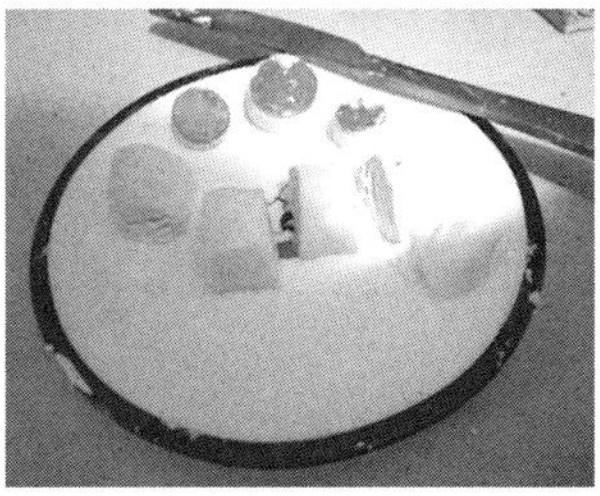

(3) 游戏三:可爱的小汤圆

教师行为:教师(洗净手)示范,将切好的糯米团摆放在小盘子里,然后放一个糯米团在掌心,示范两个掌心相对搓圆的动作。“搓好小汤圆后,我们就可以煮小汤圆吃哟!”

家长指导:宝宝两只小手的转动协调能力处于初步发展阶段,所以需要家长示范、协作。如果宝宝在上一环节中将糯米块切得过小,可示意宝宝将两个或三个小块糯米团揉捏在一起后“搓汤圆”。

(三)活动结束环节

结束活动:“我们大家一起来品尝小汤圆吧!”

四、家庭延伸活动

(1)家长在家里搓汤圆的时候,可以让幼儿参与;

(2)可以做彩色小汤圆,用草莓汁、菜叶汁等做调色剂,提高幼儿的颜色识别能力。

方案十五 小鸡学本领

一、活动目标

(一)家长学习目标

1.了解该阶段幼儿平衡能力及手部动作的发展特点;

2.掌握该阶段幼儿平衡能力及手部动作的发展方法；

3.耐心等待幼儿自己动手操作，在必要的情况下给予一定的指导。

（二）幼儿发展目标

1.幼儿能用手指打开夹子，并学着正确使用夹子；

2.幼儿能踩在弯曲的线上行走，并会投掷物品；

3.幼儿愿意帮助小动物，并从中感受到乐趣。

二、活动准备

音乐“Melody of Love”“Twinkle Twinkle Little Star”“Going Home”；小鸡玩偶、衣架、夹子、袜子、晾衣绳、五角星、沙锤、画有五角星轮廓的纸、水彩笔、“彩色小路”道具、竹筐、乒乓球。

三、活动过程

（一）教师揭示教育价值

该阶段的幼儿各方面能力都有了一定的发展，而当他们的发展逐步提升时，幼儿便萌生出“帮助他人”的意愿。而本次活动便是以“帮助小鸡”为主线，进行手指捏、音乐乐感感知、涂鸦上色、投掷喂食等游戏。帮助他人是重要的利他行为，有助于幼儿的社会性发展。

（二）活动中心环节

1.活动导入

（1）热身活动

教师行为：教师自我介绍，和宝宝亲切地打招呼，然后播放轻音乐“Melody of Love”，和宝宝一起进行走线活动，引导宝宝进入活动状态。（走线动作有：小手前平举、小手侧平举、小手放肩膀、小手放头顶，小手藏起来等，根据情况增加动作及延长活动时间）

家长指导：在日常生活中，家长也可以在保证安全的情况下让宝宝多走平衡线，如人行道的台阶。刚开始可以牵着宝宝的手，之后可以慢慢松手，锻炼宝宝的平衡感，促进感统协调发展。

（2）互相熟识：认识好朋友

教师行为：教师出示小鸡玩偶和大家打招呼，“大家好，我是黄小鸡，我两岁啦，我喜欢黄色，谢谢大家！”，然后邀请宝宝和黄小鸡打招呼，并请宝宝将黄小鸡传递给下一个宝宝。

家长指导：不同宝宝的外显性可能会很不一样，并不是所有的宝宝都愿意在大家面前表达。我们应多鼓励、等待。若宝宝出现排斥或不愉悦心情时，请给予更多耐心或者陪同孩子一起进行，或尊重他内心的意愿。每个宝宝的性格与成长环境不同，尽量不要将宝宝和其他孩子进行横向比较，应多鼓励和给予宝宝爱和尊重，使之获得更多的安全感。

2.活动操作环节

(1)游戏一:晾袜子

教师行为:教师讲述故事。教师展示衣架、夹子、袜子和晾衣绳,并示范将袜子夹在衣架上。教师用大拇指、食指捏住夹子尾巴,并说引导语“张开嘴巴、张开嘴巴……”,然后请每个宝宝将衣架挂在晾衣绳上。

家长指导:家长和宝宝一起进行晾袜子的活动,告诉宝宝如何使用夹子夹住和悬挂物品。

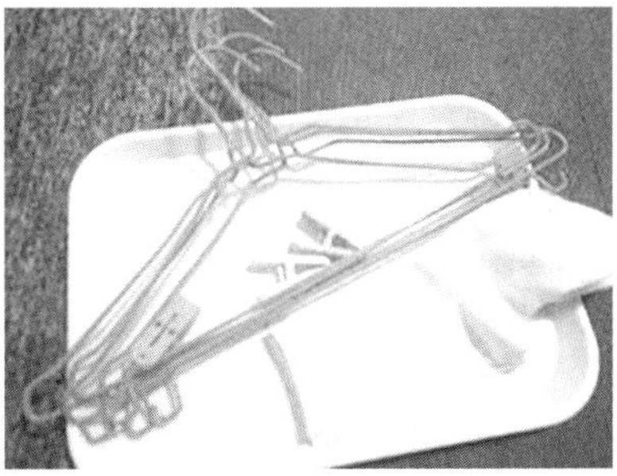

附故事片段:

早上,太阳公公已经爬上了山头,小鸡哥哥被鸡爸爸的叫声叫醒。昨天晚上,鸡妈妈特意嘱咐小鸡哥哥说:“明天早上,妈妈要去很远的地方拜访我的好伙伴,两天后才能回来,请你帮妈妈完成三件事情。”这第一件事就是洗袜子。小鸡哥哥洗好了袜子,但不知道怎么使用工具晾晒,请宝宝们帮助小鸡哥哥吧!

(2)游戏二:喂食

教师行为:教师继续讲述故事情节。教师将“彩色小路”道具布置在地上,并沿着彩色小路放一些乒乓球作为“果子”,在彩色小路尽头不远处放一个竹筐。教师示范在彩色小路上愉快地行走,并随意捡起两个乒乓球来到终点处,运用手腕动作将乒乓球投掷到竹筐里。

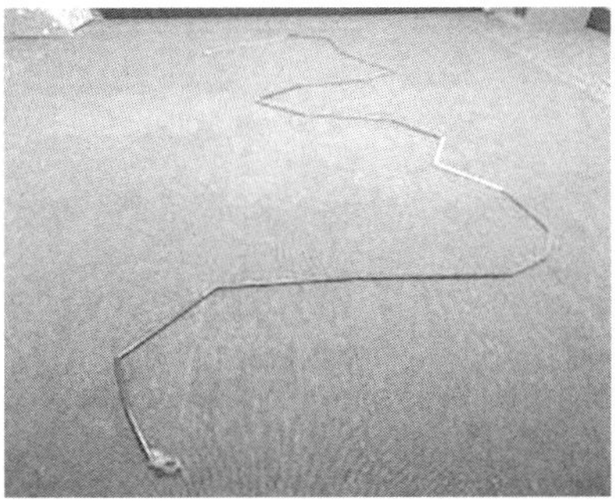

家长指导:不同的宝宝的手部力量发展水平不一,因此,不强求所有的宝宝都站在终点线上投掷乒乓球,宝宝可以用多种方式进行抛球;指导宝宝,一次只捡两个“果子”,一手一个。

附故事片段:

小鸡哥哥非常感谢宝宝的热心帮助,他完成了妈妈交代的第一件事情。随后,小鸡哥哥叫醒了弟弟妹妹,他要去完成第二件事情,带着弟弟妹妹吃早餐。他们想要吃什么呢?宝宝们，在森林里有一条弯弯曲曲的彩色小路，路上有很多橙黄色的果子，果子里都藏着很多的食物，小鸡们可以啄开果子吃里面的食物。可是，果子离得太远，小鸡哥哥自己还不能将这么多的果子全部运回家，这可急坏了小鸡哥哥。怎么样才可以将果子运回家里呢？宝宝们快来帮助小鸡哥哥吧！

(3) 游戏三：摇篮曲

教师行为：教师出示沙锤和黄色的五角星，示范跟随音乐"Twinkle Twinkle Little Star"的节奏打节拍，摇摆沙锤和五角星。

家长指导：家长和宝宝一起哼唱歌曲，并跟随音乐的节拍舞动沙锤和五角星，一起感受乐曲。

附故事片段：

非常感谢宝宝，在大家的热心帮助下，小鸡哥哥完成了妈妈交代的第二件事情。小鸡们啄开了果子，吃到了里面的食物，吃得饱饱的。今天天气很好，小鸡们玩了一天后开开心心地回家睡觉啦。可是弟弟妹妹们一直吵着哭着，不肯睡觉，这可急坏了小鸡哥哥。这时候，小鸡哥哥想起了妈妈交代的第三件事情：每天睡觉的时候，弟弟妹妹们都要听摇篮曲"Twinkle Twinkle Little Star"，还喜欢看着满天的星星睡觉。小鸡哥哥用沙锤和五角星打着节拍，为弟弟妹妹们唱摇篮曲。可弟弟妹妹们的哭声太大了，他们根本听不见。小鸡哥哥可以邀请大家一起唱歌来帮助他吗？

(4) 游戏四：满天星

教师行为：教师给每个宝宝一张画有五角星轮廓的纸和一盒水彩笔，请宝宝为星星涂上漂亮的颜色。

家长指导：宝宝进行涂色时，家长可引导宝宝选择自己喜欢的颜色为五角星涂色，可引导宝宝在图形内以线涂色。

附故事片段：

小鸡哥哥在宝宝们的帮助下，终于把弟弟妹妹哄睡着了，他们在音乐中进入了甜蜜的梦乡。小鸡哥哥终于完成了妈妈交代的所有事情。小鸡哥哥觉得好累，原来妈妈平时要做这么多事情呢。小鸡哥哥想要为妈妈做些什么，他想了想，想到了一个减轻妈妈负担的方法："咦，要不，我帮妈妈做很多的星星吧，这样妈妈就能轻松一些啦。"宝宝，我们一起帮助小鸡哥哥为妈妈画许多一闪一闪的星星吧！

（三）活动结束环节

拥抱告别：教师播放音乐"Going Home"，与宝宝拥抱，挥手告别；宝宝之间拥抱告别。

四、家庭延伸活动

（1）家长在家中可为幼儿创造一些简单的"工作"机会，让他们帮帮忙；

（2）提供多种可供敲击或有声响的小物品，鼓励幼儿跟随音乐打节拍。

方案十六 有趣的垫子

一、活动目标

（一）家长学习目标

1.知道生活中的常见物品也能锻炼幼儿的腿部大肌肉和手眼协调能力；

2.了解运用生活物品促进幼儿腿部大肌肉和手眼协调能力发展的方法；

3.了解运用生活物品开展活动的家庭延伸内容及注意事项。

（二）幼儿发展目标

1.喜欢与家长一起念儿歌，能跟着做简单的动作；

2.喜欢参加集体游戏，能大胆参与游戏，锻炼跳跃能力。

二、活动准备

音乐：《小手小脚操》《星星洗澡》；儿歌：《我的小靠垫》《开火车》；靠垫。

三、活动过程

（一）教师揭示教育价值

本活动是以"靠垫"这一生活物品为主要材料开展的，可以训练幼儿的腿部大肌肉和手眼协调能力等。

(二)活动中心环节

1.活动导入

(1) 热身活动:小手小脚操

教师行为:“天气越来越冷啦,我们先来做小手小脚操,让我们的身体暖和起来吧。跟着老师一起运动起来哟。”

家长指导:请家长和宝宝一起伴随音乐动起来。

(2) 互相熟识:认识好朋友

教师行为(设置情境):“今天给你们带来了一个熟悉的东西——靠垫。靠垫想和你们打招呼呢:‘大家好,我是靠垫,很高兴见到大家,谢谢’。”“现在靠垫要施魔法变成面具啦。看老师从哪儿可以看到你们。××,我从靠垫的上面(左边)看见你啦,你跟靠垫面具打个招呼,介绍一下自己吧。”

家长指导:引导宝宝和家长一起认识靠垫,进行语言游戏。家长可以鼓励宝宝们挥手打招呼,协助宝宝完整地介绍自己。在日常生活中,家长鼓励、帮助宝宝主动与别人打招呼,用较为连贯的句子介绍自己。喜欢并勇敢地进行自我介绍有利于促进宝宝语言能力的发展、自信心的培养,以及自我意识的提升。

2.活动操作环节

(1) 游戏一:童谣《我的小靠垫》

教师行为(设置情境):“老师这儿有好多靠垫,宝宝们来老师这儿选一个自己喜欢的靠垫,一起玩儿歌游戏吧。”教师示范儿歌的动作,引导宝宝一起模仿。

家长指导:家长陪同宝宝模仿老师的动作,让宝宝更有兴趣。随时观察宝宝的情绪状态,使他们乐于参与游戏。在活动中,家长协助宝宝做某些动作,如将靠垫背在背上等。在游戏中让宝宝们感受方位变化,让宝宝感受念儿歌带来的快乐,同时训练宝宝的手眼协调能力。

附儿歌《我的小靠垫》:

我陪靠垫玩一玩,靠垫陪我动一动。
抱在胸前摸一摸,背在身后转一转。
顶在头上跳一跳,放在脚下蹲一蹲。
一、二,向上抛,小小靠垫真好玩!

(2) 游戏二:开火车

教师行为(设置情境):“靠垫真好玩,他又想变个小魔术,瞧瞧靠垫又变成什么了呢?轰隆隆,轰隆隆。哇,靠垫变成火车啦。老师来当火车头,老师点到哪位宝宝,就请这位宝宝带上靠垫当车厢,一起去旅行吧!”

家长指导:和宝宝在游戏的时候交流互动,相互协作。鼓励宝宝大胆尝试,积极参与游戏。

附儿歌《开火车》：

轰隆隆，轰隆隆，火车开来啦，
轰隆隆，轰隆隆，××上车了，
轰隆隆，轰隆隆，家长请上车，
到站啦！

(3) 游戏三：按摩放松操

教师行为(设置情境)："小火车跑了那么多圈，好累呀，现在我们来按摩放松一下，也活动活动我们的手腕吧。"

家长指导：家长和宝宝一起互相捏一捏、压一压、揉一揉、搓一搓、拍一拍、捶一锤，增进亲子感情。

(4) 游戏四：龟壳保护战

教师行为(设置情境)："现在靠垫要施魔法变成小乌龟，去妈妈那儿。看老师怎么把靠垫好好护送到助教老师那儿。"教师趴在地上，将靠垫放在背上，驮着靠垫爬过去，靠垫不能掉下来。

家长指导：家长可适时帮助宝宝们稳住靠垫。

(5) 游戏五：夹汉堡

教师行为(设置情境)："靠垫又要变魔术啦！不过，这一次他想要让家长和宝宝们一起玩。咦，看他又变成了什么呢？靠垫变成了夹心汉堡。我们现在来玩一个运送汉堡包的游戏吧。"教师和助教面对面夹住靠垫，把靠垫运到终点转个圈，再运回来。

家长指导：家长和孩子面对面夹着靠垫沿着一条直线行走到尽头再返回，相互配合，在游戏的过程中促进亲子关系。

(6) 游戏六：快乐传传传

教师行为(设置情境)："我们都将我们的汉堡包成功运回来啦。现在我们一起来庆祝一下吧。瞧，老师双手握住靠垫的两边，身体向前，轻轻地向上抛，接住啦。"教师和助教进行抛接游戏的示范，吸引宝宝们的兴趣。

家长指导：家长与宝宝一起玩抛接游戏，训练宝宝们的手眼协调能力，促进家长与宝宝的亲子关系，促进大动作的发展。

（三）活动结束环节

拥抱告别：教师和大家拥抱，挥手告别。

四、家庭延伸活动

（1）家长可为幼儿创造一些简单的"工作"机会，锻炼宝宝的大动作能力；
（2）提供多种可供身体接触的生活物品开展游戏，鼓励宝宝与家长亲子互动。

方案十七 小小音乐会

一、活动目标

（一）家长学习目标

1. 知道该阶段幼儿对音乐有很强的敏感度和浓厚的兴趣；
2. 知道能够通过制作乐器等，促进幼儿对音乐的感知。

（二）幼儿发展目标

1. 对不同声音感兴趣，积极感知不同声音的特征；
2. 愿意参与游戏，体验用乐器伴奏的愉悦。

二、活动准备

音乐：《拉个圆圈走走》；绘本：《鼠小弟和音乐会》；小老鼠玩偶、沙锤、塑料瓶、花生、星星图片。

三、活动过程

（一）教师揭示教育价值

今天的活动主要是让家长知道教幼儿感知音乐节奏的方法，让幼儿在游戏中促进节奏感的发展，同时增强幼儿手部肌肉的控制能力，促进幼儿精细动作的发展，以及语言表达能力的发展。

（二）活动中心环节

1. 活动导入：认识好朋友

教师行为：小老鼠玩偶导入。"小老鼠来和大家见面了，大家和他打个招呼吧！"

家长指导：不同的宝宝的外显性可能会很不一样，并不是所有的宝宝都愿意在大家面前表达。我们应多鼓励、等待。

2.活动操作环节

（1）游戏一：绘本《鼠小弟和音乐会》

教师行为：教师讲述绘本故事，并通过沙锤、塑料瓶发出声音，激发宝宝制作乐器的兴趣。

家长指导：家长引导宝宝根据绘本的故事情节感受乐器的声音和节奏，达到音乐启蒙的作用。

（2）游戏二：拉个圆圈走走

教师行为：播放音乐《拉个圆圈走走》，教师和全体宝宝、家长手拉手围成一个大圆圈，随着音乐按逆时针方向走，并随歌词内容的变化而改变动作。游戏时鼓励宝宝跟唱歌曲。

家长指导：宝宝在倾听音乐的同时感受了音乐节奏的快慢，从中激发了宝宝演唱歌曲的欲望，同时也调动了宝宝的积极性，使宝宝在欢乐愉悦的气氛中参与游戏。为了游戏的完整性，需要提醒宝宝稳稳地拉住同伴的手。

（3）游戏三：制作会唱歌的瓶宝宝

教师行为：教师出示花生、塑料瓶，示范将花生一颗一颗地装进瓶子，将瓶子制作成伴奏的乐器。

家长指导：家长鼓励宝宝大胆地去拿道具。家长注意别让宝宝把小物品放进嘴里。家长不要帮宝宝装物品，尽量让宝宝自己动手。第一次活动时，需要家长使用右手帮宝宝一起握塑料瓶打节奏，用左手在宝宝的腿上打拍子。第二、第三次活动时，家长可逐渐过渡到只在宝宝腿上打拍子。同时，在活动时家长要投入，给宝宝营造氛围，多给宝宝鼓励和肯定。帮助宝宝打拍子时，节奏要正确，动作要轻柔。

（4）游戏四：小小音乐会

教师行为：再次播放音乐《拉个圆圈走走》，感受律动。教师摇晃伴奏乐器吸引宝宝。教师带着宝宝在音乐的伴奏下边唱歌边用自己制作的伴奏乐器有节奏地敲击肩、腿、脚等部位。第一遍，教师示范，然后请宝宝和教师一起学做。第二遍，引导宝宝和家长一起互相练习。

家长指导：家长可以和宝宝一起跟着音乐做简单的律动，随着歌曲节奏快慢的变化，逐渐控制好节奏。

(5) 游戏五:拍拍手

教师行为:教师和助教相互配合,一起跟随儿歌节奏做拍手的动作。

家长指导:家长与宝宝一起模仿教师,体验音乐的节奏感。

附儿歌《拍手歌》:

你拍一,我拍一,一个小孩坐飞机。
你拍二,我拍二,两个小孩梳小辫儿。
你拍三,我拍三,三个小孩爬雪山。
你拍四,我拍四,四个小孩写大字。
你拍五,我拍五,五个小孩在跳舞。
你拍六,我拍六,六个小孩吃石榴。
你拍七,我拍七,七个小孩刷油漆。
你拍八,我拍八,八个小孩吹喇叭。
你拍九,我拍九,九个小孩交朋友。
你拍十,我拍十,十个小孩扔石头。

(三)活动结束环节

拥抱告别:教师和家长拥抱,教师与幼儿拥抱,幼儿之间互相拥抱,挥手告别。

四、家庭延伸活动

在日常生活中,家长可以引导幼儿在听到音乐的时候跟着节奏点点头,做做动作。

方案十八 大大的、小小的

一、活动目标

(一)家长学习目标

知道该阶段幼儿对大小认知的代表性行为:
代表性行为一:能区别大与小的物体;
代表性行为二:能完成大与小的分类活动;
代表性行为三:能完成大与小的配对活动。

(二)幼儿发展目标

1.能正确比较物体的大与小,初步具备大小的概念;
2.能形成对两个物体在不同难度上的大小认知。

二、活动准备

不同大小的瓶子和瓶盖。

三、活动过程

(一)教师揭示教育价值

对同一类或不同类事物的体积进行大小比较,是一个相对的概念。在认知大小的过程中,孩子能初步理解空间的概念,对日后判断、推理及数学学习有很大助益。本次活动,我们将利用来自生活中的小物品作为材料巩固和发展幼儿认识大小的能力。

(二)活动中心环节

(1) 游戏一:找相同,做朋友

教师行为:教师出示大瓶盖和小瓶盖,请小朋友将手中大小不一的瓶盖分别和教师手中的进行配对。

家长指导:这个游戏锻炼的是孩子区分大小的能力。这个阶段的宝宝对事物外观上的大小比较敏感,容易感知大小。请家长们鼓励孩子自己操作。

(2) 游戏二:对对碰,才可以

教师行为(设置情境):“瓶盖宝宝想要找到和自己一样大小的瓶子,请大家一起来帮忙。”教师出示瓶身、瓶盖,引导宝宝们进行大小配对。

家长指导:宝宝们需要较长的时间,通过探索和尝试来进行大小配对。家长应当允许宝宝不断尝试,给予他们充足的探索时间。同时,要辅助宝宝用两相比较的方法完成大小区分与配对。

(3) 游戏三:我真能干

教师行为:教师出示大小不同的瓶子与盖子,引导小朋友区分大小。

家长指导:在家中可采用生活中的其他物品代替游戏材料。游戏时,根据宝宝自身的发展情况,家长引导宝宝完成一个代表性行为后,再进行下一个代表性行为的操作。如果前面的行为宝宝完成不了,可以多次重复,实在太难可以降低难度进行练习。

(三)活动结束环节

拥抱告别:教师播放音乐,与宝宝拥抱,挥手告别;宝宝之间拥抱告别。

四、家庭延伸活动

本次活动的主要目的是通过各种游戏对不同大小的物体进行配对,并通过亲子游戏活动促进亲子关系的发展。在家里,可以运用家庭的生活用具巩固宝宝对大与小的认知,有针对性地进行游戏,与宝宝进行情感交流。

方案十九 小小汽车开起来

一、活动目标

(一)家长学习目标

1.知道该阶段幼儿认知发展的表现以及其与未来的关系;
2.运用生活中常见物品——汽车,发展幼儿的颜色认知、配对等认知能力。

(二)幼儿发展目标

1.幼儿的颜色认知、配对等认知能力得到进一步发展。
2.幼儿愿意参与游戏,享受游戏的乐趣。

二、活动准备

音乐:“Going Home”;小汽车、公共汽车、警车、洒水车模型与图片,颜料,小排笔,大刷子,调色盘。

三、活动过程

(一)教师揭示教育价值

今天的游戏活动是以“汽车”这一生活中常见的交通工具为主要材料开展的,旨在训练幼儿的语言表达能力,识别多种汽车的能力,建立交通规则意识。

(二)活动中心环节

(1) 游戏一:小车过马路

教师行为:教师讲述故事《小汽车嘟嘟过马路》,引出“红灯停、绿灯行”的交通规则。
家长指导:家长和宝宝一起认真倾听故事,进行亲子互动。

附故事《小汽车嘟嘟过马路》：

汽车学校开学了，一辆一辆新出厂的小汽车去上学了。课堂上，老师在教授小汽车们如何开车、停车：过马路时要注意看交通信号灯，红灯亮了就停车，不能闯红灯；绿灯亮了才可以开车。有一辆叫嘟嘟的红色小汽车，上课不认真，还偷偷地跑出去玩。

嘟嘟行驶在马路上东瞧瞧、西望望，发现好多东西新奇又有趣，他高兴坏了，于是开足马力飞驰起来。在一个十字路口，红灯亮着，嘟嘟却一下子就冲了过去。糟糕，只听见咔嚓一声响，嘟嘟撞上了一辆大卡车！嘟嘟受了重伤，被送进了汽车医院。在医院里疗伤的嘟嘟心里难过极了。老师来看望他，对他说："嘟嘟别伤心，要记住这次教训呐！"嘟嘟点点头说："我以后过马路一定仔细瞧，红灯亮了就停车，绿灯亮了就开车，再也不乱穿马路了。"

(2) 游戏二：红灯停、绿灯行

教师行为：教师示范"红灯停、绿灯行"的动作，引导宝宝一起模仿教师的行为。教师观察宝宝的行为并一对一指导。

家长指导：家长陪同宝宝并指导宝宝，让宝宝更有兴趣；随时观察宝宝的情绪状态，使他们乐于参与游戏。

(3) 游戏三：汽车分类

教师行为：教师介绍生活中常见的汽车，"这是警车，警察叔叔执行公务的时候开的车；这是公共汽车，我们生活中的交通工具；这是洒水车，我们环卫工人给道路洒水的车……"教师示范将不同的汽车开到对应的车库里，引导宝宝一起模仿教师的行为。教师观察宝宝的行为并一对一指导。

家长指导：家长引导幼儿认识不同种类的汽车，了解不同种类的车有不同的用处，学会观察、对照图片与实物并进行分类。

(4) 游戏四：轮子画画

教师行为(引出主题)："我们来看看小汽车为什么可以跑得很快呢？原来是因为它有圆圆的轮胎。老师要用圆圆的轮胎变魔术了，给圆圆的小汽车轮胎沾上颜料，装扮我们的大树。"教师示范轮胎画的动作，引导宝宝模仿。

家长指导：引导宝宝用玩具车的轮胎或者圆形的瓶盖沾颜料打扮大树，对宝宝进行绘画启蒙的培养。在游戏的时候与宝宝交流互动，相互协作。鼓励宝宝大胆尝试，积极参与游戏。在共同完成任务的过程中促进亲子关系的和谐发展。

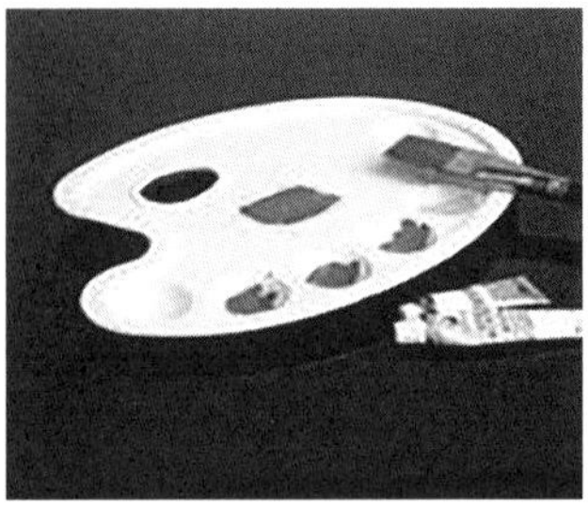

(三)活动结束环节

拥抱告别:教师播放音乐“Going Home”,与宝宝拥抱,挥手告别,宝宝之间拥抱告别。

四、家庭延伸环节

(1)日常生活中,鼓励幼儿认识不同种类的车,继续进行分类游戏和红绿灯的规则游戏。
(2)寻找生活中的圆形物品,巩固幼儿对圆形的认知。

方案二十 美丽花园

一、活动目标

(一)家长学习目标

1. 知道此阶段幼儿的精细动作发展的任务要求;
2. 能提供帮助,协助幼儿完成撕、贴、插、粘等精细动作。

(二)幼儿发展目标

1. 能根据指令完成撕、贴、插、粘等精细动作;
2. 愿意参与游戏,体验操作活动的愉悦。

二、活动准备

音乐:“Melody of Love”“Going Home”;柳树图片、KT 板、小动物贴纸、绿彩纸、带牙签的小花、柳树树干图片、颜料、牙刷、固体胶、小围腰和袖套。

三、活动过程

(一)教师揭示教育价值

本次活动以纸为主要材料,撕纸是本次活动的主要内容,主要是为了发展宝宝的手指精细动作能力和双手的配合、控制能力。

(二)活动中心环节

1.活动导入

(1) 游戏一:热身——走线活动

教师行为:教师自我介绍,和宝宝们亲切打招呼;播放轻音乐“Melody of Love”,和宝宝一起进行走线活动,引导宝宝进入活动状态。(走线动作有小手前平举、小手侧平举、小手放肩膀、小手放头顶,小手藏起来等,可进行动作的增加或减少)

家长指导:在日常生活中,家长也可以在保证安全的情况下,让宝宝多走走平衡线,如人行道的台阶。刚开始可以牵着宝宝的手,之后可以慢慢松手,锻炼宝宝的平衡感,促进感统协调发展。

(2) 游戏二:认识好朋友

教师行为:教师进行自我介绍,并介绍今天的动物新朋友,然后邀请宝宝们前来和小动物打招呼。

家长指导:不同的宝宝的外显性可能会很不一样,并不是所有的宝宝都愿意在大家面前表达。我们应多鼓励、等待。若宝宝出现排斥或不愉悦的心情时,请给予更多耐心,或陪同宝宝一起进行游戏,或尊重他内心的意愿。每个宝宝的性格与成长环境不同,尽量避免将宝宝和其他宝宝进行横向比较,应多鼓励宝宝,给予宝宝爱和尊重,使其获得更多的安全感。

2.活动操作环节

(1) 游戏一:撕柳条

教师行为(设置情境):“动物们想要住在一个美丽的花园里,我们来帮它们打造花园吧。首先来种一棵柳树。”教师出示柳树图片,描述柳树的柳条长得长长的、绿绿的。教师拿出绿彩纸示范撕柳条,并将撕好的柳条贴在柳树上(用固体胶粘贴)。

家长指导:指导宝宝双手配合,比较平稳地完成撕纸动作。如果宝宝觉得简单,可以提高难度,撕更细的、更长的柳条。

(2) 游戏二:用牙刷给树干涂色

教师行为(设置情境):“宝宝们的柳条都做好啦,现在请宝宝们将树干涂成棕色吧。”教师示范用牙刷沾一沾、刮一刮、刷一刷,完成涂色游戏。

家长指导:涂色游戏是宝宝掌握书写技能前的重要游戏,家长可协助宝宝完成。如果用牙刷涂色已经完成,可以尝试用其他的物品来继续涂色。不要求宝宝涂色的效果,激发宝宝参与涂色游戏的意愿很重要。

(3) 游戏三:种小花

教师行为(设置情境):“宝宝们的柳树真漂亮,可是小动物们还想要小花,请宝宝们帮小动物们种些花吧。”教师拿出带牙签的小花插在KT板上,请宝宝们依次上来种花。种完小花之后，教师说“宝宝们帮小动物们种了好多漂亮的花在花园里，真棒！小动物们迫不及待地想回花园啦，宝宝们快去带小动物们回花园吧”，教师演示把小动物贴纸也贴在KT板上。

家长指导：此活动是为了训练宝宝的精细动作能力，家长要引导宝宝在这个过程中注意安全，牙签不要戳到自己或他人。

（三）活动结束环节

拥抱告别：教师播放音乐“Going Home”，与宝宝拥抱，挥手告别；宝宝之间拥抱告别。

四、家庭延伸活动

（1）家长在家中可提供不同材质的物品（大小、长短、软硬各异），引导幼儿完成涂色游戏，为幼儿书写技能的掌握打下基础；

（2）提供多种小物品，鼓励幼儿用手指进行抓握；注意安全，避免幼儿把小物品放进嘴里。

下篇

0～3岁婴幼儿早期教育与活动方案

2~3岁幼儿
早期教育与活动方案

理论篇：2~3岁幼儿身心发展与早期教育

2～3岁幼儿的体形，相较1~2岁时更加颀长，即将告别胖呼呼、大脑袋的形象。2~3岁的幼儿对身体的控制能力进一步增强，显得灵活好动，就像有无限的活力。伴随而来的是他们对独立和自由的渴望，会有很多“自作主张”的行为，对任何事都想去看、去摸、去尝试。2～3岁幼儿的认知、语言与社会交往等也进入一个新的时期，有丰富的想象力、好奇心，这些新特点对成人提出了新的教养要求。了解2～3岁幼儿的生理、心理特点，耐心解答他们的“十万个为什么”，其能力会飞速发展。

第一节 ‖ 2～3岁幼儿的生理特点

一、2～3岁幼儿的体格发育

进入两岁以后，幼儿的体格发育开始变缓，但他们仍然长得很快。这种变缓会一直持续到下一个发育高峰——青春期的到来。

需要注意的是，体格的生长虽然有一定的规律，但在一定的范围内受遗传、性别、营养、疾病和环境的影响，会在幼儿的发育过程中存在不同程度的个体差异。例如，矮小身材成人的幼儿与高大身材成人的幼儿相比，女童与男童相比，健康体健的幼儿与体弱多病的幼儿相比，都存在体格上的差异。因此，体格发育的正常范围是一个区间，而不是一个固定的数值。

二、2～3岁幼儿的大脑发育

两岁以后，大脑的各区域都趋于成熟。3岁时幼儿的脑重约为900～1000克，约为成人脑重的2/3。婴儿出生时大脑神经细胞数目已基本与成人相同，但细胞的分化还在继续。2岁左右，脑及其各部分的相对大小和比例已基本上类似于成人大脑，白质已基本髓鞘化，与灰质明显分开。3岁时，大脑皮层的6层结构大体完成分层。脑电波的变化常作为幼儿脑技能发展的一个重要指标。脑电波的第一个飞跃变化——由δ波向θ波转变，一般在3岁前基本完成。

幼儿神经系统的特点是容易兴奋、不易控制，表现为幼儿容易激动、兴奋，但自控能力差，注意力难持久。充足的睡眠可调节神经系统功能，下表为5岁内婴幼儿每日需要的睡眠时长。

表1 婴幼儿每日需要的睡眠时长

年龄	推荐时长	不推荐时长
0~3个月	14~17小时	不足11小时/超过19小时
4~11个月	12~15小时	不足10小时/超过18小时
1~2岁	11~14小时	不足9小时/超过16小时
3~5岁	10~13小时	不足8小时/超过14小时

三、2~3岁幼儿的生理发育

两岁以后幼儿的肛门括约肌和膀胱括约肌基本成熟，成人应有意识地培养幼儿及时排尿的习惯，引导幼儿主动表达排便意图，不要长时间憋尿，逐渐养成白天基本不尿湿裤子、晚上在睡眠之前排尿的习惯。

两岁左右的幼儿应能熟练地从杯中饮水。饮水时下颌动作稳定、口腔运动协调，而且自己可以用手稳住杯子，不应该有水从嘴边流出。由于自我意识的发展，两岁左右也是幼儿学会自己喂食的重要时期，自己喂食不仅有利于精细动作的发展，也可促进独立能力的发展。

随着走路、上楼梯、过马路等行为的增多，成人需注意避免用力提拉、牵拉幼儿的手臂。当幼儿穿衣服，肘部处于伸直位置时，也应避免大力拉扯，否则容易挫伤软组织。幼儿关节窝比较浅，关节附近的韧带较成人松弛、薄弱，加之桡骨小头发育尚不完整，所以成人在牵拉时容易发生脱臼现象。一般到5~6岁时，随着发育的健全便不容易脱臼了。当幼儿会站、会走以后，脚弓会逐渐出现，但是脚底的肌肉、韧带还不结实，若运动量过大，会使脚底肌肉过于疲劳而松弛；反之，缺乏运动，脚底的肌肉、韧带得不到锻炼，也容易使脚弓塌陷，形成“平足”。成人应将幼儿的运动量控制在合适范围内。

第二节 ‖ 2~3岁幼儿的心理特点

一、2~3岁幼儿的动作发展

对于一个心智发展迅速但生理能力有限的幼儿来说，动作发展是其生理成长发育的重要参考依据，也是其心智表达最直接、明显的方式。神经髓鞘化及心智发展都将通过幼儿的粗大动作和精细动作表现出来。了解2~3岁幼儿的动作发展规律，有助于成人给幼儿提供良好的发展环境和发挥成人的协作作用。

(一) 2~3岁幼儿粗大动作发展

在顺利度过1岁左右的移位运动发展和1~2岁的基本运动技能发展的基础上,2~3岁幼儿的动作技能进一步发展。到3岁时,幼儿的大运动和精细动作基本上发育完善。例如:可以熟练地向不同方向走,侧着走或倒着走;特别喜欢在路边花坛边缘上走,并能保持身体的平衡;可以单脚站立数秒;经常有机会练习上下楼梯的幼儿能双脚交替着一步一级地上下楼梯。

3岁以内幼儿的跑实际上是在走的基础上,加大步伐和频率的一种行动方式。两岁以前的跑更像"快步走"。两岁以后,幼儿已经可以协调地奔跑,还可以玩追逐跑、障碍跑等游戏。

两岁左右的幼儿能双脚原地跳起,成人在生活中可有意引导幼儿原地蹦跳,强化双腿的动作技巧和身体弹性。到两岁半左右,幼儿会单脚跳1~2次,可立定跳远超过20厘米,但容易失去平衡而摔倒。2~3岁幼儿的骨盆还没长结实,从高处跳下或蹦跳时,成人要注意适当给予保护。

两岁左右的幼儿还很喜欢骑脚踏三轮车、荡秋千、爬小型攀爬架等。成人做好保护工作即可,不宜过多限制。

生活小片段

嘟嘟已经27个月了,看到滑梯时,他就去攀登。攀登时他握着栏杆两侧,很顺利地一步一步走上台阶。可是当开始下滑时,嘟嘟很害怕。于是,妈妈用手护住嘟嘟的胸部,让他缓缓地滑下。这样练习了好几次之后,嘟嘟就掌握了下滑的技巧。当两只脚站在滑梯顶端的上方时,他会把身体改变成坐的姿势,手扶滑梯边缘的围栏,然后滑落下去[①]。

(二)2~3岁幼儿精细动作发展

两岁左右的幼儿能够三指握笔,能够自己画直线;再大一点能模仿画圈、画十字;两岁半以后,幼儿画画的内容进一步丰富,能画气球、小河等。双手开始配合,学习自己系扣子、洗手、用勺子吃饭;两岁半以后手的配合更加精细,会穿脱短袜,会用剪刀,会使用筷子等。3岁前后能够进行简单的折纸活动,比如把纸折叠成正方形、三角形等,边角整齐;能用8块积木搭高,能搭一些具有空间感的物体如小桥、房子等。

① 参考资料:周念丽.0~3岁儿童观察与评估[M].上海:华东师范大学出版社,2013.

知识拓展

促进2～3岁幼儿精细动作发展的训练项目

1.揉

方法:家长和孩子每人手里拿一块彩泥。家长先把彩泥揉成球,让孩子学着也将彩泥团成球。接着,家长将彩泥压成"饼干",搓成"面条",包成"糖果",团成"汤圆"等,让他学着做。在孩子做的过程中,家长要不断地鼓励他。

2.画

方法:两岁左右试着涂鸦,进入三岁就可以学习画直线、曲线等线条。家长可以在纸上事先画出一些圆或者正方形等图形让孩子沿着已画好的线条涂描。

3.折

方法:学习折正方形、三角形、长方形。

4.夹

方法:3岁左右的孩子基本能使用筷子,成人可以通过开展夹糖果、纸团、红枣、花生米等比赛来进一步提高孩子使用筷子的熟练程度,以及锻炼手的灵活性。

5.插

方法:购买一些拼插的玩具,供孩子玩耍。

6.剪

方法:给孩子一些厚度适宜的纸张,可事先将纸张剪些口子。家长不断示范,教会幼儿使用剪刀,可以让孩子随意剪。随着孩子剪的动作熟练程度的提高,家长可以让孩子在纸上剪直线或在纸上画一些简单的图形(如三角形等),让孩子沿着线剪。

剪刀的正确使用姿势:拇指在上孔,中指在下孔,而食指放在下孔的外面起平衡及稳定作用。成人可以先做示范,然后给予手势帮助,并给予语言提示"张开""合起"。注意选择安全的,松紧合适且不分左右手的剪刀。开始时不必限制孩子哪只手使用剪刀。

7.敲

方法:可以购买手鼓、电子琴等玩具来不断发展幼儿的精细动作。

8.钓

方法:可以购买磁铁钓鱼玩具让孩子用工具把小鱼钓上来。这个游戏不仅可以锻炼孩子的耐心和手眼协调能力,还可以让孩子了解磁铁的作用。

9.扣

方法:让孩子练习扣衣服上的纽扣。

10.拧

方法:准备一些带盖的小壶或小瓶,让孩子练习拧的动作。

11.涂

方法：让孩子在成人画好的图形及图案中涂色。成人首先要教孩子学会辨识颜色，然后启发、引导孩子自主选择颜色，让孩子在不受任何约束的情况下进行涂色。

○ 参考资料：朱红英.0~3岁婴幼儿精细动作发展的促进策略研究[D].长春：东北师范大学硕士学位论文，2011.

二、2~3岁幼儿的语言发展

2~3岁是幼儿学习语言和发展语言的关键时期，也是学习口语的最佳时期。这时期他们已经掌握了最基本的词汇、词类和最基本的句型，所说的话也基本上符合语法，有了初步的语言能力。如会比较正确地运用代词你、我、他，会较合理地使用这里、那里。尽管说的话仍然以简单句为主，但是说话的内容、形式逐渐丰富。这期间，他们说话的积极性特别高，还会哼上几句儿歌。到3岁左右，大多数幼儿能运用语言进行日常交流，说出的话开始出现复合句，不再是以前的简单句，大部分的句子都可以达到10个左右的字。

随着对语言技能的运用，他们对语言的兴趣与日俱增，尤其是对跟他们直接相关的语言很感兴趣。如果成人的回应方式适宜，幼儿懂得的词汇会更多，他甚至可能会变成一个话匣子。因此，为使幼儿的语言能力进一步发展，成人要创造有利的条件，让幼儿在日常生活中或活动游玩中通过模仿来学习语言，并给予正确的引导来促进语言能力的发展。到了两岁以后，成人不必再用简短的语句来教幼儿说话，最好用完整的、标准的语句，如见到汽车后，不必再对幼儿说"车车""车"，最好说"这是一辆红色的汽车，那是一辆绿色的小轿车"等。

(一)2~3岁幼儿语言理解力的发展

2~3岁幼儿的词汇量和理解能力剧增，能理解的词汇达到900多个，词义泛化、词义窄化等现象明显减少，但幼儿在这个阶段往往分不清选择项的意思，会在回答时将疑问句末尾的那个选项作为自己的选择。比如问他"喜欢黄色还是红色"，幼儿会说"红色"；再问他"喜欢红色还是黄色"，幼儿会说"黄色"。这种混淆、模糊不清的情况大概要到幼儿3岁左右才能减少。这个年龄段的幼儿还很喜欢提问，他们不仅会问"这是什么？""这是哪里？"等两岁以前喜欢问的问题，还会反复问"为什么？"。疑问句可以提高幼儿的语言理解能力，也能激发幼儿学习的兴趣，能够发展幼儿多方面的语言能力。

生活小片段

小小现在28个月了，能比较熟练地用3~5个词语组成的句子表达自己想说的话，而且能够比较顺畅地和别人进行对话交流了，但有时对语言的理解还有偏差。爸爸有一次拿着香蕉逗他："小小，这根香蕉是给你吃还是给我吃？"小小最喜欢吃香蕉了，忙说："给我吃。"爸爸说："给我吃，我就吃了哟。"小小愣了一会儿说："给你吃。"爸爸说："好的，给爸爸吃了。"小小哇的一声哭起来，边哭边说："给小小吃，给小小吃。"

（二）2~3岁幼儿语言表达力的发展

两岁以后，幼儿逐渐能够用完整的简单句表达自己的意思并会说一些复合句。词汇量在这个时期有了很大的增长。他们喜欢模仿大人说话的语调和节奏，而且常常语出惊人，说出让成人也想不出的语句。两岁半时，幼儿能比较熟练地运用代词，数词、量词的出现频率开始增多，语气词的出现频率有所减少。这些都说明幼儿的表达已经向成人的表达靠近。同时，幼儿说出的句子的构成日趋复杂，句子的含词量普遍达到5~6个单词，其中陈述句依旧占有很大比重。语法日渐复杂，有80%能被陌生人听懂，体现了此阶段幼儿较为成熟的语言表达能力。

生活小片段

晨晨33个月了，总是缠着妈妈讲故事，他还喜欢听儿歌，有时候，他会自己讲一些故事的小片段或哼几句儿歌给叔叔阿姨听。晨晨很喜欢说话，看到感兴趣的就会指给妈妈看，然后说一些简单的句子来让妈妈也关注那样东西。

这时期，幼儿的语言还不能脱离环境和活动，因此，要多丰富幼儿的生活，让幼儿广泛接触周围的人和事，在人和事的交往中发展和丰富语言。两岁半以后，幼儿的语言能力发展迅速，接受能力也强，成人不能只限于教幼儿说物体的名称，而是要教会幼儿物体的作用，告知物体外部特点，例如大小、颜色、形状、轻重等，扩展他对物体的理解。利用提问题的形式鼓励幼儿多说话，表达自己的感受，描述物体。如果幼儿能得到成人持续而良好的语言互动，那么他的语言能力会在2~3岁突飞猛进。

知识拓展

抚育环境对2~3岁儿童语言发育的影响

儿童语言是在生物（先天）和社会（后天）因素相互作用下发展起来的，后天的环境和教育起着决定性的作用。1.5~3岁是语言发育最迅速的时期，而0~3岁的婴幼儿绝大多数时间是在家庭中度过。据2007年6月至2008年3月对在北京医学院儿童保健门诊进行体检的312例2~3岁健康儿童进行的语言发育测查及家庭相关背景调查发现，语言环境是影响儿童语言获得的重要因素之一，主要研究结论如下：

知识拓展

接受外界信息刺激数量多的儿童，其语言发展快于其他儿童。早期有丰富阅读经验的儿童在词汇量、表达的流畅性和积极性、语言理解能力方面都优于缺乏阅读经验的孩子。本研究对多因素分析后显示，经常与儿童一起看图画书、讲故事、听录音，1岁以内尽可能多地与婴儿说话，都会增加语言信息刺激量，从而对儿童语言发展起到促进作用；母亲受教育程度高对儿童语言发展水平的促进作用可表现在与孩子接触中会使用较丰富的词汇和较复杂的句子。

抚养人的语言行为有利于儿童的语言发育，而性格内向的抚养人在生活中可能为儿童创造的语言信息刺激以及互动交流机会都较少，因而对儿童语言发展产生不利影响。同时，抚养人陪伴儿童一起看图画书、讲故事、听录音会带给孩子很大的心理满足，促进抚养人与儿童间的依恋。

对单因素分析后显示，父母为主要抚养人的儿童，语言的发育商高于老人、保姆及其他为主要抚养人的儿童。相比非父母抚养者，父母文化水平更高，语言更为丰富、流畅；他们更年轻，精力旺盛，在给孩子讲故事时，更容易使用丰富的表情和语气，从而对儿童语言发展有积极的促进作用。

经常得到家长表扬与鼓励的儿童，其语言发育商明显高于那些得到表扬与鼓励少的婴幼儿。经常给予肯定、赞扬是对婴幼儿语言发育的良性刺激。经常得到表扬和赞许的儿童，其心理发育较稳定，性格开朗、活泼，反应敏捷。相反，经常遭受批评甚至打骂等体罚，会使儿童产生不愉快的内心体验，对儿童的语言以及心理发展产生不利的影响。家人讲多种方言，也会扰乱儿童对物体的概念，导致言语发育迟缓。

○ **参考资料**：孔亚楠，孙淑英，刘微，何海宏．抚育环境对2~3岁儿童语言发育的影响[J]．北京医学，2009(8).

三、2~3岁幼儿的认知发展

（一）2~3岁幼儿注意力的发展

进入两岁，有意注意逐渐成为幼儿主导地位的注意形式，它表现在许多方面：第一，对周围事物的有意注意频率增多。第二，对别人谈话的有意注意延长。2岁左右的幼儿很留心别人的谈话，他们经常出其不意地接上别人的话茬儿，甚至有时能很敏感地感受到谈话的中心内容是自己。第三，对事物的变化开始表现出有意注意。另外，由于活动能力的提高、生活范围的扩大，两岁幼儿的注意范围和注意时间都在增长。

3岁左右的幼儿已经能注意到自己的内部状态和周围人们的活动，注意的分配能力和转移能力有所提高。

生活小片段

妈妈发现两岁的晨晨逐渐多了一些以前没有的动作：喜欢在手里捏着小线头、头发丝长时间地玩耍；将沾满泥巴的小树枝、小石子当宝贝似的收藏起来；对家里的小孔、小洞非常敏感，经常不厌其烦地去抠它们。

（二）2~3岁幼儿记忆力的发展

随着年龄的增长，幼儿记忆的保持时间不断延长，记忆容量不断扩展。两岁以后的幼儿大约能够记住5个步骤的顺序，两岁半以后的幼儿大约能够记住8个步骤的顺序。随着认知能力的提高以及语言能力的迅速发展，幼儿记忆的语词开始增多，可以逐渐记住一些简单的儿歌、故事，可以根据成人的指令完成简单的任务。但其对记忆中的事情的言语表达常常需要成人大量的提示或直接询问才能被诱发出来。

（三）2~3岁幼儿思维力的发展

由于生活范围的扩大、行动能力的提升，这个阶段的幼儿对周围事物显现出强烈的好奇心和探索欲望。他们花大量的时间来探索各种物体。让·皮亚杰（儿童心理学家）认为，两岁以后，幼儿的思维进入前概念或象征思维阶段，形成的关于客观事物的概念是具体的。但该阶段的幼儿的判断受到直觉思维的支配，还没有获得守恒性。

生活小片段

妈妈把一瓶可乐分成两个小杯子装的可乐，问两岁半的朋朋是愿意喝一瓶可乐呢，还是愿意喝两杯可乐。朋朋先选了一瓶可乐，然后要求换成两杯装的。他给妈妈的理由是两杯装的可乐多一些。

（四）2~3岁幼儿想象力的发展

幼儿在两岁以后，幻想游戏越来越多的出现，这是想象力发展良好的表现。两岁左右，幼儿的想象进入表象替代阶段，具体表现为把没有的东西想象成有。两岁半以后，幼儿的想象进入象征性游戏阶段。想象不再局限于具体事物的形象，而是带有一定的情节。这种游戏可以是较为随意的想象，也可以是通过扮演角色对某一童话故事的重新演绎；幼儿在游戏的过程中，可以扮演一个角色，也可以扮演不同的角色。这些都表明幼儿的想象不仅更加丰富，同时更加灵活，具有一定的变通性。在想象游戏的过程中，幼儿的创造性想象开始出现，可以对头脑中的表象进行加工改造，或是产生一个新的表象，或是演绎新的情境，表现出了一定的创造性。幼儿可能会在表演的过程中，加入自己的各种经验和想象，同样的故事，每一次表演都可能不同。

生活小片段

菲菲最近很爱和妈妈玩游戏。妈妈扮演顾客，菲菲扮演卖水果的人。妈妈说：“给你一块钱。”然后做出拿钱和递钱的动作。菲菲伸出小手接住妈妈给她的“钱”，然后用手做一个拿东西的动作，一边说着“给你一个苹果”一边把“苹果”递给妈妈。在这一过程中，“钱”和“苹果”都是不存在的，但菲菲借助自己的想象玩得很开心。

四、2～3岁幼儿的情绪发展

进入两岁后，幼儿的情绪逐渐复杂化。随着语言技能的提升，他们开始合理表达自己的需求，逐渐有了一定的情绪控制力，和他们的相处变得容易起来。两岁半左右，随着秩序敏感期的到来，幼儿的性情又会经历一次很大的波动。成人在这个阶段会觉得照顾幼儿是一件非常困难的事，尤其是他暴躁、愤怒、固执己见的时候。

（一）2～3岁幼儿情绪理解力的发展

随着自主能力的增强，幼儿已经能够体验到自己成功完成一件事情的喜悦。他们会经常骄傲地提到自己新获得的一个技能或新创作的一个作品。他们表现出一种趋势：渴望自己的成就获得成人赞扬，并因受到赞扬而喜悦，开心不再仅仅建立在吃饱喝足等生理满足上。他们开始明白和遵守一些简单的规则，喜欢和其他小朋友一起玩，开始留意其他人的需求。

3岁左右，幼儿理解情绪的能力已经不局限在当下，而是开始能够识别引发情绪的情境，会尝试对情绪产生的原因进行解释、评价，虽然他们还不理解愿望具有主观性，还不能够根据结果是否符合行为者内在的主观愿望来判断其情绪。此外，他们还能够预测自己的行为或者某些事情的发生对他人情绪可能产生的影响，并据此循着可能会给他人带来快乐情绪的方向调节自己的行为。

（二）2～3岁幼儿情绪表达能力的发展

随着语言能力的发展，幼儿不仅可以观察到别人的情感变化，而且可以用语言表达“开心”“难过”“生气”等情绪。他们会亲热地拥抱和亲吻成人，对成人说：“××，我好喜欢你。”当看到妈妈生气的时候，幼儿会抱着妈妈说“不要生气”等。

两岁半左右，幼儿已经可以预测到自己的行为或者某些事情的发生将会对他人情绪的影响，并用口头语言表达出来。比如问幼儿“下雨天不能出去玩，你的心情会怎么样”，幼儿会回答“不开心”。

（三）2～3岁幼儿情绪管理能力的发展

两岁以后的幼儿逐渐进入反抗期，倾向于固执和严厉，想要什么就非要不可，不容易妥协,稍不如意就大喊大叫。这是因为2~3岁幼儿的情绪管理能力还很弱。脑科学研究表明,对情绪的理性控制区要到20岁以后才完全发育成熟,而情绪区则发育得比较快。当幼儿有情绪时,他的理智区不管用,没法跟自己说道理,也就没法抑制一阵阵的情绪波动。所以,幼儿发脾气时,成人先别生气,那不是幼儿不懂事,而是大脑还没有发育到那个阶段。给予幼儿适当发泄情绪的机会,成人就能够通过转移注意力等方法调节幼儿的情绪。

另外,幼儿的反抗有时并不是坏事。曾有专家做过这样的研究:将2~5岁的幼儿分成两组,一组反抗性较强,另一组反抗性较弱。结果发现,反抗性较强的幼儿中有80%长大以后独立判断能力较强;反抗性较弱的幼儿中,只有24%长大以后能够自我行事,但是独立判断事情的能力仍比较弱,常常依赖他人。因此,专家认为,反抗行为有时候意味着幼儿有其独立自主的想法,不受干预也不受支配,这正是发展判断力的良好时机,值得成人重视。若只一味要求幼儿服从成人,那么他的判断力自然就难以发展。

五、2~3岁幼儿的社会性发展

(一)2~3岁幼儿自我意识的发展

很多成人发现,两岁以后,幼儿多了很多以前没有的“坏习惯”:打滚耍赖,一意孤行,占有欲强,自私霸道……其实,这些变化是因为他们的自我意识在发展的表现。原先,幼儿还不能区分自己的意愿和别人的意愿。现在,他们已经清楚地知道哪些事情是“要我”做的,哪些事情是“我要”做的。两岁左右的幼儿开始把自己看作一个独立的人,他们形成了“我”的概念,他们想顽强地表现自己的意愿。但他们不懂得合理的表达方法,不理解规则的适用范围,甚至连自己有时候也不十分明白自己的意图。但如果这些意愿受到成人的阻拦和限制,幼儿就会有挫折感,从而出现“坏习惯”。

生活小片段

佳佳想抢过妈妈手里的熨斗帮妈妈熨衣服。妈妈好说歹说,小家伙就是不肯让步,非要把熨斗抢过来不可。妈妈手里拿着熨斗左躲右闪,佳佳则追着妈妈,一遍遍叫喊“我要熨!我要熨!”,扑过来抢妈妈手里的熨斗。妈妈终于忍无可忍,在她的小屁股上拍了几下,佳佳委屈的泪水顿时就流下来了。

东东两岁半了,以前一直是快乐、随和、讨人喜欢的。可是最近一段时间以来,他总爱发脾气,仿佛任何事都要满足他的愿望,不然就犟、吵闹!一次洗好澡后,他仍然坐在浴盆里玩水,妈妈考虑到天气已转凉要把他抱起来穿衣,可东东还未尽兴,试了几次后还不肯起来。于是妈妈强行抱起他,没想到他歇斯底里地大哭了半个多小时,哭得面色酱红、全身是汗,最后妈妈给了他一辆平时最喜欢的小汽车他才罢休。

如果成人能把幼儿的很多“坏习惯”理解成幼儿探索、学习的求知行为,那么就能更好地与幼儿沟通与合作,幼儿也会逐渐习得通过平和的方式向成人表达诉求的“好习惯”。

◆ 1.理解与尊重

幼儿到了两三岁，喜欢跟成人说“不”，这是建立自我和自尊的第一步，他们意识到自己的存在，要求有和大人一样的平等地位，对成人的指挥和安排表现出越来越大的选择意愿。成人对他们的行动不要轻易加以干涉，不要伤害幼儿的自尊。如果幼儿必须顺从你的意愿，也不要用强硬的口气命令“必须这样”或“不准那样”，而要以平等的姿态征询幼儿的意见，给幼儿留出选择的余地。

◆ 2.满足幼儿合理的好奇心和要求

成人过度保护，往往也是导致幼儿反抗的原因。好奇心的驱使、强烈的自主愿望使幼儿什么都想去试，什么都想去做。包办代替会使幼儿失去许多学习探索的机会；而一味斥责、制止，就会发生“反抗”。成人要相信幼儿的能力，满足他的好奇心。比如他想到雨地里去玩，你就给他穿上雨衣、胶靴让他去玩；他要自己穿鞋，就让他自己穿；要洗衣服，就给他一块肥皂，随他去洗自己的手帕、袜子；想扫地，让他扫，哪怕越扫越脏……当然，成人的协作是必不可少的，给他理理袖子、系系鞋带、扒掉垃圾等。充分相信幼儿，满足他们的合理要求，让他们在实践的同时积累经验，体会成功的欢乐。

◆ 3.不能娇惯、放纵幼儿

幼儿喜欢跟成人说“不”，本是一种自我意识发展的正常现象，但如果听之任之或百依百顺，就会形成幼儿任性、骄横的性格。因此成人对那些总是用说反话来达到自己不合理要求的任性的幼儿应该做到：心平气和地讲道理，说明不能满足他的要求的原因，抑制任性、执拗行为的发生；设法转移幼儿的注意力，用另一种使他更感兴趣的事来吸引他，从而使他放弃那个不正当的要求。在劝说和转移都无效的情况下，成人明确表示自己的态度，用冷处理的方法来终止幼儿不合理的要求。

（二）2～3岁幼儿的亲子关系的发展

这个阶段的幼儿对成人的强烈关注开始减弱。但对主要照料人的关心、占有欲强烈，有时甚至会表现出嫉妒。

生活小片段

欢欢和妈妈一起在家里开心地玩玩具，妈妈轻声对他说：“妈妈要上班了，一会儿就回来，你跟爸爸玩一会儿好吗？”欢欢小嘴一嘟，不让妈妈走。妈妈好言相劝，欢欢仍然不依不饶，一定要跟着妈妈。妈妈眼看上班时间要到了，提包出门。欢欢在家号啕大哭起来。

这一时期，幼儿会对某一物品特别依恋，比如睡觉时必须搂着固定的玩偶才能睡着，特别依赖某一个小毯子……其实这都是幼儿在试图建立自己的安全感。通过拥有一个过渡客体，幼儿开始接受和主要抚养人的分离，通过转移依恋来应对分离带来的焦虑。然而很多成人却认为幼儿行为不当或担心幼儿过于依赖某物而变得怯弱胆小，用强制、粗暴甚至羞辱的方式进行制止。其实这样反而加重了幼儿的焦虑，不利于幼儿的安全感的建构，最终阻碍幼儿的发展。所以成人的正确做法是，看到幼儿的情感需求，认同他们对此的努力，并提供高质量的陪伴，帮助幼儿度过这个阶段。

成人上班或有事离开时不应藏起来偷偷地走，应告诉幼儿自己什么时候回来，是什么原因要离开，要尽量跟他讲道理，给幼儿足够的安全感。如果说服不了，尽可能带上幼儿一起出去，但是必须要事先说明可能出现的状况。比如幼儿要跟你去超市，你要告诉他“超市里人很多，很容易走丢，要小心”，而不是一味地迁就他。

（三）2~3岁幼儿同伴关系的发展

这个阶段的幼儿对同伴的兴趣开始有了迅速而稳定的提高，并且越来越多地与其他小伙伴开展真正意义上的社会交往。在与同伴交往的过程中，有些两岁幼儿已经能区分出自己的东西和别人的东西，他们常常会努力地向他人证明自己拥有某东西。随着幼儿的自我意识增强，他们对东西的占有感也随之增强。当其他幼儿拿他们的玩具时，他们会拒绝。成人可以把幼儿这些希望占有的行为理解为自我意识的发展。因此，当成人要求这个年龄的幼儿和同伴友好地分享玩具时，应该先说“那是你的玩具”，然后鼓励他，说“你能让其他小朋友和你一起玩这个玩具吗？”，而不是一味地坚持要求他和别人分享。

2~3岁的幼儿语言表达能力还不够，他们没有办法很好的表达自己的意图，更不太会自己协商解决问题，因此不能直接把幼儿扔在社交环境中。比如，如果幼儿遇到小霸王欺负人，成人要出面保护幼儿的安全；幼儿被欺负了要及时将其与同伴分开，家长之间要互相配合，引导幼儿之间友好解决问题，让幼儿知道什么是对，什么是错。

生活小片段

不到3岁的豆豆在小区花园里玩他的大铲车，丁丁开心地跑过来：“豆豆，让我玩玩你的铲车好吗？”豆豆却将大铲车抱在怀里，警惕地看着丁丁。当丁丁伸手打算碰碰大铲车时，豆豆猛地将小手伸出去一推，将丁丁推倒在地。丁丁大哭起来。

由于幼儿“自我中心”的思维特点，对于“我的”和“他的”的意义完全不明白，在努力保留自己东西的同时，又想拥有别人的东西。幼儿不善于与同伴相处、分享快乐，在与同伴交往中经常为独占某物品而争执，产生冲突。成人一方面应尊重幼儿的“独占”行为，另一方面要有意识地培养幼儿的分享意识，促进分享行为的早期萌芽。

第三节 ‖ 2~3岁幼儿的教养困惑与解答

一、教养困惑一：两岁左右的孩子总喜欢打人，怎么办

心理学家将打人这种行为称为攻击性行为。攻击性行为在两岁以后的幼儿中是很常见的。幼儿产生攻击性行为的原因很多，但大多不带有真正的敌意。很多情况下，他们不知道如何用其他的方式得到自己想要的东西，或表达自己的不满和气愤，于是就采用最简单和直接的方式——攻击。

有研究证明，攻击性行为倾向与雄性激素水平有关，所以通常男孩比女孩的攻击性行为多。当然由于气质的影响，同性别的幼儿也会有不同的行为方式，那些身体强壮、精力旺盛、易怒、易哭闹的幼儿容易出现攻击性行为。挫折感是引起幼儿攻击性行为的另一重要原因。当幼儿的要求得不到满足，他的尝试和努力遭遇失败或者受到别人侵犯的时候，最容易激发攻击性行为。比如，幼儿正在聚精会神地玩玩具的时候，别的小朋友干扰了他或者抢走了他的玩具，幼儿就会采用口头的或者身体的攻击性行为对付侵犯者。长时间得不到关注也会引发幼儿的攻击性行为。幼儿被成人忽略后，会通过各种方式获得成人的关注和自我满足。当幼儿感到自己无能，希望获得更多权利时，也可能通过攻击他人以表现出自己的强大，满足追求成功的心理需求。

通过对幼儿攻击性行为的原因的探讨，成人可以理解幼儿的攻击性行为，但千万不能助长幼儿的这种行为。有些成人害怕幼儿吃亏，不但不控制幼儿的攻击性行为，还鼓励幼儿用武力解决问题："谁打你，你就打谁！""别人抢了你的玩具，你为什么不吭声呢？"受这种观念引导的幼儿在以后的社会交往和人格发展方面要比别的幼儿遭遇更多的困难，会陷入"受挫折—攻击—不良心态被满足—再次受挫折"的恶性循环中，进而导致严重的行为问题和心理问题；有的成人无原则地溺爱、娇宠、迁就幼儿，导致幼儿变得任性、蛮横、不讲道理，更会引发攻击性行为；有的成人经常采取恐吓、打骂的教养方式，结果造成幼儿模仿。随着电视的普及，电视中充满了大量的暴力、复仇的镜头，甚至有些动画片、卡通片里也有这种画面，而幼儿分辨是非的能力还较差，常常因好奇、刺激而模仿，这对幼儿造成了不良影响。

纠正幼儿攻击性行为的策略：帮助幼儿转移负面情绪。给幼儿提供宣泄的机会，教给他们一些情绪表达的方法，例如用语言来表达，用运动来发泄情绪；提供充足的玩具与空间，避免幼儿之间争抢玩具。攻击性行为主要是由于独占或争抢玩具、图书、椅子等而引发的，因此成人应该根据幼儿的情况在日常生活中渗透分享和谦让教育，让幼儿多看关于分享、谦让的绘本，多听这方面的故事。

二、教养困惑二：有句话叫"贵人语迟"，是不是晚说话的小孩比较聪明

有时听一些老年人说，小孩说话迟是好事，说话迟的小孩有福气，所以有"贵人语迟"的说

法。其实,在幼儿成长的过程中,语言能力是按照一定的规律和顺序逐渐发展成熟的。虽然,幼儿的语言发展存在个体差异,但没有证据显示晚说话的小孩会比同龄小孩聪明。

研究表明,婴儿最早在9个月大时开始说话,至少95%的幼儿在18个月大时可以说话。说出第一个有意义的词汇的平均年龄是12个月。18个月时能说20~50个词,之后能将两个词组成句子,说出电报式的语言,句子长度为3~4个字。到24个月时能够说出200~300个词,之后能够说出3个以上的词组成的简单句,其中包含主语、谓语、宾语等语法结构,句子长度为5~6个字。在24个月到36个月的这一年中,幼儿的语言能力呈爆发性增长,词汇量不断增加,句子长度增长,语法结构增多,到3岁时能够说出大约900个词,4岁时大约为1500个词,6岁时大约为2600个词。如果幼儿的语言发展明显低于上述水平,那么要考虑语言发育异常的可能性。

在生活中,有些说话晚的婴幼儿的确在其他方面早熟、能力突出,具有天才儿童的素质。但是,有些幼儿语言发育迟缓是因为存在心理发育障碍,如:儿童孤独症、精神发育迟滞等。所以,对于说话延迟这种现象,我们不能贸然下结论。到底是语言发育障碍还是幼儿语言正常发展的变异情况,一定要找专科医生进行诊断后才能定论。

对于说话晚的幼儿,学术上还有个说法,叫做"语言沉默期",即幼儿在观察、听,在内心积累词,只是不开口。成人要做的,就是给幼儿更多的时间去发展和完善自己的语言能力,不能着急。平时多跟幼儿聊天,虽然幼儿会说的话语有限,但其实幼儿是可以理解的,只是表达不出来而已。

三、教养困惑三:孩子以前说话正常,两岁后说话常口吃,怎么回事

孩子在两岁多的学说话的高峰期,有时会出现语音的重复和句子的中断,这是幼儿语言发育过程中的一个自然现象,一般称为"暂时性结巴"现象或"语言不流利期"。这是怎么产生的呢?这个阶段的幼儿词汇量大增,其运用句子的能力也有了突飞猛进的发展,但是说话的速度常跟不上思维的快速运转,想的与说的出现了脱节;再者,将想法组织成语言对于这个阶段的幼儿来说还有一些困难,这需要时间以及充分的思考。因此,幼儿常有"暂时性结巴"的现象。

知识拓展

儿童口吃的三种临床表现

口吃是一种常见的言语节律障碍,表现为说话时不自主地重复语言、声音延长,或语流中断、阻滞而不流利。口吃是儿童比较常见的语言障碍,多发生在2~5岁。根据临床表现主要分为三大类:

发育性口吃:儿童在2~3岁学习说话时,由于言语功能发育不成熟,掌握的词汇有限,说话太过紧张,想比说快,不能迅速选择词汇,从而造成口吃,这是言语发育的正常现象。这时,成人和老师不要指责、训斥或纠正他,以免加重儿童的心理紧张感,应该耐心倾听儿童讲话,并带着他慢慢地说。随着年龄的增长,这种发育性口吃会逐渐消失。

知识拓展

模仿性口吃:有的儿童模仿说话口吃的小朋友,不自觉地成了习惯,造成口吃。这时,成人和老师应采取"忽略"的态度,口吃的情形会渐渐好转。

社会性口吃:主要是由精神刺激(如家庭不和、成人离异、受到了强烈的惊吓或学习等负担过重)引起的恐惧、焦虑、愤怒等情绪的结果。这时,成人和老师要多给其温暖和关怀,不要提出不切实际的要求和期望,尽量减少和消除引起精神紧张的因素;消除其自卑的情绪,鼓励其树立信心,多接触他人,创造与人言语交流的机会;进行语言训练,逐字逐句模仿,由易到难,逐渐掌握讲话流利的规律;避免嘲笑或模仿,避免惩罚或歧视,不要强行纠正,否则会使儿童心理更为紧张,使口吃更为严重。

○ 参考资料:http://www.qqyy.com/jibing/erke/101009/270f2.html.

面对遭遇"暂时性结巴"的幼儿,成人要注意消除周围环境中有可能导致口吃的因素,并从以下几方面帮助幼儿矫正口吃:要寻找原因,如周围人中有口吃患者,应尽量让幼儿避开;成人应及时端正对幼儿口吃的态度,切不可急躁,因为越训斥、越禁止,幼儿越紧张,则口吃越严重,可以采用转移方式,用游戏或其他话题分散幼儿注意力,或者把幼儿经常结巴的字音编成歌让幼儿跟着学,也可以由成人带着幼儿说歌谣。在此过程中,可对幼儿取得的进步及时给予鼓励,以增加他纠正口吃的信心。

四、教养困惑四:孩子喜欢说脏话,怎么办

幼儿对于词汇,并无道德上的"好坏"评判,说脏话并非刻意辱骂,更多是觉得新鲜好玩。家长的处理方式应是坦然接受并淡漠处理,不表现出震怒和惊讶,不进行严厉的指责。脏话不是好东西,但我们无法屏蔽掉它,也没有必要屏蔽掉它,它是幼儿将来必然会接触的真实世界的一部分。

遇到幼儿说脏话的情况,成人可以对幼儿的话置之不理,成人的训斥反而是对幼儿说脏话行为的一个强化。如果幼儿问妈妈"妈妈为什么不理我",妈妈可以告诉幼儿"这样说话别人是不爱听的,就不会理你了",并告诉幼儿怎样说更好。当幼儿逐渐用规范语言替代脏话后,成人要及时鼓励和称赞幼儿。

还可以考虑用更好玩的方式去转移幼儿的注意力。比如,幼儿说:"你是个大臭屁!"成人可以回复:"哎呀,我最怕别人骂我大南瓜! 大萝卜!"往往幼儿立刻就会"上钩",转而开始追着你喊"大南瓜""大萝卜",原本嘴巴里那些不被社会文明接纳的"脏话",就很容易被幼儿遗忘到脑后了。当然,家中文明有礼貌的用语习惯、好的语言环境、成人的示范,也都很重要。

五、教养困惑五:如何让孩子学会真正的数数

无论是对哪种数量信息进行处理,都离不开数认知能力的参与,而数数是数概念的最基础的部分。随着关于人类发展数概念的研究的深入,人们发现2~3岁是幼儿获得数概念的重要阶段。

华东师范大学周欣教授认为:“儿童数概念是指儿童对数的知识、概念以及技能的理解、运用能力,其中包括数数、集合比较、简单的加减运算等。”数数能力是以“数数”为手段,是幼儿获得数概念的基本能力,表现为唱数和点数两种方式。

对于婴幼儿来说,唱数似乎只是一组无意义的口头吟诵。婴幼儿早期开始学习唱数时,念1、2、3就像是唱儿歌。有研究者认为,唱数只是与婴幼儿的记忆能力有关,并不具有数的意义。即便这样,大多的研究者也都同意婴幼儿唱数对理解数的意义具有重要作用,婴幼儿开始理解数的意义从唱数开始。唱数的水平越高,数数的技能发展得越好。唱数水平与婴幼儿性别无关,与年龄存在正相关,年龄越大的婴幼儿,其唱数水平也越高。

有研究者认为,点数是将数依次序指定到物体上,被指定的物体都是可数物体。点数根据难度不同,又包括按数取物、按物点数和说出总数。如果让2~3岁的幼儿根据所说的数去抓对应数量的物体,超过数为2的物体他们基本上都会表现为“一把抓”。按物点数要求幼儿把抽象数字和具体的客观事物的数量联系起来,建立数与物之间的一一对应关系。虽然两岁左右的幼儿还无法手口一致地进行点数,但是仍然会表现出对点数物体的敏感性,有相当一部分两岁半的幼儿能够完成4以下的点数并说出总数,而大部分3岁幼儿能够点数5和6。3岁幼儿基本能够做到手口一致地点数,能够正确地进行1~10的点数并说出总数,甚至有的已经具有10以下的基数概念。但还有些幼儿因为不能准确协调自己的动作,出现口手不一致的现象,有时嘴里数得快手上点得慢,有时则相反,因此容易出现总是不能正确地按物点数的现象。

虽然2~3岁幼儿数概念的能力总体比较低,但是只要有意识地进行引导,他们的水平就可以迅速提高。这一阶段的幼儿的主要生活环境是家庭,所以家庭教育环境对幼儿数概念的能力、水平有着直接影响。成人不要因为幼儿对数的认识有限就片面地认为幼儿在这方面处于空白期,进而忽略了对幼儿的教育。只要成人有培养幼儿数数能力的意识,就会发现生活中处处都有教育的契机。例如,成人在带幼儿逛超市时,可以教幼儿认识商品的价格,结账的时候和幼儿一起点数有多少商品,同时可以教幼儿认识钱币;在给幼儿讲故事的时候,让幼儿关注书的页码,数一下今天看了多少页;还可以一边做操一边喊口令“一二三四,二二三四,三二三四,四二三四”,把口令和动作纳入幼儿识数的启蒙教育中。科学的教育方法还需要环境的支持。在家庭中要为幼儿提供大量、多样的儿童读物、玩具,同时多带幼儿到社会环境中去,游览科技馆、博物馆,积累更多的感性经验,为成人和幼儿之间的互动提供更多的机会。在这过程中,成人要极力避免强行灌输,同时切忌攀比,要相信幼儿的能力。

六、教养困惑六:小孩老喜欢抠小洞小缝,怎么回事

幼儿喜欢抠小洞、小缝,这说明幼儿进入了细微事物敏感期。蒙台梭利说,儿童对细小事物的观察与热爱,是对已无暇顾及环境的成人的一种弥补。婴儿自从降临到这个世界,与周遭的事物相比就显得非常弱小,他们面对爸爸妈妈也都处于仰望的状态。虽然他们也渴望变得高大,但是成长的进程是缓慢的,这一现状暂时得不到改变。然而,当他们面对非常细微的物体时,心理状态就完全不一样了,渴望变强的心理需要就得到了补偿。对他们而言,那些小线头、小珠子、小笔芯都是有生命的,而且他们觉得自己可以保护那些比他们更弱小的事物,这与忙碌的、感觉麻木的成人形成了鲜明的对比。所以幼儿对细小事物特别感兴趣,是源于他们心智发展的需要。

一般来说,很多幼儿从18个月大开始就进入对细小事物的敏感期,这一过程一般会持续两三年。在幼儿的世界里,探索观察自然是他生命的一种特殊现象,他们对整个世界充满着好奇和兴趣,甚至是热爱。世界在他们面前生机勃勃,对他们具有强烈的吸引力。在这个阶段,幼儿的身体平衡能力、视听觉能力、肌肉能力等各方面的能力逐步提高,在他们的眼睛里、耳朵里、嘴里、鼻子里、手上都蕴藏着巨大的探索的能量,这使得幼儿有可能将各种能力协调、配合,去满足他们对细小事物的探求欲望。①

幼儿通过观察、摆弄细小的事物,可以使自身的多种能力得到发展。第一,它可以锻炼幼儿的观察力。在观察细小事物的过程中,幼儿渐渐会发现事物之间的差异性,逐步增加对环境的敏感度和对事物的敏锐性,着迷于世界万物的丰富多彩,扩展对世界的认识。第二,它可以增强幼儿的手眼协调能力。幼儿在认识环境时,越是细小的事物就越能吸引他们的注意力。正是因为事物的细微特性,他们在摆弄的过程中更需要将手和眼充分地控制好,协调一致。他们通过不断地摆弄,手眼协调能力可以在情境中自然而然地得到增强。第三,幼儿在探索的过程中享受着细微事物带给他的乐趣,也满足了他们的好奇心。当然,还有一些其他的益处,比如幼儿在对细微事物进行探索的过程中需要大肌肉、小肌肉的支持,促进了肌肉能力的发展。

幼儿对细小事物感兴趣必然表现为成长中的某一个阶段,随着年龄的增加,他们会认识到自己是生活在社会之中的,那些小线头、小笔芯对自己并不是那么重要,他们的兴趣会转移到认识、探索周围其他的事物上来。因此,成人应抓住这个阶段的教育契机。第一,成人应该尊重幼儿,给予幼儿充分的自由。幼儿在进行观察时,不要以吃饭等理由打扰幼儿观察,强行将幼儿从专注的状态中拉出来,阻止幼儿的认知探索过程。同时,也不要提前给幼儿设定目标,一定要让他们认识什么。强制幼儿必须去认识预设的目标是不合适的,因为幼儿的兴趣是不稳定的,一旦该目标与他的兴趣不符就会损害他的好奇心。第二,成人应该给幼儿创设丰富的探索环境。幼儿对大自然有着天然的好奇心,他们可以在自然中观察蚂蚁,摆弄石头等。幼儿多次拿着识图卡都辨认不了的东西,可能在大自然中看过一次就永远记住了。第三,在幼儿进行探索的过程中,必要时为幼儿讲解各种知识。比如当幼儿对笔芯非常好奇时,

---

① 参考资料:周南.婴幼儿早期教育与训练[M].北京:金盾出版社,2011.

成人可以告诉他笔芯可以用来写字。当然，这种讲解要在合适的时候进行，不能打扰幼儿的观察过程。第四，成人应该给幼儿提供一个安全的环境。幼儿对于周围的环境非常好奇，却不能意识到其中的危险。成人应该把危险因素尽可能地排除，对幼儿进行必要的安全引导。

七、教养困惑七：孩子特别胆小，该怎么办

经常有成人抱怨，孩子越大胆子越小。以前爬高冲低都无所谓，现在却要牵着大人的手才能去做。成人在旁边无论怎么鼓励都不行。面对这样的情况，成人首先要观察孩子胆小的原因，才能对症下药。

胆小大致分两种，一种胆小属于本能反应，所有人面对未知危险、"强大"对手时都会表现出胆怯、恐惧、退缩、无所适从。如果幼儿以前不胆小现在变胆小，其实这说明幼儿的认知开始进入一个新阶段，能分清危险和安全。当幼儿害怕时，成人一味地否定他的情绪，说"有什么好怕的"等，幼儿会更加无法接纳自己的情绪，从而更加焦虑、更加难过，越发退缩不前。比如幼儿害怕宠物狗，大人如果说"小狗不会咬你的，没什么好怕的"之类的话只会火上浇油，让幼儿心里更加烦躁，认为大人不明白自己的恐惧。相反，成人可以告诉幼儿"我知道你害怕小狗，我们一起从他旁边走过去，好吗？"或者"你如果不敢从小狗旁边走，那等走过小狗后，妈妈再放你下来"等来缓解幼儿的恐惧。成人要让幼儿意识到害怕、焦虑这些情绪都是正常的，他没有错。这是所有合理做法的第一步。

另一种胆小，属于相对固定的行为方式，通常是在幼儿先天气质的基础上加上后天成长中不恰当的教养方式而逐渐养成的。有学者认为以下教养方式容易养出真正胆小的幼儿：第一，成人过于严苛。如家庭教育过于严厉，幼儿就不敢表达自己；当幼儿胆小时，成人过度斥责让幼儿产生抵触情绪等。第二，平时限制过多，造成幼儿不敢从尝试与实践中获得知识，取得经验。第三，喜欢吓唬幼儿。如幼儿不听话，如哭闹或不好好吃饭、睡觉时，有些老人就会吓唬他"你再哭我就把你扔到外面，让老虎吃了你"；有的幼儿想玩泥土，老人觉得清理起来很麻烦又不卫生，就说"泥土里有虫子咬你的手"。这些恐吓容易破坏幼儿的安全感，让幼儿对周围环境失去信任，而愈发不敢尝试新事物。我们提倡对幼儿给予更多的鼓励。幼儿在成长过程中犯错是家常便饭，成人如果对于幼儿的错误指责过于严厉，幼儿便会开始怀疑自己，害怕自己犯错误。为了避免犯错，幼儿就会本能地做得越来越少，说得越来越少，导致越来越不敢表达自己。我们还提倡给幼儿创造更多的外出机会，更多和别人交流的机会。很多胆小的幼儿都是由老人带，或者成人工作太忙经常让幼儿待在家里。幼儿只有多交流，才能慢慢克服自身的害羞和胆小。当幼儿表现过于胆小时，成人不要着急、斥责，要慢慢引导，告诉幼儿其实他人并没有那么可怕，都是很乐意和他交朋友的。如果只是一味地说"你怎么这么胆小，这么没出息呀！"，只会让幼儿更加反感，更加抵触。

另外胆小与内向是不同的概念，但成人常常混淆，并造成错误的处理方式。胆小是形容某人非常害怕，不敢向前的一种心理活动。内向也可称为内倾型人格，这种人格倾向使个体做事谨慎、深思熟虑等。当幼儿对于眼前这件事表现出犹豫或拒绝的时候，有可能是真的胆

小畏缩，也有可能是内倾型人格特有的行为方式。如果幼儿并非胆小怯弱，那么他们需要一个预热的过程，一个接受的时间，等幼儿确认好我可以尝试时，自然会愿意去做。

八、教养困惑八：孩子“偷东西”，怎么教育

网上曾流传的一段监控视频显示，一名两岁左右的孩子在超市私拆果冻，爷爷看到后马上责骂孩子，奶奶赶来劝阻爷爷，爷爷又与奶奶发生争吵。随后爷爷情急之下竟用脚去踹孩子，还用拳头捶打阻拦的奶奶。

我们认为，爷爷的教育方法欠妥。两岁大的幼儿，对于“物权”几乎没有很清晰的认识，还弄不清楚什么东西是我的，什么东西是他人的。再加上好奇是每个幼儿的天性，所以几乎所有两岁小孩都有看到东西就拿起来往嘴里塞的行为。这个时期的幼儿，需要的是成人一遍一遍地告诉他，什么行为是对的，什么行为是错的。

爷爷将成人的行为标准套在了幼儿身上，认定偷东西的幼儿是坏孩子，早早地给幼儿贴上了标签。幼儿由于认知能力和心理发育不成熟，对事物的好与坏、美与丑、善与恶、对与错的辨别能力比较弱，任何外来的评断都会对幼儿的判断力造成很大的影响。如果家庭环境持续不和谐，成人的教育又跟不上，贴标签的行为就会让幼儿也认定自己是一个坏幼儿，从而造成恶性循环。

幼儿两岁左右就开始慢慢进入物权意识敏感期了。所谓物权概念就是物体的归属权，它是我的，是你的，还是共享的？当幼儿进入物权意识敏感期时，成人会发现之前特别“大方”的幼儿，突然间变得“小气”起来，对自己的东西看得特别牢。看见自己喜欢的东西，会当成是自己的，抢过来霸占，完全是一副“小霸王”模样。

“偷东西”也是幼儿这一时期的表现形式。这时幼儿常常分不清自己的东西和别人的东西，误以为自己喜欢的、想要的东西就可以拿走，这是幼儿的心理发展水平的局限性导致的，幼儿只是“误拿”而不是“偷拿”，他们并没有“偷”这个概念。

九、教养困惑九：幼儿总是执拗地想自己挑选衣服，怎么办

有成人抱怨说，孩子进入两岁后，说服孩子穿成人挑好的衣服越来越困难。孩子会大声地说：“我不想穿这件！我不要穿这件！这件不好看。”有时孩子自己挑选的衣服不符合天气也坚持要穿，成人和孩子之间为此常闹不愉快。

其实这是幼儿的自我意识发展和天生的小孩子的倔强脾气的呈现。两三岁的幼儿强烈愿望规划自己穿衣服，不仅仅是因为他想要自己搭配穿衣造型，更为重要的是他们希望更多地控制自己周围的环境，并且他们发现，在衣着和相关的一些事情上，他们是有能力自己来控制的。这也就是幼儿拒绝成人为他挑选衣服而坚持自己来选的原因。自我意识的发展带来独立性的增强是幼儿成长的表现，是思维、个性意识、动手能力、认知能力发展的综合结果。

这个年龄的幼儿，不会考虑穿衣服的整体效果，不会讲究颜色、款式等的搭配，更不能领

会季节对穿衣的限制，他们只是选择自己喜欢的某件衣服或者某条裤子，如此而已。因此，有时候幼儿会在冬天要求穿裙子，夏天穿毛衣等。这时候的宝贝都是天生的以自我意识为准、不受外界干扰的个体，他们不会介意或留意别人是如何评价他的搭配！如果遇到这种情况，成人最好带着幼儿感受一下冷热，然后让他自己做判断，是不是还要坚持自己的想法。如果他还是坚持在冬天穿夏天的裙子，可以在外面套上厚外套或加厚打底衣等。不建议成人强硬拒绝或者是和幼儿发生冲突。

如果成人想让幼儿尽量能听从成人的意见，又不至于打击他独立决断的积极性，可以尝试拿两件成人认为合适的衣服让他来挑选，也可以在平时和幼儿玩一些穿衣打扮的游戏，教他如何穿衣服会更舒适更好看。给幼儿安排服饰的时候，多尝试一些花色和搭配，培养审美意识。

实践篇：2~3岁幼儿早期教育活动方案

方案一 我的耳朵我的手

一、活动目标

（一）家长学习目标

1.知道该阶段幼儿的身体认知发展及其与未来发展的关系；
2.了解发展该阶段幼儿的身体认知能力的游戏；
3.知道该阶段幼儿身体认知的家庭延伸内容及注意事项。

（二）幼儿发展目标

1.对自己的小手充满好奇，知道小手能做许多事情；
2.能用耳朵辨别不同物体发出的不同声音，并对不同的声音产生浓厚的兴趣。

二、活动准备

音乐："Melody of Love""Going Home"《合拢张开》《快乐你我他》；猴子玩偶、铁盒、乒乓球、木制珠子、玻璃珠、小毛线团、跳棋、有硬头和软头的串珠线。

三、活动过程

（一）教师揭示教育价值

正确认识自己是发展自我意识的基础和任务。生活中，幼儿已经有了认识小手和耳朵的体验，但并不深入。此次亲子活动能促进幼儿的自我认知发展，同时提供了不同难度的手部精细动作训练项目，幼儿参与其中能感受到乐趣。

（二）活动中心环节

1.活动导入

（1）热身活动：走线活动

教师行为：教师自我介绍，和宝宝们亲切打招呼，然后播放轻音乐"Melody of Love"，和宝宝一起进行走线活动，引导宝宝进入活动状态。走线活动的动作有小手前平举、小手侧平举、小手放肩膀、小手放头顶、小手藏起来等，可进行动作的增加或减少。

家长指导：在日常生活中，家长也可以在保证安全的情况下，让宝宝多走走平衡线，如人行道的台阶，刚开始可以牵着宝宝的手，之后可以慢慢松手，锻炼宝宝的平衡感，促进感统协调发展。

(2) 互相熟识：认识好朋友

教师行为：教师出示有长长的、灵活手的猴子玩偶，用猴子的手做肢体表演，和大家打招呼“大家好，我叫小猴子，我2岁3个月啦，我喜欢吃黄黄的香蕉，谢谢大家！”，然后邀请宝宝们前来和“小猴子”打招呼。

家长指导：不同的宝宝的外显性可能会很不一样，并不是所有的宝宝都愿意在大家面前表达。我们应多鼓励、等待。若宝宝出现排斥或不愉悦的心情时，请给予更多的耐心，或者陪同宝宝一起进行，或尊重他内心的意愿。每个宝宝的性格与成长环境不同，尽量避免将宝宝和其他宝宝进行横向比较，多鼓励和给予宝宝爱和尊重，使之获得更多的安全感。

2.活动操作环节

(1) 游戏一：魔法小手

教师行为：教师播放儿歌《合拢张开》，示范用猴子玩偶的手来指出眼睛、鼻子、嘴巴等，并引导宝宝“每个宝宝的手都很厉害，似乎都有魔法呢。那有魔法的小手还可以做什么呢？一起用有魔法的小手来试试吧”，让宝宝跟着一起指出的五官。

家长指导：家长和宝宝一起进行儿歌《合拢张开》的哼唱与动作表演，并与宝宝进行互动，如互指眼睛、鼻子、嘴巴等。在家中也可多进行此类互动游戏，增进亲子关系。

(2) 游戏二：奇妙的声音

教师行为：教师出示铁盒、乒乓球、木制珠子、玻璃珠、小毛线团并告知宝宝它们的名称。教师打开铁盒，放入一个圆圆的、轻轻的乒乓球后盖上盖子摇一摇，请宝宝听辨声音。然后，依次在铁盒中放入示范的物体来听声音。

家长指导：让宝宝用小手感受不同物体的触感，如不同硬度等，并一个一个地将东西放进铁盒进行声音的辨别；挨个尝试后，鼓励宝宝将几个相同的珠子放进铁盒，听到更大的声音；

让宝宝自主尝试,若他们想将所有物体全放在一起时,及时鼓励其行为,并和宝宝一起发现声音很大且几种声音同时出现的现象。

(3) 游戏三:螃蟹小钳手

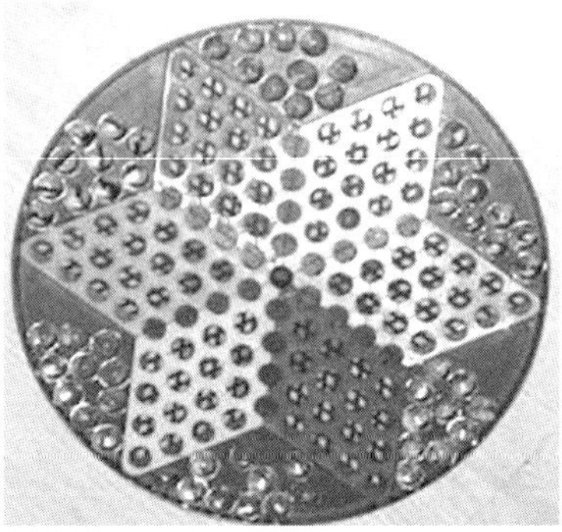

教师行为:教师出示跳棋,示范用大拇指与食指一颗一颗地将玻璃珠放在棋盘上。如果这个动作对部分幼儿来说较简单,可以示范使用食指、中指夹住玻璃珠放在棋盘上,再夹回原位。

家长指导:鼓励宝宝使用食指、中指夹住珠子进行移动。若宝宝还不能灵活使用,可以降低难度,用大拇指、食指进行。

(4) 游戏四:漂亮的项链

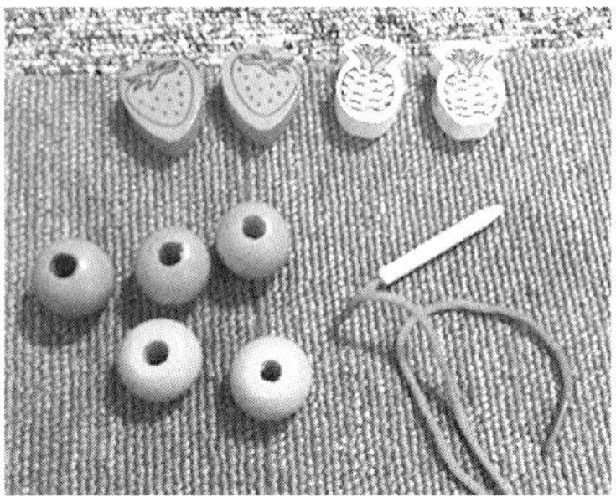

教师行为:教师播放音乐《快乐你我他》,出示不同的珠子以及有硬头和软头的串珠线,示范串珠的动作。先用串珠线的硬头穿线,难度逐渐升级,再用串珠线的软头穿线,还可以增加串珠的排序分类,要求宝宝分类穿珠等。

家长指导:在宝宝进行串珠游戏时,家长可引导宝宝观察串珠,按材质、颜色分类完成串珠游戏;穿线时,珠子会从串珠线的另一端掉落,需家长帮忙固定,若宝宝可自己固定,便鼓励他进行;发现宝宝使用硬头穿线特别容易时,可鼓励宝宝使用软头进行。

(三)活动结束环节

拥抱告别:教师播放音乐"Going Home",与宝宝拥抱,挥手告别,宝宝之间拥抱告别。

四、家庭延伸活动

(1)家长在家中可提供不同的东西让宝宝去倾听声音,宝宝可根据不同的声音感受不同的材质,家长陪同宝宝一起进行辨别;

(2)提供多种小物品,鼓励宝宝抓握,使用食指、中指夹握,锻炼手指的力量。

方案二 小客人

一、活动目标

(一)家长学习目标

1.知道幼儿能够通过动作和陌生语言(英语)的匹配,认识动物和食物;

2.知道幼儿能自己通过精细动作的练习,完成橡皮泥成型的制作。

(二)幼儿发展目标

1.能够大概知道小猫、小狗、小鸡的英文名字,并能听英文名对应上它们吃的食物;

2.锻炼、发展精细动作,学会压、拿、托、捏等动作。

二、活动准备

图书:动物卡片图书;动物及相应食物的图片、橡皮泥、自制大转盘、食物模具、袖套。

三、活动过程

(一)教师揭示教育价值

此次活动能够引导幼儿辨别小猫、小狗、小鸡及它们吃的食物,通过使用橡皮泥学会压、拿、托等动作,使精细动作得到发展。在活动操作中,亲子互动、师幼互动,也能使幼儿的语言表达有所发展。

(二)活动中心环节

1.活动导入

教师行为:“今天老师请小动物来做客,宝宝们听听它们的叫声,能不能判断出它们是谁?”“汪汪汪。”“喵喵喵。”“叽叽叽。”

家长指导:家长鼓励宝宝专注听辨声音,与宝宝互动。

2.活动操作环节

(1) 游戏一:动物绘本

教师行为:教师拿出动物卡片图书,和宝宝们分享故事,并将动物的英文名告知宝宝。如“What's this? This is dog/Cat/Chicken.”。

家长指导:家长和宝宝互动,鼓励他们进行语言表达。家长模仿说出英文Dog、Cat、Chicken。

(2) 游戏二:学儿歌

教师行为:教师取出动物和食物的卡片说“小动物们都到齐了,它们喜欢吃什么食物呢?我们来瞧瞧吧!”,然后指着相应的卡片用英文一一进行介绍。

家长指导:家长和宝宝互动,鼓励他们进行语言表达。儿歌与图片配合,让宝宝便于理解和认识。

附儿歌:

小花狗,汪汪汪,吃什么,吃骨头;(师:Dog,dog,dog,eat bone bone bone.)

小花猫,喵喵喵,吃什么,吃小鱼;(师:Cat,cat,cat,eat fish fish fish.)

小小鸡,叽叽叽,吃什么,吃小虫。(师:Chicken,chicken,chicken,eat worm worm worm.)

(3) 游戏三:轮盘转转转

教师行为:老师将自制大转盘放在教室中间,大家围坐在转盘周围,依次请每个宝宝来转一转,如转到“小狗”,要模仿小狗的叫声,用儿歌说出小狗爱吃什么。

家长指导:鼓励家长积极参与,并对宝宝做适当的引导。

(4) 游戏四:动手做食物

教师行为(设置情境):“知道了小动物们要吃什么后,我们一起来给小动物们做吃的吧。”教师示范利用模具、橡皮泥制作骨头、小鱼、小虫等食物。教师分发模具和材料,引导宝宝一起做食物。

家长指导:家长在旁协助宝宝完成任务,防止宝宝吞下橡皮泥。如果宝宝已经完成任务,可继续制作其他的食物。

(5) 游戏五:发食物啦

教师行为(设置情境):“宝宝们,食物都做好了吗?小动物们也饿了,我们把食物拿给它们吧。”指导宝宝们把食物放在对应的动物面前,鼓励宝宝重复说英文名。

家长指导:家长和宝宝互动,引导宝宝说出自己准备的是什么,送给哪个小动物,加强宝宝的认知。

(6) 游戏六:收拾小餐桌

教师行为(设置情境):“小动物们吃饱了,要走了,可是我们的桌子很乱,我们一起动手打扫我们的小桌子吧。”

家长指导:家长和宝宝一起收拾,家长在生活中也可多鼓励宝宝打扫,让宝宝养成良好的生活习惯。

(三)活动结束环节

拥抱告别:活动结束啦,和宝宝们拥抱,说再见吧。

四、家庭延伸活动

(1)家长可以买一些发展宝宝精细动作的玩具,陪宝宝玩耍;

(2)家长可以下载一些英文儿歌如“Simple Songs”等对宝宝进行“磨耳朵”练习。

方案三 我会自己吃饭了

一、活动目标

(一)家长学习目标

1.知道幼儿自己吃饭的几个代表性行为及指导方式:

代表性行为一:能正确使用勺子舀食物;

代表性行为二:能完成把食物送进嘴里这个动作;

代表性行为三:能养成良好的吃饭习惯。

2.将指导方式生动有趣地运用到幼儿的吃饭日常中。

(二)幼儿发展目标

1.幼儿初步学会用拇指和食指拿勺子,能把食物送进嘴里;

2.幼儿愿意自己吃饭,享受自己吃饭的乐趣。

二、活动准备

音乐:“Going Home”;小猫玩偶、餐具图片、大小不同的豆子、幼儿用的碗和勺子、小猫造型的杯子、山洞和平衡桥道具。

三、活动过程

(一)教师揭示教育价值

学会吃饭是幼儿生活自理能力的重要部分,也是尽快让幼儿适应幼儿园生活的重要训练内容。活动会以喂小猫“吃饭”的趣味游戏来教会幼儿自主吃饭,幼儿在自己动手的过程中慢慢就学会了吃饭技巧。

(二)活动中心环节

1.活动导入

教师请出小猫,代表小猫跟大家打招呼,进行自我介绍。教师引导家长带着宝宝给大家挥手打招呼,介绍自己:“大家好,我的名字叫×××,希望大家喜欢我!”

2.活动操作环节

(1) 游戏一:介绍餐具

教师行为:教师伴随着轻松的音乐带着一个小猫玩偶出场,先带领宝宝进入活动主题。教师边唱歌边摸着肚子,说“小猫饿了”。教师拿出实物让幼儿认识可爱的餐具,引起宝宝们的兴趣。

家长指导:家长带领宝宝主动打招呼,并激发宝宝对小猫的照顾之情。

(2) 游戏二:舀豆豆

教师行为:教师出示操作材料,示范吃饭的坐姿、拿碗的动作,示范把豆豆舀到碗里。

家长指导:宝宝可以先舀大豆豆然后试着舀小豆豆,家长可引导宝宝多练习几次。

(3) 游戏三:喂小猫“吃饭”

教师行为:教师示范把碗里的豆豆一颗一颗喂到小猫“嘴”里,教师示范正确姿势,边示范边指导家长在协助宝宝喂小猫“吃饭”中的注意事项。

家长指导:教师示范给小猫喂东西时,家长协助宝宝操作,播放《吃饭歌》引导宝宝愉快进行。家长要指导宝宝把食物喂进小猫“嘴”里,家长可根据宝宝手眼协调能力的发展来要求宝宝舀豆豆的大小或多少。

(4) 游戏四:送小猫回家

教师行为:教师告诉幼儿“现在小猫吃饱了,我们要送小猫回家了”。教师手里捧着小猫,然后小心翼翼地把小猫送回家。路上设计穿山洞、过小桥环节,让宝宝保护好自己的小猫,把小猫“安全”送到家。

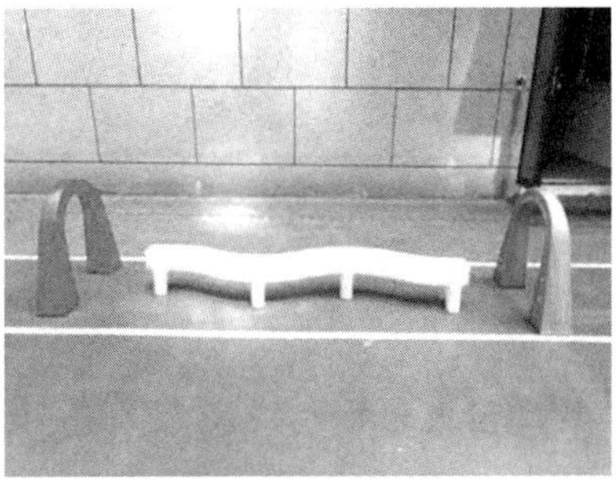

家长指导:老师示范游戏玩法,先弯腰钻过山洞再从两块平衡板上依次走过。家长带着宝宝排队依次进行游戏。在这个环节中,家长要注意秩序和安全,特别是宝宝在走平衡板时,要根据自己宝宝的能力提出合理要求。

(三)活动结束环节

拥抱告别:教师播放音乐“Going Home”,与宝宝拥抱,挥手告别;宝宝之间拥抱告别。

四、家庭延伸活动

在家中,家长可以用游戏的方式来培养宝宝自己吃饭,或者通过讲故事、看图片的方式来强化宝宝的自理意识,同时注意在日常生活中引导宝宝习得自理的技巧。家长在家给宝宝进餐的时候也要像给小猫喂东西一样一步一步地慢慢操作,家长可以边念儿歌边引导宝宝,同时对宝宝“舀”的行为及时矫正与表扬,引导宝宝使用正确的方法吃饭。

方案四 魔法贴贴贴

一、活动目标

(一)家长学习目标

1.知道24~30个月幼儿使用魔法卷时不同难度的代表性行为及指导方法:

代表性行为一:能将两个或几个魔法卷贴在一起;

代表性行为二:能将大小不同的魔法卷叠高。

2.能引导幼儿寻找更多方法来使用魔法卷。

(二)幼儿发展目标

1.认识魔法卷并体验魔法卷的乐趣,同时能自己试着找到更多的玩法;

2.手指的精细动作及颜色的认知能力得到进一步发展。

二、活动准备

音乐:“Going Home”;大小、颜色不同的魔法卷,毛巾,线,薄面纸,玩偶。

三、活动过程

(一)教师揭示教育价值

“魔法贴贴贴”是让幼儿使用魔法卷来自己操作的活动,该活动可发展幼儿的认知能力、观察能力、想象能力、动手能力、精细动作能力、智能,以及思维的灵活性、敏捷性和创造力。

(二)活动中心环节

1.活动导入

教师请出玩偶,带着玩偶跟大家打招呼,进行自我介绍。教师引导家长带着宝宝给大家挥手打招呼,介绍自己:“大家好,我的名字叫×××,希望大家喜欢我!”

2.活动操作环节

(1)游戏一:魔法贴贴贴

教师行为:教师创设情境,出示魔法卷。教师拿出大小、颜色不同的魔法卷在有毛的布或者毛巾上贴一下,告诉宝宝魔法卷的神奇之处。教师要带幼儿们一起来玩魔法卷。

教师拿出几个不同的魔法卷,告诉宝宝现在魔法卷要去找朋友了,然后引导幼儿把魔法卷一个一个地贴在一起。教师说几个魔法卷是朋友,幼儿就要贴几个魔法卷在一起(数字1~3)。教师可以按颜色来给魔法卷找朋友或者给同一个颜色的魔法卷找几个朋友。

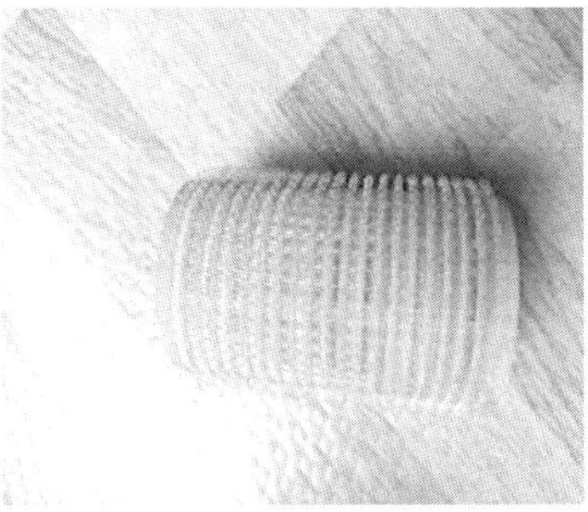

家长指导：家长调动情绪让宝宝发挥自己的想象来创作。

(2) 游戏二：魔法变变变

教师行为：教师告诉宝宝“魔法卷还会变魔术哦，可以变成不同的样子”。教师可以先指导宝宝把小的魔法卷放到大的里面，一个一个叠起来，“她们要在一起跳舞啦！”。

家长指导：宝宝自己发挥想象变出不同的造型，家长可以适当给予提示。

(3) 游戏三：魔法项链

教师行为：教师示范做魔法项链的动作，要把大小、颜色不同的魔法卷用线串起来。教师鼓励宝宝自己探索怎样才能把项链做得更好看，让宝宝自由发挥。

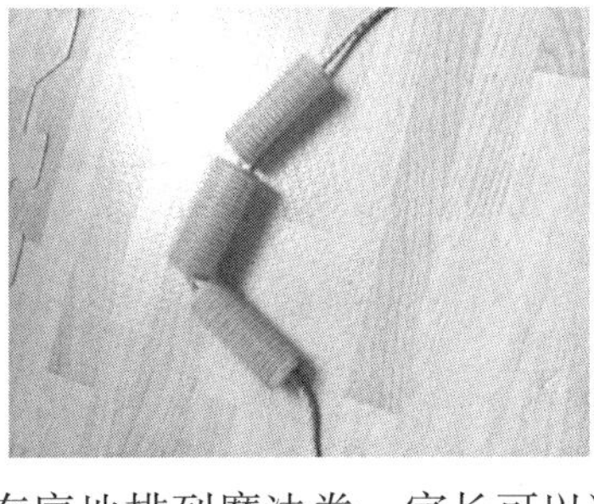

家长指导：宝宝可分颜色排列，或交叉、有序地排列魔法卷。家长可以适当引导。

(4) 游戏四：给魔法卷穿新衣

教师行为：“我们可以给魔法卷宝宝穿不同颜色的衣服，一次还可以穿几件衣服。”教师示范玩法，再分发材料让宝宝给魔法卷裹上一层“新衣”。

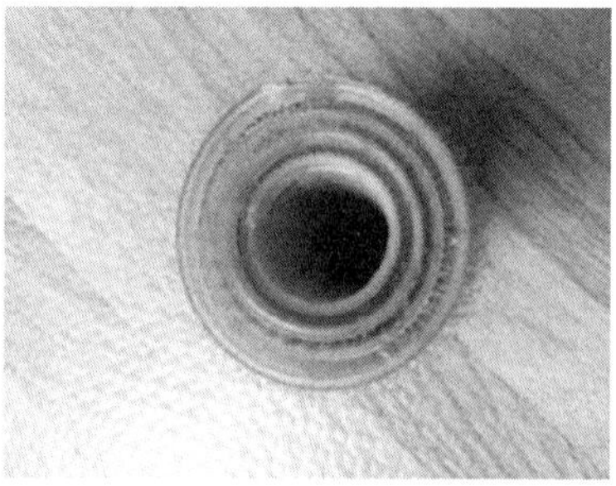

家长指导：家长可引导，尽量让宝宝自己动手操作，家长不要过多地帮助幼儿和打扰幼儿，给幼儿提供一个安静的操作环境。

（三）活动结束环节

拥抱告别：教师播放音乐“Going Home”，与幼儿拥抱，挥手告别；幼儿之间拥抱告别。

四、家庭延伸活动

家长可以与幼儿一起玩一些想象类的思维游戏，比如玩一些建构类的玩具。这既可以开发幼儿的思维、发展幼儿的想象，也可以锻炼幼儿的手指精细动作。

方案五 捏陶泥

一、活动目标

（一）家长学习目标

1. 知道幼儿捏陶泥与精细动作发展的关系；
2. 了解幼儿捏陶泥的水平，帮助幼儿积累捏陶泥的经验；
3. 了解捏陶泥的注意事项和家庭延伸游戏。

（二）幼儿发展目标

1. 手部的精细动作得到进一步发展；
2. 体验陶艺课堂的乐趣，对泥塑活动充满兴趣并能自己创作。

二、活动准备

音乐：“Going Home”；宝宝专用陶泥、陶泥作品、木板、几种颜色的晶粉、小木棒、小碗。

三、活动过程

(一)教师揭示教育价值

很多幼儿都喜欢玩泥巴,这种活动可以促进幼儿手指的精细动作发展,通过拍、揉、捏、堆、搓、扔等动作以及形体组合等活动,提高幼儿的小手肌肉和眼脑的协调能力,达到益智健脑的目的。同时幼儿在进行全面观察的时候,提升了观察能力,突破了思维定式,增强了空间感和想象力。

(二)活动中心环节

1.活动导入

教师请出玩偶,带着玩偶跟大家打招呼,进行自我介绍。引导家长带着宝宝给大家挥手打招呼,介绍自己:“大家好,我的名字叫×××,希望大家喜欢我!”

2.活动操作环节

(1)游戏一:欣赏陶泥作品

教师行为:给幼儿展示一下好看的陶泥作品,引起宝宝的兴趣以及让其形成对陶泥的初步认识。

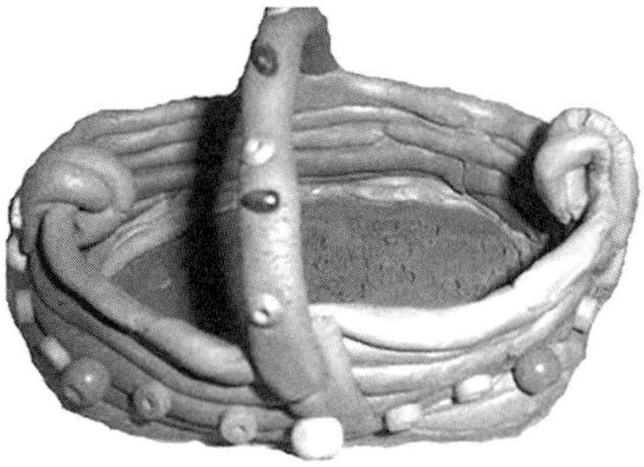

家长指导:家长可引导宝宝对陶泥作品进行细致的观察,如形状、触角、颜色等。

(2)游戏二:“小汤圆”

教师行为:教师示范捏陶泥的动作,先拿一小坨陶泥捏成团,然后放在木板上先揉成条,再取下一小坨放在手心揉成小圆,“我们的汤圆做好了”。

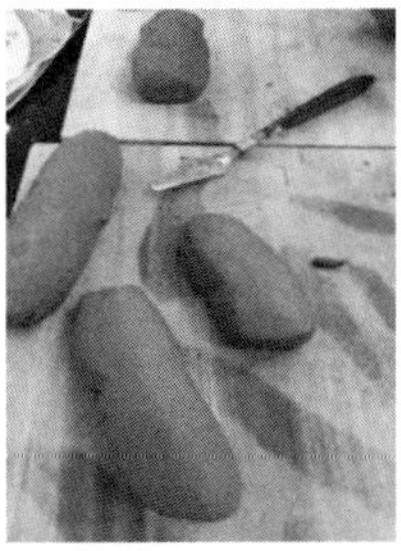

家长指导:鼓励每个宝宝多揉小汤圆,把揉好的汤圆放在小碗里。家长可引导宝宝学习揉小汤圆的方法,由宝宝自己完成任务。

(3) 游戏三:水果味棒棒糖

教师行为:教师示范制作水果味棒棒糖。一种是将刚制作的"汤圆"插在小棍上,然后将其放入代表草莓味、橘子味、葡萄味、蓝莓味、柠檬味的相应颜色的晶粉里搅拌,制作成棒棒糖。另一种是将陶泥搓揉成长条,然后一圈一圈地将其缠绕成圆盘状,最后插上小木棍,制作成棒棒糖。教师把做好的棒棒糖送给宝宝,让宝宝"品尝"。

家长指导:家长引导宝宝制作棒棒糖,并相互分享或者给自己的爸爸妈妈"品尝"。

(4) 游戏四:手指律动操

教师行为:"刚刚捏完陶泥的宝宝们的小手指需要放松一下,接下来老师就带着宝宝们一起来做手指律动操,让宝宝们的小手指放松一下吧。"

家长指导:家长引导宝宝跟着念儿歌,并和宝宝有足够的互动交流。

附儿歌:

一根手指点点,
两个手指剪剪,
三根手指喵喵,
四根手指叉叉,
五根手指变小花!

(三)活动结束环节

拥抱告别:教师播放离别音乐"Going Home",与幼儿拥抱,挥手告别;幼儿之间拥抱告别。

四、家庭延伸活动

(1)家长可以引导幼儿将陶泥继续搓揉成不同的形状,如圆形、方形和三角形等,再来拼搭房屋、搭建场景等。

(2)家长可以引入模具,用陶泥制作脸、帽子或树等物体,和幼儿一起玩故事创编的亲子游戏。

方案六 我给妈妈送礼物

一、活动目标

(一)家长学习目标

1.知道此阶段幼儿的绘画能力及其与未来发展的关系;
2.掌握幼儿绘画操作的指导方法和注意事项;
3.引导幼儿学习表达爱的语言方式。

(二)幼儿发展目标

1.体验绘画过程的乐趣,培养对绘画的兴趣;
2.愿意认真听故事,专注力进一步发展;
3.学会表达自己对他人的爱,学会感恩。

二、活动准备

音乐:"Going Home";绘本:《给妈妈的礼物》;绘有满天星的卡纸(没有花朵的),一束漂亮的满天星,棉签,幼儿专用颜料,绘画颜料盘,小猪玩偶。

三、活动过程

(一)教师揭示教育价值

此年龄段幼儿的思维具有直觉行动性,对自己活动的控制性,但其小肌肉的动作发展还不完善,动手操作、支配的能力较差。因此,为幼儿提供丰富有趣的游戏促进精细动作的发展很有必要。本次活动以绘画活动为载体,促进幼儿精细动作的发展。活动还融入了表达爱的语言学习。

(二)活动中心环节

1.活动导入

教师请出小猪玩偶,带着玩偶跟大家打招呼,进行自我介绍。教师引导家长带着宝宝给大家挥手打招呼,介绍自己:"大家好,我的名字叫×××,希望大家喜欢我!"

2.活动操作环节

(1) 游戏一:绘本故事《给妈妈的礼物》

教师行为:教师给宝宝们分享绘本故事《给妈妈的礼物》。

家长指导：家长引导宝宝认真倾听，并和宝宝依据故事情节进行互动，吸引宝宝的注意力。

(2) 游戏二：小猪妈妈过生日

教师行为（设置情境）：“今天是猪妈妈的生日，小猪想给妈妈送一个礼物，可是小猪不知道给妈妈送什么。”老师引导宝宝自由表达可以送什么给妈妈，再试着引导宝宝说出小猪可以送花给猪妈妈当生日礼物。老师拿出一束漂亮的满天星展示。老师给宝宝介绍满天星，“小白花在浅绿色的枝叶中星星点点、松松散散地聚在一起，就像夜空中的星星，可漂亮了”。

家长指导：家长可带着宝宝一起欣赏花朵，表达对花朵的喜爱。

(3) 游戏三：制作一束漂亮的满天星

教师行为：教师拿出半成品的画，介绍要用的材料。教师示范用棉签蘸取颜料，然后点在树枝枝丫的地方。宝宝们制作时老师可以放一些轻音乐来调节气氛。

家长指导：家长带着宝宝一起制作，在宝宝需要帮助的时候适当介入，不全权代劳。使用棉签时要给宝宝做正确的示范，尽量不要把颜料弄到身上。在活动中，家长要给宝宝独立的空间让宝宝自己发挥，同时对宝宝的结果要给予肯定和认可，及时给出鼓励和表扬。

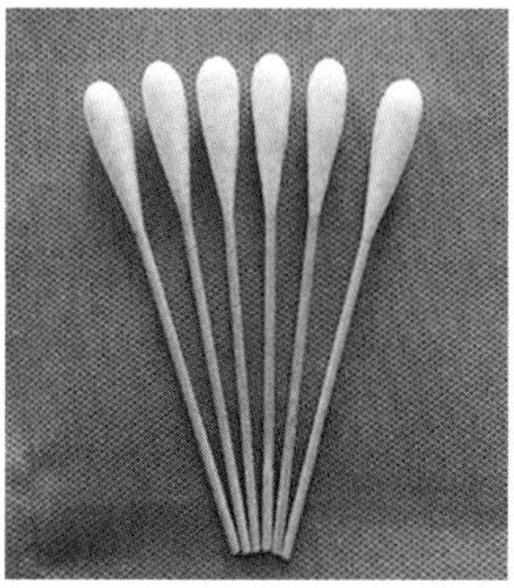

(4) 游戏四：向爸爸妈妈表达爱

教师行为（设置情境）：“现在小猪已经把自己做好的一束满天星送给自己的妈妈了，那宝宝们呢？”引导宝宝们把自己做好的一束漂亮的满天星送给自己的家人，要求宝宝在送给自己的家人时说出“谢谢”“我爱你”“辛苦了”等词语。

家长指导：家长做出对宝宝爱的表达的回应，抱抱宝宝或是亲亲宝宝，让宝宝学会表达自己的爱，接受家人对自己的爱。

(三)活动结束环节

拥抱告别:教师播放离别音乐"Going Home",与宝宝拥抱,挥手告别;宝宝之间拥抱告别。

四、家庭延伸活动

(1)可为宝宝准备绘画的材料让宝宝随意涂鸦,比如牙刷、玉米棒、毛笔、吸管、棉签等不同材料,调动宝宝的绘画兴趣。

(2)可引导宝宝模仿画圆形、十字形等简单形状,但应由易到难;也可让宝宝发挥自己的想象上色或绘画。

方案七 滚球

一、活动目标

(一)家长学习目标

1.知道此阶段幼儿动作发展的重要性;
2.掌握借助彩珠发展此年龄段幼儿动作的方法;
3.知道此次活动的家庭延伸内容及注意事项。

(二)幼儿发展目标

1.愿意独立完成操作活动,手部的力量和灵活性进一步发展;
2.享受与家长游戏的快乐。

二、活动准备

音乐:"Going Home";蘸了颜料的纸团若干,红、黄、蓝、绿吸管若干;红、黄、蓝、绿色的颜料,花皮球,纸团若干,画有圆形的白纸每人两张。

三、活动过程

(一)教师揭示教育价值

本次活动用儿歌导入,由一系列球类游戏活动组成,引出滚球的主题。这更易引起幼儿们的兴趣。本次活动的主要目标是发展幼儿的手部力量和灵活性,在活动过程中希望家长朋友们鼓励幼儿积极操作。

(二)活动中心环节

1.活动导入:亲亲热热滚皮球

教师行为:教师出示花皮球,念儿歌导入活动。

教师:"大皮球,圆溜溜,滚来滚去找朋友! 大皮球要和宝宝做朋友,等一会儿老师把球滚给哪个宝宝,这个宝宝就把球拿上来还给老师,给大家打招呼'大家好,我叫×××'。"

教师将球任意滚向一位宝宝,宝宝把球拿上来还给老师,并介绍自己。然后大家一起拍手说:"×××,×××,欢迎你!"每位宝宝都需要介绍自己。

家长指导:不同的宝宝,他们的外显性可能会很不一样,并不是所有的宝宝都愿意在大家面前表达。我们应多鼓励、等待。若宝宝出现排斥或不愉悦的心情时,请给予更多耐心或者陪同宝宝一起进行,或尊重其内心的意愿。每个宝宝的性格与成长环境不同,尽量不要将宝宝和其他宝宝进行横向比较,多鼓励和给予宝宝爱和尊重,使之获得更多的安全感。

2.活动操作环节

(1) 游戏一:吸管花

教师行为:老师出示吸管介绍游戏材料和玩法。教师取一根吸管简单打结,做成一朵花的造型。

家长指导:请家长协助宝宝,宝宝自主操作。

(2) 游戏二:花皮球

教师行为:

①教师出示蘸了颜料的白纸团和画有圆形的白纸,请宝宝比比哪个更漂亮,激发宝宝创作花皮球的欲望。

②教师出示纸团、颜料盆,示范:取一个纸团在颜料盆中蘸一下,然后将纸团放在白纸上,边说"一二三"边用力压一下印出图案,反复印在空白处;再换一个纸团蘸不同的颜料来印,直到白纸的圆形内印满各种颜色。请宝宝欣赏教师印好的"花皮球"。

家长指导:鼓励宝宝自己动手大胆地尝试,自由选择颜料进行印画;要求宝宝将蘸过色的纸团放到纸篓里。

(3) 游戏三:开开心心玩皮球

教师行为:播放轻快的音乐,引导幼儿玩球,具体包括运皮球、追皮球、踢皮球、扔皮球等球类游戏。

家长指导:可以滚球,可以踢球,可以追球。家长和宝宝一起玩球,体验亲子游戏的快乐。

(三)活动结束环节

拥抱告别:教师播放音乐“Going Home”,与宝宝拥抱,挥手告别;宝宝之间拥抱告别。

四、家庭延伸活动

(1)家长让孩子自由独立地进行滚球运动和绘画活动,从而感知物体的颜色、发展肌肉动作,锻炼手腕的力量和灵活性;

(2)在进行涂画活动时,家长注意颜料盆的位置,防止打翻。在进行球类运动时,小心宝宝的肢体动作,注意安全。

方案八 呀,土豆

一、活动目标

(一)家长学习目标

1.能够掌握用嗅觉、触觉、视觉等帮助幼儿了解土豆的方法;
2.能协助幼儿完成搓、揉、剥等手部精细动作;
3.能在生活中延伸相关活动。

(二)幼儿发展目标

1.通过活动,幼儿的搓、揉、剥等能力进一步发展;
3.愿意参与食物制作活动。

二、活动准备

音乐:“Going Home”;绘本:《土豆快乐呀》;生土豆、熟土豆、印泥工具、葡萄干、坚果、彩虹糖。

三、活动过程

(一)教师揭示教育价值

本次活动主要是让幼儿在游戏中认识土豆,提高幼儿的认知能力、观察能力,并增强幼儿手部肌肉的控制能力,促进幼儿精细动作的发展。

(二)活动中心环节

1.活动导入:嗨,土豆

教师行为:教师出示土豆,拿着土豆与宝宝打招呼,引导宝宝初步认识土豆,引导宝宝与土豆打招呼说“你好”,并说出自己的名字。

家长指导：宝宝在该时期有一定的语言表达能力，能够和大家打招呼。但并不是所有的宝宝都愿意在大家面前表达，当宝宝出现排斥或不愉悦的心情时，请家长耐心等待，或者陪同孩子一起进行。每个宝宝的性格与成长环境不同，家长不要将宝宝和其他孩子进行横向比较，应多鼓励宝宝，给予宝宝爱和安全感。

2.活动操作环节

(1) 游戏一：绘本《土豆快来呀》

教师行为：教师讲述绘本故事，激发宝宝用土豆制作食物的乐趣。

家长指导：家长和宝宝一起认真倾听故事，不时和宝宝进行亲子互动。

附《土豆快来呀》节选：

长得坑坑洼洼，滚起来骨碌骨碌，
土豆花样多，都能变什么？
土豆啊土豆，变个什么呢？
扑通，咕嘟咕嘟，咕嘟嘟嘟嘟。
煮好了！煮好了！面糊糊的土豆配黄油。
土豆啊土豆，变个什么呢？
哐哐哐，当当当，滋啦滋啦滋啦啦。
当当当当切成块，当当当当煮个透，扑哧扑哧捣成泥。
土豆啊土豆，变个什么呢？
软趴趴的土豆泥裹上面包屑，放进油锅炸。
…………

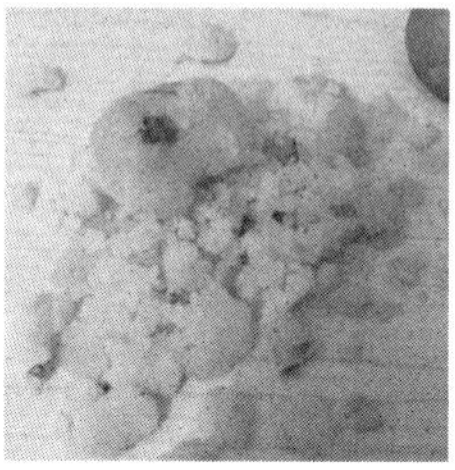
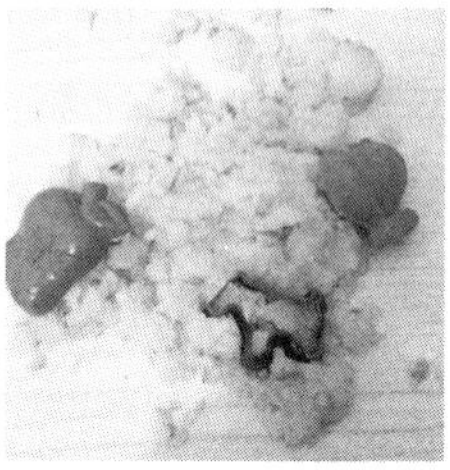

(2) 游戏二：认识生、熟土豆

教师行为：

①出示生土豆，教师引导宝宝用视觉、触觉、嗅觉等认识土豆，引导宝宝感受并说出土豆皮是棕色的，土豆肉是黄色的，闻起来有一股淡淡的泥土气味（视情况而定），摸起来硬硬的。

②出示熟土豆，引导宝宝用视觉、嗅觉、触觉等认识熟土豆，比较生、熟土豆的区别。教师引导宝宝说出熟土豆闻起来香香的，摸起来比生土豆软。宝宝们通过自己触摸发现熟土豆可以很轻松地用手剥皮，引导宝宝自己剥皮后品尝土豆的味道。

家长指导：引导宝宝认识、比较生的和煮熟的土豆的不同，发展宝宝的观察能力和认知能力；让宝宝自己剥皮吃土豆，增强宝宝的自我服务意识。

(3) 游戏三：土豆泥拓印

教师行为：示范将剥好的土豆捏成泥，拿出准备好的印泥工具，选择喜欢的印泥图案来印土豆泥，然后让宝宝们操作和创作。

家长指导：引导宝宝拓印，锻炼宝宝"捏"和"按"的动作，促进宝宝手部肌肉的发展。

(4) 游戏四：土豆蛋糕

教师行为：教师引导宝宝用土豆泥做蛋糕。示范第一步，搓出一个大圆和一个小圆，然后用手把两个圆都压平；第二步，把小圆放在大圆上面；第三步，选择一些葡萄干、彩虹糖或者坚果等放在上面，一个好吃又漂亮的土豆蛋糕就做好了。

家长指导：家长和宝宝一起完成时，引导宝宝建立"粮食得来不易，要节约粮食，不可以浪费"的意识。

(5) 游戏五：手指游戏《土豆丝儿》

教师行为：示范手指游戏的玩法。

家长指导：家长引导宝宝模仿老师一起跟着儿歌做手指游戏，宝宝反应不过来时可减慢节奏，宝宝掌握后可以适当加快节奏、加大难度。

附手指谣《土豆丝儿》：

土豆土豆丝丝，
（拍手两下，念"丝丝"时双手五指张开，做向下伸的动作。）
土豆土豆片片。
（拍手两下，念"片片"时五指并拢，手掌对着脸随节奏抖动。）
土豆丝，土豆片，土豆丝和片儿。
（拍手，五指张开向下；拍手，五指并拢向上；拍手，五指张开向下，五指并拢向上。）

（三）活动结束环节

拥抱告别：教师播放音乐"Going Home"，与宝宝拥抱，挥手告别；宝宝之间拥抱告别。

四、家庭延伸活动

(1)家长在家里煮土豆时，可以请宝宝帮忙剥土豆，让宝宝参与制作料理的过程，激发宝宝吃东西的乐趣；

(2)家长在家里可以用红薯、紫薯、南瓜等各种食材和宝宝一起做蛋糕，开展亲子游戏。

方案九 五只小鸭子

一、活动目标

(一)家长学习目标

1.知道此阶段幼儿的数数能力及其与未来发展的关系;
2.掌握发展幼儿数数能力的游戏;
3.知道数数游戏的家庭延伸内容及注意事项。

(二)幼儿发展目标

1.通过本次活动,幼儿的数数能力得到进一步发展;
2.享受亲子游戏的快乐。

二、活动准备

音乐:“Going Home”;绘本:《五只小鸭子》;小鸭子手偶、蒙氏教具“数数看”、自制带数字1~5的五片不织布荷叶。

三、活动过程

(一)教师揭示教育价值

2~3岁是幼儿认知潜能开发的关键期。本次活动主要是通过故事、歌谣发展幼儿的数数能力。但是数字的概念不可能一次就掌握,需要家长和幼儿在生活中多次重复,慢慢融入。我们还准备了游戏实操具象数字,加深幼儿对数字的理解。在游戏的过程中,希望各位家长能够积极参与游戏,进行亲子互动。家长需要鼓励幼儿积极参与活动。

(二)活动中心环节

1.活动导入

(1)热身活动:手指谣

教师行为:教师自我介绍,和宝宝们亲切打招呼,然后带着宝宝们一起进行小手的游戏活动,引导宝宝进入活动状态。

家长指导:家长和宝宝一起进行热身活动,并和宝宝互动,引起宝宝的兴趣。

附儿歌:

一根手指头呀,变呀变呀变,变成毛毛虫,爬呀爬呀爬;
两根手指头呀,变呀变呀变,变成小白兔,跳呀跳呀跳;

三根手指头呀，变呀变呀变，变成小花猫，喵、喵、喵；
四根手指头呀，变呀变呀变，变成小花狗，汪、汪、汪；
五根手指头呀，变呀变呀变，变成大老虎，吼——。

2.活动操作环节

(1) 游戏一：讲故事《五只小鸭子》

教师行为：教师展示小鸭子手偶，引导宝宝观察小鸭子的样子，讲述故事。

家长指导：家长和宝宝一起专心听故事，和宝宝互动。

(2) 游戏二：手指谣

教师行为：教师示范手指谣的动作，调动家长和宝宝参与的热情。

家长指导：家长模仿老师的动作，调动宝宝参与的热情。手指谣插入了倒数的数字启蒙，宝宝们刚开始记不住没关系，家长回家和宝宝多玩几遍，启蒙倒数的概念。

附手指谣：

五只鸭子出门玩，翻山越岭走远了。鸭子妈妈嘎嘎叫，四只鸭子回来了。
四只鸭子出门玩，翻山越岭走远了。鸭子妈妈嘎嘎叫，三只鸭子回来了。
三只鸭子出门玩，翻山越岭走远了。鸭子妈妈嘎嘎叫，两只鸭子回来了。
两只鸭子出门玩，翻山越岭走远了。鸭子妈妈嘎嘎叫，一只鸭子回来了。
一只鸭子出门玩，翻山越岭走远了。鸭子妈妈嘎嘎叫，没有鸭子回来了。
鸭子妈妈出门找，五只鸭子回来了。五只鸭子回来了，跟着妈妈回家了。

(3) 游戏三：数数看

教师行为：教师出示蒙氏教具“数数看”，示范“数数看”游戏的多种玩法。

家长指导：每个孩子的认知水平不同，有的孩子对数数、颜色分类尚不能协调，家长可以降低游戏难度。有的孩子水平较高，家长可以适当加大难度。家长观察、辨识宝宝的水平，进行合适的协助和鼓励。

(4) 游戏四：跳一跳

教师行为：“我们坐了这么久，让我们运动起来吧。”将自制的带数字1~5的五片荷叶放在地上，示范从1跳到5，再从5跳回到1的游戏。

家长指导：本次跳一跳的游戏在关注数字的同时，还涉及宝宝双脚跳的能力，家长根据宝宝的能力可以增减游戏难度。

（三）活动结束环节

拥抱告别：教师播放音乐“Going Home”，与宝宝拥抱，挥手告别；宝宝之间拥抱告别。

四、家庭延伸活动

（1）宝宝两岁时喜欢重复、模仿他人，家长可以在家多次和宝宝玩手指谣游戏，加强宝宝的数字概念。

（2）宝宝的能力发展离不开生活实境，家长要善于发现生活中与数字相关的游戏，与宝宝开展亲子游戏。

方案十　小鱼吐泡泡

一、活动目标

（一）家长学习目标

1.知道幼儿的颜色认知能力及其与未来发展的关系；

2.掌握幼儿颜色认知的阶段特点与指导方法。

（二）幼儿发展目标

1.颜色认知能力得到进一步发展；

2.体验艺术创作的乐趣。

二、活动准备

音乐：“Going Home”；绘本：《我是一条快乐的鱼》；瓶子、瓶盖、颜料、白色卡纸、小鱼卡纸、双面胶。

三、活动过程

（一）教师揭示教育价值

婴幼儿是按颜色、形状、大小来区分周围物品的，而颜色是三种属性中最容易辨认的一种。颜色认知是贯穿0~3岁婴幼儿认知阶段的主题。颜色游戏对启蒙婴幼儿艺术创作的兴趣有着重要的意义。本次活动按照幼儿对颜色的配对、指认、命名的认知发展顺序来提供代表不同难度的认知行为材料，发展幼儿对颜色的认知能力。

(二)活动中心环节

(1) 游戏一:绘本故事《我是一条快乐的鱼》

教师行为:教师讲述绘本故事《我是一条快乐的鱼》,让宝宝了解鱼有不同的颜色、大小、形状。

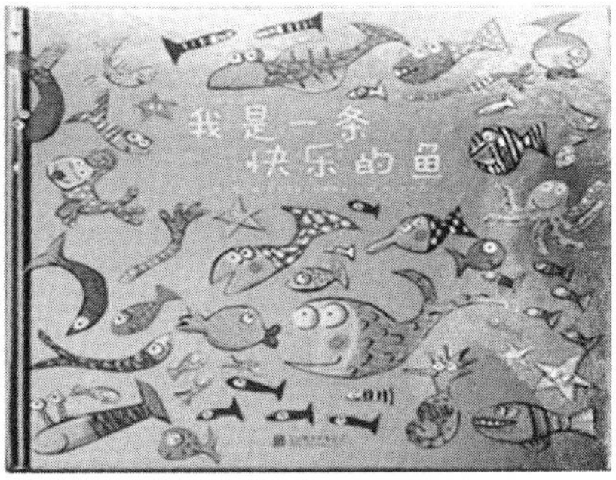

家长指导:和宝宝一起认真倾听,并进行亲子互动,可适时引导宝宝仔细观察鱼的不同。

(2) 游戏二:鱼儿鱼儿快快游

教师行为:教师示范通过摇晃水瓶(将水瓶当作鱼儿)给鱼儿穿上新衣服,并将瓶盖颜色与小鱼颜色进行配对。注意上下摇晃水瓶的动作要模拟小鱼"游"的动作,动作完成后让宝宝们观察小鱼的变化。

家长指导:和宝宝一起游戏,进行亲子互动,可适时引导宝宝仔细观察颜色进行配对,但请家长勿过于主导,给宝宝成长、练习的时间。

(3) 游戏三:小鱼回家啦

教师行为:分发小鱼卡纸、白色卡纸、双面胶,教师请家长和宝宝一起完成送小鱼回家的游戏。教师说:"如果红色的鱼要回家,请宝宝取出红色的鱼贴到白色卡纸上。"

家长指导:在游戏中,家长要引导宝宝找准对应颜色的小鱼;对于还不能找准对应颜色的小鱼的宝宝,家长不要立刻提出改正要求,要允许宝宝不断尝试,重复练习。

(4) 游戏四:小鱼吐泡泡

教师行为:教师分发瓶盖、颜料,示范用瓶盖沾颜料印画,完成小鱼吐泡泡的示范画。教师示范用手指捏住瓶盖的动作,并蘸取颜料印在小鱼旁边。

家长指导:在游戏的过程中,家长引导宝宝用手指正确拿瓶盖;在宝宝印完了泡泡时,家长要及时问宝宝"小鱼吐了一个什么颜色的泡泡?",引导宝宝给予正确回答,但切忌频繁打断宝宝认真作画。

（三）活动结束环节

拥抱告别：教师播放音乐“Going Home”，与宝宝拥抱，挥手告别；宝宝之间拥抱告别。

四、家庭延伸活动

（1）此年龄段的宝宝对颜色非常敏感，家长可以从颜色配对入手进行引导；在活动过程中，如果宝宝没有按照材料进行配对、指认、命名时，家长不要立刻指出来或者要求宝宝马上改正，要允许宝宝不断尝试。宝宝也许自己会发现并改正，家长可用语言及动作给予宝宝提示。

（2）根据宝宝自身的发展水平、情况，家长引导宝宝参与由易到难的颜色认知游戏。

方案十一 树叶娃娃

一、活动目标

（一）家长学习目标

1.了解此阶段幼儿观察力的重要性和价值；
2.掌握发展幼儿观察力的2～3种游戏；
3.知道此次活动的家庭延伸内容及注意事项。

（二）幼儿发展目标

1.对制作树叶画产生兴趣，喜欢粘贴、涂抹树叶图片等；
2.体验活动乐趣，增强社会性交往。

二、活动准备

音乐：《风儿你带什么来》“Going Home”；几种树叶、颜料盘、颜料笔、围裙、双面胶、KT板、白纸。

三、活动过程

（一）教师揭示教育价值

本次活动主要通过讲树叶故事、唱树叶歌、制作树叶画几个环节来发展幼儿的语言能力以及小手指精细动作能力。在活动过程中，也希望家长朋友们能积极参与到活动中来。但事事切勿着急，每个幼儿的性格特质都不一样，请家长们慢慢等待孩子自己进行游戏活动，在他们能力范围之外的，可以适当帮助。

(二)活动中心环节

1.活动导入:魔法树叶

教师行为:教师从魔法袋子里“变出”不同颜色、种类的树叶来吸引宝宝,同时请助教老师在每个宝宝身后放置不同的树叶。“这里有好多的树叶,他们都有很神奇的魔法哟,魔法树叶已经悄悄飘到每个宝宝的身后啦。请有这种红色树叶的宝宝来介绍一下自己吧。”

家长指导:宝宝在该时期有一定的语言表达能力,能够和大家打招呼,但并不是所有的宝宝都愿意在大家面前表达。当宝宝出现排斥或不愉悦的心情时,请家长给予耐心等待或者陪同孩子一起进行。每个宝宝的性格与成长环境不同,家长不要将宝宝和其他孩子进行横向比较,应多鼓励并给予爱和安全感。

2.活动操作环节

(1) 游戏一:树叶故事

教师行为:教师生动地跟宝宝讲述自编的树叶故事。

家长指导:引导幼儿专心听故事。

附故事:

秋天到了,秋姑娘唱着丰收谣送来了一阵阵凉凉的风。红叶娃娃、绿叶娃娃在树枝上摆过来摆过去。有一天,秋姑娘打开双臂,使劲伸了一个大大的懒腰,红叶娃娃们便一个一个跳下树枝,落在秋姑娘的怀里。树上的绿叶娃娃着急地喊:“别跳,别跳,危险!”红叶娃娃们的心里也在害怕地想:“是呀,我这么小,落下去干什么呢?”

红叶娃娃刚来到地上,就赶上了一场秋雨。有的红叶娃娃吓得哭了起来。这时,几只小蚂蚁爬到红叶娃娃的面前说:“小树叶,谢谢你给我挡住了风雨。”红叶娃娃高兴起来,说:“不用谢,小蚂蚁,能为你做点儿事情,我很高兴。”雨停了,红叶娃娃被秋姑娘带到了小河边,几只小瓢虫看见了,大喊:“小树叶,我们要过河,你给我们当小船吧!”红叶娃娃送小瓢虫过了河。小瓢虫说:“谢谢你,我们一起去旅行吧。”红叶娃娃自豪地说:“不,我要留在这里,我可以装扮成小金鱼的尾巴,小鸭子的脚掌,还有小蜻蜓长长的翅膀。小瓢虫,再见。”

(2) 游戏二:学唱歌曲《风儿你带什么来》

教师行为:第一遍放歌时,教师边唱边拿出树叶示范动作。第二遍放歌时,引导宝宝跟着老师一边唱一边做动作。助教老师拿出大量树叶,宝宝们围上来,和老师一起边唱边做动作。

家长指导:引导宝宝听歌曲的专注力;调动宝宝跟唱歌曲的热情;家长一起哼唱。

(3) 游戏三:贴树叶

教师行为:老师带领宝宝近距离认识树叶娃娃。第一种是枫叶,形状像手掌;第二种是桉树叶,形状像小船;第三种是梧桐叶,形状像小扇;第四种是银杏叶,形状像蝴蝶。“树叶掉下来了没过多久就会枯萎,所以,今天老师带着宝宝们创作树叶画,把树叶珍藏起来吧。”老师示范用树叶摆造型,如金鱼、鸭子、蜻蜓等。如果宝宝有兴趣,可以进一步创作。

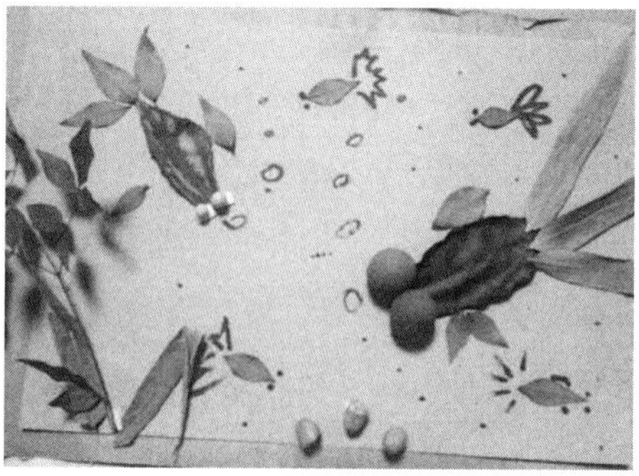

家长指导：树叶上提前贴上了双面胶，宝宝在撕双面胶时若有困难，家长可以帮忙撕开一个口子，但不用全部撕开。

(4) 游戏四：涂、印树叶

教师行为：老师示范第二种树叶画。“这里有红色、黄色的颜料，还有一片梧桐叶，老师用颜料笔沾红色颜料刷一刷树叶，把有颜色的一面放在纸上按一按，这片树叶就印在了纸上。宝宝们也来试一试吧。”

家长指导：宝宝们在这个环节中握颜料刷的姿势可能不太标准，家长不用担心，千万别打扰宝宝创作。

（三）活动结束环节

“我们将所有的作品悬挂起来，和大家一起互相欣赏作品吧！”

播放音乐“Going Home”，拥抱再见。

四、家庭延伸活动

(1)家长可利用家中资源，给宝宝提供丰富可行的材料进行粘贴画创作；

(2)可以根据季节、时令采摘树叶，引导幼儿学会观察周围事物的变化。

方案十二 七星瓢虫的礼物

一、活动目标

（一）家长学习目标

1.知道此阶段幼儿精细动作发展的代表性行为；

2.掌握发展幼儿观察力的2～3种游戏；

3.知道此次活动的家庭延伸内容及注意事项。

(二)幼儿发展目标

1.手指精细动作得到进一步发展;

2.通过活动,初步建立生活自理的意识。

二、活动准备

音乐,《生日快乐歌》;不织布果树,苹果卡纸(有易撕贴),不织布七星瓢虫(背上有红、黄、蓝、绿四种颜色的纽扣),有颜色的餐巾纸。

三、活动过程

(一)教师揭示活动价值

发展手的控制能力有助于幼儿独立能力的发展,手的控制能力与解决问题的能力和学习能力有着密切的关系。本次活动将《小熊过生日》的故事贯穿其中,保证活动的连贯性,提高幼儿参与活动的兴趣,通过摘苹果、穿衣服、撕纸等活动发展幼儿的手眼协调能力和精细动作能力,增强双手的协作能力,让幼儿的手腕、手指更加灵活。

(二)活动中心环节

1.活动导入

(1)热身活动

教师自我介绍,和宝宝们亲切打招呼,然后邀请家长和宝宝一起进行热身活动"请你跟我这样做,我就跟你这样做!"——点头、拍手、叉腰、踏脚。

(2)互相熟识:火车火车,你好呀

教师行为:教师出示长长的一串火车,吸引宝宝的注意力。教师哼着"咔嚓咔嚓,咔嚓咔嚓,火车开来啦……",将小火车依次开到每个宝宝面前,并和他们打招呼"你好",然后留下一节小车厢给每个宝宝。

家长指导:不同的宝宝的外显性可能会很不一样,并不是所有的宝宝都愿意在大家面前表达。我们多鼓励、等待。若宝宝出现排斥或不愉悦的心情时,请家长给予更多耐心或者陪同孩子一起进行,或尊重他内心的意愿。每个宝宝的性格与成长环境不同,家长尽量避免将宝宝和其他孩子进行横向比较,应多鼓励和给予宝宝爱和尊重,使之获得更多的安全感。

2.活动操作环节

(1)游戏一:小熊的生日礼物

教师行为:教师讲述自编故事《小熊过生日》,引出摘水果的主题。在摘水果的过程中,引导宝宝正确的摘水果方法,用两根手指捏或指尖拿捏的方法摘取。

家长指导：家长注意观察宝宝的精细动作，引导宝宝摘取水果。

附故事片段：

小熊要过生日了，小熊邀请了它最好的朋友七星瓢虫参加，于是七星瓢虫在小熊生日那天早早地起来准备小熊最爱吃的苹果当生日礼物。

(2) 游戏二：七星瓢虫的新衣服

教师行为：教师继续讲述故事《小熊过生日》，引出七星瓢虫为自己穿上新衣的故事情节，示范扣扣子的动作。

家长指导：家长模仿老师的动作进一步引导宝宝扣纽扣。在此过程中，家长不要提供太多无关信息干扰宝宝专心操作。当发现宝宝不会扣纽扣的时候，不要大声指责或越俎代庖，应鼓励宝宝通过模仿学习以达成目的。家长应根据宝宝的自身发展特点有选择地引导宝宝操作和练习。

附故事片段：

七星瓢虫给小熊准备好了它最爱吃的苹果当生日礼物，于是他高高兴兴地穿上带纽扣的衣服，准备出门。

(3) 游戏三：生日的惊喜——灿烂的烟花

教师行为：教师继续讲述故事《小熊过生日》，引出七星瓢虫为小熊准备了美丽的烟花当生日的故事情节，示范用指尖撕有颜色的餐巾纸，双脚向上跳洒出“烟花”以庆祝生日。

家长指导：调动氛围，鼓励宝宝参与撕纸活动，锻炼双脚跳的大动作能力。

附故事片段：

七星瓢虫还为小熊准备了美丽的烟花，当美丽的烟花盛开在空中的时候，小熊高兴极了。

（三）活动结束环节：唱生日快乐歌

教师播放《生日快乐歌》，与宝宝一起唱。最后与宝宝拥抱，挥手告别；宝宝之间拥抱告别。

四、家庭延伸活动

(1)在日常生活中鼓励幼儿自己扣纽扣；

(2)在生活中多认知颜色，并鼓励宝宝用语言表达自己喜欢的颜色。

方案十三 好玩的鸡蛋宝宝

一、活动目标

(一)家长学习目标

1.掌握用嗅觉、触觉、味觉、视觉等发展幼儿认知的方法;
2.主动积极参与活动,能进行合适的引导和协助。

(二)幼儿发展目标

1.通过活动,认知能力获得进一步发展;
2.能够完成涂鸦绘画,愿意参与游戏。

二、活动准备

音乐:"Going Home";生鸡蛋、熟鸡蛋、水彩笔、颜料盘、小碗、画好花果轮廓的白纸。

三、活动过程

(一)教师揭示教育价值

幼儿认识生活中常见的食物能够丰富生活经验,提高认知能力,同时可以发展观察能力。而今天的活动主要是让家长知道教幼儿认识食物的方法,让幼儿在游戏中认识鸡蛋,了解鸡蛋的各种特征,发展幼儿的精细动作,使幼儿初步感知色彩,培养幼儿的艺术兴趣。

(二)活动中心环节

(1) 游戏一:手指游戏《打鸡蛋》

教师行为:教师带领家长和宝宝一起做手指游戏,引入鸡蛋这个主要元素。

家长指导:家长带着宝宝们亲密互动,熟悉手指谣。

附手指谣:

一根手指点点儿油,两根手指打个蛋,
三根手指撒点儿盐,四根手指拌一拌,
五根手指端上桌,嗯!好香呀!

(2) 游戏二:画鸡蛋

教师行为:教师出示熟鸡蛋,给"鸡蛋宝宝"穿上漂亮的"衣服",引导宝宝用水彩笔在鸡蛋上画点和圆。

家长指导:两岁多的宝宝都喜欢涂鸦式画画,而这个阶段的宝宝已经能够画点和圆,家长在旁协助,锻炼宝宝手指的灵活性和手眼协调能力。

(3) 游戏三:认识生鸡蛋

教师行为:教师引导宝宝触摸、观察生鸡蛋的外形、蛋清和蛋黄,引导宝宝观察蛋清和蛋黄从蛋壳里面流出的状态,让宝宝分清蛋清和蛋黄,知道蛋清和蛋黄的区别。

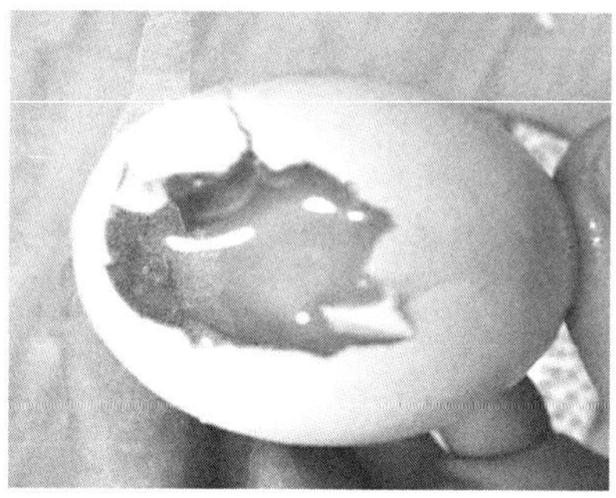

家长指导:引导宝宝用手抓蛋清和蛋黄,让宝宝感知生鸡蛋的蛋清和蛋黄的液体特征。

(4) 游戏四:认识熟鸡蛋

教师行为:教师出示煮熟的鸡蛋,敲出一个小口,引导宝宝发现熟鸡蛋的蛋清和蛋黄没有流出来;再剥开蛋壳,引导宝宝们观察蛋清已经从透明的淡黄色变成了白色;从中间剥开,蛋黄也变硬了,黄黄的。引导宝宝们自己剥开蛋壳,观察和品尝好吃的鸡蛋。

家长指导:引导宝宝认识生的和煮熟的鸡蛋,发展宝宝的认知能力,同时,引导宝宝比较生鸡蛋和熟鸡蛋的不同,发展宝宝的观察能力。

(5) 游戏五:蛋壳画

教师行为:引导宝宝把剥掉的蛋壳捏碎后放在各种颜色的颜料盘里,拿出画了花朵轮廓的白纸,用镊子夹起蛋壳填充花朵。

家长指导:这个环节主要是让宝宝感知不同的颜色,激发宝宝的想象力,希望家长在这个过程中能够让宝宝自己操作完成。

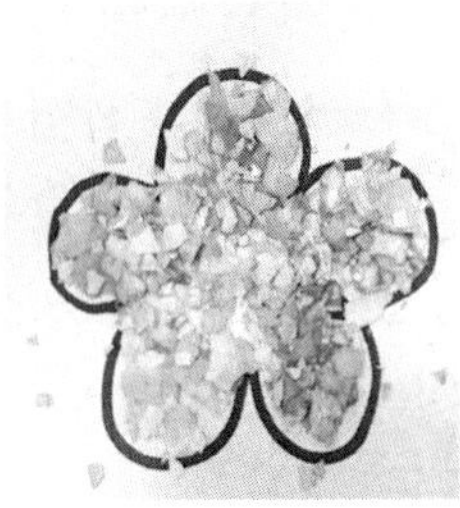

(三)活动结束环节

播放音乐"Going Home",拥抱再见。

四、家庭延伸活动

(1)在家里料理鸡蛋时,可以让宝宝参与其中;

(2)在家里可以让宝宝发挥想象,在鸡蛋壳上创作鸡蛋画。

方案十四 我会做三明治啦

一、活动目标

(一)家长学习目标

1.掌握通过五感游戏发展此阶段幼儿认知的方法;

2.根据教师的示范对幼儿进行适宜的指导和协助;

3.知道本次活动的家庭延伸内容及注意事项。

(二)幼儿发展目标

1.通过活动,生活认知水平得到进一步发展;

2.愿意参与游戏,享受亲子游戏的快乐。

二、活动准备

音乐:"Going Home";绘本:《三明治快来呀》;盒子、塑料小刀、小盘子、胡萝卜、黄瓜、面包、平衡木。

三、活动过程

（一）教师揭示教育价值

幼儿吃过各种各样的食物，却很少参与这些食物的制作过程，今天的活动主要是引导家长和幼儿一起制作食物。通过今天的活动，家长能够掌握在生活中和幼儿一起制作食物的方法，而且能够有方法地引导幼儿自由地去玩这些食物。活动能够锻炼幼儿的观察能力，丰富幼儿的生活经验，增强幼儿手部肌肉的控制能力，促进幼儿精细动作的发展，增强幼儿的自我服务意识。

（二）活动中心环节

（1）游戏一：绘本《三明治快来呀》

教师行为：教师讲述绘本故事，激发宝宝制作三明治的兴趣。

家长指导：家长带着宝宝一起认真倾听故事，并积极互动，引起宝宝的兴趣和关注。

附《三明治快来呀》节选：

火腿和奶酪再放上鸡蛋，多汁的西红柿和脆脆的生菜，
扑哧扑哧，挤上蛋黄酱，夹起来、夹起来，
肉、奶、蛋、菜样样全的三明治做好了！谢谢！
香喷喷的三文鱼，大虾贝柱和黄瓜，
黏糊糊的沙拉酱，夹起来、夹起来，
海鲜三明治做好了！谢谢！
……

（2）游戏二：寻找宝藏

教师行为：引导宝宝走过平衡木，在盒子里取出制作三明治需要用到的黄瓜、胡萝卜、面包等。

家长指导：这个环节主要锻炼宝宝的平衡能力。宝宝如果还不能独立地在平衡木上行走，家长可以扶着宝宝走。

(3) 游戏三：认识蔬菜——胡萝卜、黄瓜

教师行为：告诉宝宝各种蔬菜的名字，引导宝宝用视觉、嗅觉、触觉、味觉等认识黄瓜和胡萝卜。引导宝宝认识黄瓜，知道黄瓜是绿色的，皮会扎手，表皮凹凸不平，有许多小刺，知道去皮后的黄瓜是青白色的，摸起来滑滑的。最后把黄瓜切成小段，给宝宝尝味道。

家长指导：引导宝宝认识胡萝卜，知道胡萝卜的颜色，摸起来滑滑的；把胡萝卜切成小节，引导宝宝观察胡萝卜在形状、颜色上的变化，给宝宝尝味道。

(4) 游戏四：蔬菜切丁

教师行为：教师引导家长和宝宝一起把蔬菜切成条，再切成丁。教师示范把黄瓜和胡萝卜切成丁，再请大家自己来领取材料切蔬菜。

家长指导：这个环节主要发展宝宝的手眼协调能力和手腕的控制能力。如果宝宝在切丁的时候有困难，家长可以扶住宝宝的手切，或者家长把蔬菜切成细丝，让宝宝自己来切成丁。

(5) 游戏五：制作三明治

教师行为：取出切成三角形的面包，示范做三明治。选择自己喜欢的食物放在一片面包上面，再用另一块面包盖住蔬菜。请宝宝自己取面包，用自己切好的胡萝卜、黄瓜等蔬菜做三明治。

家长指导：这个环节主要发展宝宝的动手操作能力，让宝宝对食物产生兴趣，家长引导宝宝独自动手完成。

(三)活动结束环节

播放音乐“Going Home”，拥抱再见。

四、家庭延伸活动

(1)在家里切菜时，让宝宝加入一起切菜，锻炼宝宝的手部肌肉。注意引导宝宝使用幼儿安全刀具。

(2)让宝宝加入做早餐的过程，激发宝宝的进食乐趣。

方案十五 好玩的面粉

一、活动目标

(一)家长学习目标

1.掌握通过五感游戏发展此阶段幼儿认知的方法；

2.根据教师的示范对幼儿进行适宜的指导和协助；

3.知道本次活动的家庭延伸内容及注意事项。

(二)幼儿发展目标

1.通过活动,生活认知水平得到进一步发展;
2.愿意参与游戏,享受亲子游戏的快乐。

二、活动准备

面粉、和面盆、水、各种颜色的食用色素、透明胶、面粉图片。

三、活动过程

(一)教师揭示教育价值

今天的活动主要是让幼儿在游戏中认识面粉,了解面粉的各种特征,增强幼儿手部肌肉的控制能力,激发幼儿的艺术潜能。

(二)活动中心环节

(1) 游戏一:认识生面粉

教师行为:教师出示面粉并将名称告诉宝宝们,让宝宝们看一看、摸一摸、闻一闻面粉,引导宝宝们通过视觉、触觉和嗅觉认识生面粉的各种特征。教师给每个宝宝抓一些干的面粉,让宝宝们自己玩耍,观察面粉。

家长指导:引导宝宝能够通过触摸生面粉来认识其特性,提高宝宝的认知能力。

(2) 游戏二:面粉画

教师行为:教师出示各种面粉图片,建立幼儿对面粉的观感,示范用胶水和面粉作画,宝宝也可以自己创作图形。

家长指导:协助宝宝用透明胶、面粉在彩纸上画出图形,进行涂抹创作。

(3) 游戏三:揉面粉

教师行为:教师引导家长把面粉倒进和面盆,加入水,让宝宝加入某一种颜色的色素,与宝宝一起和面。和好面粉后,教师引导宝宝观察湿面粉,与干面粉进行对比,了解湿面粉的特征。

家长指导:家长和宝宝一起和面,促进宝宝手部肌肉的发展,让宝宝感受面粉由粉末状变成团状的过程。

(4) 游戏四:花朵汤圆

教师行为:教师示范做彩色的花朵汤圆,引导宝宝把部分面粉揉成大的团状,做成一个大汤圆,然后用剩下的彩色面粉和其他宝宝交换,揉成小的团状,并用手指把小的团状面粉压扁作为花瓣,最后将一个其他颜色的彩色面粉揉成花蕊。

家长指导:这个环节主要是发展宝宝的手部控制能力,有的宝宝还不会用手掌搓圆,家长可以在这个过程中适当引导。

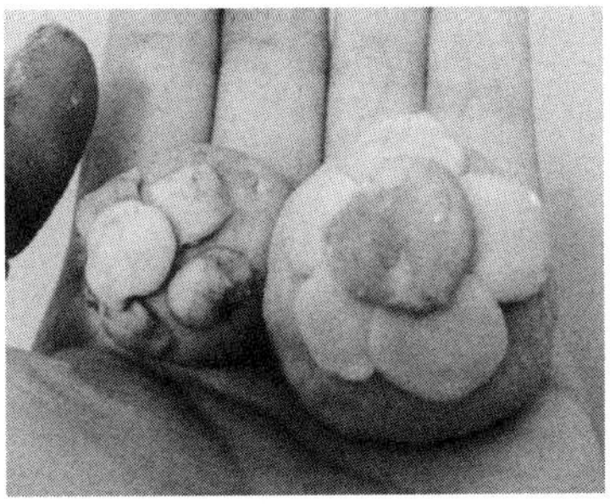

(5) 游戏五:手指谣《面粉》

教师行为:教师示范手指谣《面粉》的动作和语言,鼓励宝宝参与。教师带领宝宝一起跟随儿歌做动作。

家长指导:家长学习手指谣,调动氛围,与宝宝亲子互动。

附手指谣《面粉》:

点点豆豆,种下麦子;
麦子磨磨,变成面粉;
面粉揉揉,包成饺子;
饺子捏捏,放到锅里;
咕噜咕噜煮熟了,啊呜!

(三)活动结束环节

播放音乐“Going Home”,拥抱再见。

四、家庭延伸活动

(1)家里包饺子时,鼓励宝宝加入,享受一起和面粉、包饺子的亲子时光,进一步锻炼宝宝的手部精细动作。

(2)反复练习手指谣《面粉》,不用刻意纠正宝宝的发音,多次重复练习即可。

方案十六 小小手掌变魔术

一、活动目标

(一)家长学习目标

1.知道此阶段幼儿按物点数能力的重要性和价值;
2.掌握帮助幼儿学习手口一致点数的方法;
3.知道本次活动的家庭延伸内容及注意事项。

(二)幼儿发展目标

1.手口一致点数的能力得到进一步发展;
2.愿意参与活动,体验亲子活动的乐趣。

二、活动准备

音乐:“Going Home”《数数歌》;大卡纸、自制的树干、树叶、手掌卡纸、胶棒。

三、活动过程

(一)教师揭示教育价值

幼儿认知能力的发展是一个从简单到复杂的过程,本次活动主要通过游戏来发展幼儿的数数能力、动手操作能力、语言能力。

(二)活动中心环节

(1) 游戏一:音乐游戏《数数歌》

教师行为:教师带领宝宝们唱《数数歌》,烘托氛围。教师边唱歌边调动情绪,带领宝宝数自己的小手指。

家长指导:模仿老师动作,鼓励宝宝参与活动。如果宝宝做得不好或不完整也无所谓,值得保护的是宝宝愿意参与的热情。

附儿歌《数数歌》:

伸出你的小手,数数手指头,
动动手啊,动动脑啊,请你跟我走;
天天的小星星,地上的小娃娃,比比聪明快数清,一二三四五;
伸出你的小手,数数手指头,
动动手啊,动动脑啊,请你跟我走,
树上的小鸟啊,喳喳喳喳叫,大家快快来,一二三四五。

(2) 游戏二:我们的手掌变“大树”

教师行为(设置情境):“我们的小手真能干,可以帮我们做很多很多的事情,就像一棵大树一样。接下来,我们一起来制作一个手掌树吧。”教师示范将大卡纸铺在地上,用胶棒涂树干、树叶、手掌卡纸并将它们贴在大卡纸上,一片叶子、两片叶子……一棵手掌树就做好了。

家长指导:家长鼓励宝宝自己完成,动作太难时可从旁协助,但不要包办代替。

(3) 游戏三:分享宝宝做的手掌树

教师行为:请宝宝们前来分享自己做的手掌树,教师引导提问,如“宝宝的手掌树长了几片叶子呀?”。对于不能自己数叶子的宝宝,老师可以适当协助。

家长指导:家长可与宝宝进行互动,继续完成数树叶的游戏,帮助宝宝获取数数的体验。

(三)活动结束环节

播放音乐“Going Home”,拥抱再见。

四、家庭延伸活动

(1)在家庭生活中可融入宝宝的数数能力,比如摆碗时数一数有几个碗,出门时数一数有多少人等;

(2)在宝宝数数的过程中,家长不要着急,数完后记得强化宝宝的总数意识,问问“一共有多少个啊?”,让宝宝理解数数的意义,避免生搬硬套。

方案十七 来玩配对吧

一、活动目标

(一)家长学习目标

1.了解此阶段幼儿配对能力发展的重要性;

2.理解一一对应的价值和含义,能对幼儿进行具体指导;

3.了解此次家庭延伸活动的注意事项。

(二)幼儿发展目标

1.通过活动,配对能力得到进一步发展;

2.愿意参与活动,享受亲子活动的乐趣。

二、活动准备

音乐:“Going Home”;警察、医生、厨师卡片(戴帽子和没戴帽子的各一张),警察帽子、医生帽子、厨师帽子卡片,自制小猴、小兔、小猫的图片(尾巴可粘贴),钥匙与锁、碗与勺、鞋和袜的图片,小狗与骨头卡纸。

三、活动过程

(一)教师揭示教育价值

配对能力有助于幼儿认知能力的提升和视觉思维的锻炼。在本次活动中,利用帮叔叔找帽子,给小狗喂骨头等行为游戏,让幼儿对物体的一一匹配性有更深的感知。

(二)活动中心环节

(1) 游戏一:谁的尾巴不见了

教师行为:“一天,小猴、小狗和小猫出去玩。他们跑呀、笑呀、闹呀,还快乐地抱在一起。可是,他们突然发现自己的尾巴不见了。小猴、小狗和小猫急得团团转。小朋友们,请你们带领小猴、小狗和小猫去找丢失的尾巴吧。”老师示范动物和尾巴的匹配动作,帮助小动物找回尾巴。

家长指导:引导宝宝专心听故事,模仿老师操作。

(2) 游戏二:我喂小狗吃骨头

教师行为:教师回顾情节,创设给小狗喂食的情境,示范给小狗喂食的动作。教师将食物发给宝宝们,鼓励宝宝们自己去喂小动物,并能试着将小狗背后的骨头取出,进行5以内的点数。

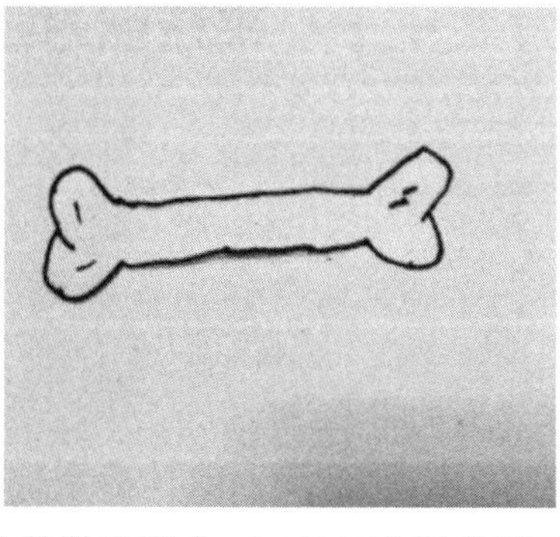

家长指导:家长可让宝宝边数数边喂食,与宝宝进行亲子互动,最后点数。

(3) 游戏三:我帮叔叔们找帽子

教师行为:教师出示警察、厨师和医生的图片,引导宝宝们观察他们的帽子特点,示范每种职业和帽子一一配对的游戏。

家长指导:鼓励宝宝们去给警察、医生和厨师戴帽子。

(4) 游戏四:找一找

教师行为:教师出示钥匙和锁、碗和勺、鞋和袜的图片,打乱顺序,示范配对。

家长指导:鼓励宝宝们模仿,参与活动。家长不可以着急,更不可以越俎代庖,一定要让宝宝自己动手做。一旦宝宝完成较好,家长应及时鼓励。

(三)活动结束环节

播放音乐“Going Home”,拥抱再见。

四、家庭延伸活动

在家庭生活中,家长可以多创造机会让宝宝进行配对游戏,如鞋子的配对、颜色的配对、形状的配对等。

方案十八 我来帮帮你

一、活动目标

(一)家长学习目标

1.知道此阶段幼儿手眼协调操作的重要性;

2.了解此阶段幼儿手眼协调的引导方法和注意事项。

(二)幼儿发展目标

1.拇指、食指的精细动作能力得到进一步发展;

2.能在游戏中练习投掷动作,提高手眼协调能力。

二、活动准备

音乐:“Going Home”;森林场景;各种小动物的纸片和头像、带有动物头像的若干食物的图片、带有夹子的绳子、小篮子、鱼竿、小鱼食物卡片。

三、活动过程

(一)教师揭示教育价值

在生活中发展精细动作有利于促进幼儿大脑的发育,本次活动主要是发展幼儿的手眼协调能力、大动作和精细动作能力。我们以“给小动物送食物”为主题,通过“找食材、运食材、分食物”等游戏来发展幼儿相关方面的能力。

(二)活动中心环节

(1) 游戏一:采摘食物

教师行为:教师讲述故事,引导宝宝去采摘食物。示范将夹在绳子上的食物取下来,用拇指、食指轻轻松开夹子,取出食物并将其放进小篮子里。

家长指导:家长鼓励宝宝积极参与,练习踮脚取物的协调动作,家长可从旁协助。

附故事:

在一片森林里,许多小动物开心地生活在一起。可是,有一天突然下起了大暴雨,山里的石头都掉了下来,小动物们都被困在了山里,哪里也去不了。它们没有东西吃,每天都饿着肚子。今天,老师要带着大家一起去帮助这一群可怜的小动物。

(2) 游戏二:学儿歌《开火车》

教师行为(设置情境):“我们帮小动物们摘到了好多食物!现在呀,我们要一起带着食物开着火车去森林了。”教师示范儿歌:“轰隆隆隆,轰隆隆隆,火车开来了……”

家长指导:提醒宝宝保护好动物的食物。家长引导宝宝一只手提着篮子一只手牵着前面宝宝的衣服边学儿歌边运送食物。

(3) 游戏三:帮动物们分食物

教师行为:教师出示食物,将其和森林里的动物进行匹配,给动物喂食。教师出示每一种动物时都问一问宝宝这种动物叫什么,喜欢吃什么食物,引导宝宝将食物分别喂给动物。

家长指导:家长可与宝宝就动物和喜爱的食物之间的关联性进行互动问答。

(4) 游戏四:钓食物

教师行为(设置情境):“小动物们都吃到了喜欢吃的食物,可是,小动物们还是觉得很饿。宝宝们,我们一起看看还有没有其他的食物能够送给小动物们呢?”出示鱼竿和有小鱼的食物卡,教师示范用鱼竿钓起食物的操作,引导宝宝模仿操作,教师巡视并一对一指导。

家长指导:家长可从旁辅助宝宝进行手眼协调的练习。

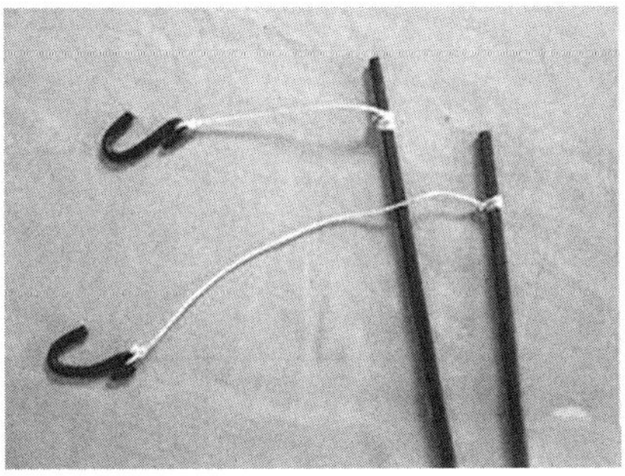

(三)活动结束环节

拥抱告别:教师播放音乐“Going Home”,与宝宝拥抱,挥手告别;宝宝之间拥抱告别。

四、家庭延伸环节

(1)在家里和宝宝一起唱儿歌,玩《开火车》的游戏;

(2)生活中可带宝宝去动物园,观察小动物喜欢吃的食物都有哪些。

方案十九 小熊的彩色食物

一、活动目标

(一)家长学习目标

1.知道该阶段幼儿的颜色认知能力、分类能力的重要价值;

2.借助食物开展生活游戏,发展幼儿的颜色认知能力、分类能力。

(二)幼儿发展目标

1.分类的认知能力得到进一步发展;

2.对生活中的各种颜色产生兴趣,会在生活中发现和感受更多的颜色。

二、活动准备

音乐:《小黑熊画画》“Going Home”;小黑熊手偶,红、黄、蓝、绿四种颜色的饼干盒子,自制的四种颜色饼干,未上色的蓝莓、苹果、香蕉、柠檬卡片,颜料,颜料刷,颜料盘,围兜,装有四种颜色饼干的小篮子,自制大肚子小熊纸偶,红、黄、蓝、绿四种颜色的橡皮泥,木棍。

三、活动过程

(一)教师揭示教育价值

颜色认知是幼儿审美培养的第一步,因此正确认识颜色是十分重要的。本次活动利用幼儿整理饼干的过程,让幼儿明确饼干的不同颜色并进行分类,发展幼儿的审美能力和分类能力。

(二)活动中心环节

1.活动导入:小熊优优

教师行为:引出小黑熊手偶,引导宝宝们向小黑熊进行自我介绍。"大家好,今天来了一个新朋友,他是小黑熊优优。他买了很多饼干,想和大家做朋友,大家可以向他介绍一下自己吗?"

家长指导:宝宝在该时期有一定的语言表达能力,能够和大家打招呼。但并不是所有的宝宝都愿意在大家面前表达,当宝宝出现排斥或不愉悦的心情时,请家长耐心等待或者陪同孩子一起进行。每个宝宝的性格与成长环境不同,家长不要将宝宝和其他孩子进行横向比较,应多鼓励孩子,给予爱和安全感。

2.活动操作环节

(1)游戏一:分饼干

教师行为(设置情境):"优优买了很多饼干,可是都混在一块了,看着乱糟糟的,请大家一起帮他整理出来吧。"教师示范将四个不同颜色的饼干盒子放在中间,将红色的饼干放入红色的盒子,黄色的饼干放入黄色的盒子,蓝色的饼干放入蓝色的盒子,绿色的饼干放入绿色的盒子,然后给每位宝宝发一堆各种颜色的饼干,让宝宝依据颜色来分饼干。

家长指导:宝宝在进行颜色匹配的同时,家长可强化该颜色的名字,加深宝宝对颜色本身和名字之间的关联,并引导宝宝数数有多少块饼干。

(2)游戏二:爱吃水果的小熊

教师行为(设置情境):"爱吃水果的小黑熊,手里拿着大画笔。画颗蓝莓是蓝色,画个苹果红彤彤,画根香蕉是黄色,画个柠檬绿油油,最后拿起黑色笔,对着镜子画自己。画了一个小黑熊,黑不溜秋不美丽,哭着闹着找妈咪。"教师播放儿歌《小黑熊画画》,说:"儿歌中有蓝色的蓝莓、红彤彤的苹果、黄色的香蕉和绿油油的柠檬,我们也来制作美味的水果吧。"教师示范用画笔轻轻沾上颜料,引导宝宝们在卡片上给四种水果涂颜色。

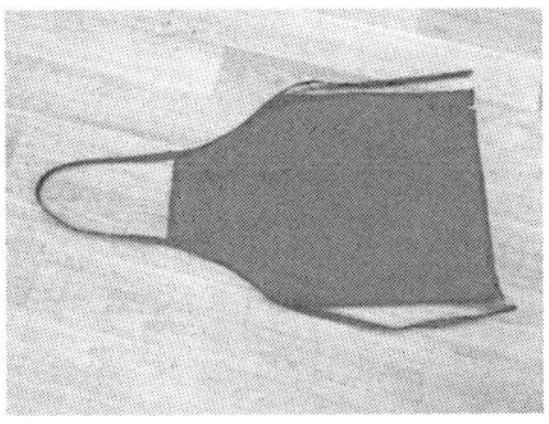

家长指导：请家长给宝宝系上围兜，观看教师的示范动作，鼓励宝宝给水果涂色，帮助小黑熊画出它喜欢的水果。即使涂的颜色不合常规也没有关系，将颜色用儿歌表达出来即可。在学唱儿歌环节，不要求宝宝学会，家长在家庭延伸活动中可引导宝宝慢慢学会儿歌，加强语言的练习。

(3) 游戏三：肚子咕咕叫的小熊

教师行为(设置情境)："画了那么久，小黑熊饿了，我们来喂小黑熊吃饼干吧。"教师示范从装有四种颜色饼干的篮子里取出饼干，并将其放入自制的大肚子小黑熊纸偶的身体里，给小黑熊喂食饼干。

家长指导：引导宝宝边做边说，表达颜色名称、文明礼貌用语等。

(4) 游戏四：小黑熊做饼干

教师行为(设置情境)："小黑熊现在吃饱了，可是他的食物都空了，我们一起来做一点儿饼干吧！"教师示范做饼干的动作，将橡皮泥揉圆、轻压，然后用小木棍给"饼干"戳小孔。

家长指导：引导宝宝选择自己喜欢的一种颜色进行饼干的制作；使用小木棍时，注意安全。家长在活动过程中一定要用语言耐心地引导宝宝自己动手做，然后从旁协助，但是不可以直接动手帮助宝宝完成。

(三)活动结束环节

播放音乐"Going Home"，拥抱再见。

四、家庭延伸活动

生活中可以开展涂色游戏，深化宝宝对颜色的认知能力以及提高宝宝的绘画能力。

方案二十 大家来帮小猴子

一、活动目标

(一)家长学习目标

1.知道该阶段幼儿排序的三个难度不同的代表性行为:

代表性行为一:能根据物体外观(如:大小)排序;

代表性行为二:能根据某种规律(如:按ABAB……或ABCABC……)排序;

代表性行为三:能根据较为抽象的概念(如时间、空间、数量或自己喜好程度)排序。

2.观察幼儿的表现,促进幼儿排序认知的发展。

(二)幼儿发展目标

1.通过三种不同难度的代表性行为的排序训练,促使原有排序水平得到提高;

2.愿意对家庭常见物品进行排序。

二、活动准备

音乐:"Going Home";积木、楼梯图片、有魔术贴的香蕉和苹果、魔术贴纸板、宝宝爱吃的食物的贴纸。

三、活动过程

(一)教师揭示教育价值

本次活动设计了三个不同难度的代表性行为游戏,让幼儿感知和区别高与矮,并且能够用这种关系进行排序。活动能够提高幼儿的排序水平,扩展幼儿的认知。

(二)活动中心环节

(1) 游戏一:我来制作小楼梯

教师行为(设置情境):"小猴子想去屋顶,可是没有楼梯。我们一起来帮它制作一个楼梯吧。"教师先出示楼梯照片,让宝宝对楼梯有一定了解——楼梯级级增高,小猴子一步一步走上去,同时引导宝宝明白如果台阶太高了小猴子是上不去的。教师示范将积木按照楼梯的样子由矮到高逐一排列整齐,做成一个楼梯。

家长指导:家长可试着领取更多的积木块,让宝宝尝试搭出台阶更多的楼梯。

(2) 游戏二:我给小猴子做食谱

教师行为(设置情境):“小猴子很喜欢吃香蕉,它每天都吃香蕉,可是现在它也想吃些别的东西,于是,它想到了一个办法——制作一个吃东西的计划表,这样就不会忍不住只吃香蕉了。”教师示范做食物计划表——贴一个香蕉、一个苹果,再贴一个香蕉、一个苹果,如此循环。让宝宝自己进行简单的排序。

家长指导(提问):“如果小猴子长大了,每天可以吃两根香蕉,有时候还可以吃两个苹果,应该怎么排呢?”引导幼儿排序。

(3) 游戏三:自己的食谱

教师行为(设置情境):“大家都帮小猴子完成了食谱,小猴子说很感谢你们,你们也可以制作一个自己喜欢的食谱,贴上自己喜欢的食物。”教师示范按自己喜欢的程度排序,我最喜欢吃什么,其次喜欢吃什么,最后喜欢吃什么。

家长指导:家长可根据宝宝日常生活的情况对宝宝提问,并帮助他回忆自己爱吃的食物。

(三)活动结束环节

“我们将大家的食谱都展示给所有人看一看吧! 看看大家都喜欢吃什么!”

播放音乐“Going Home”,拥抱再见。

四、家庭延伸活动

(1)利用日常生活中的其他物品让宝宝练习排序,比如:喝水后放杯子时,可以让宝宝按杯子的大小排序;收玩具时,让宝宝按玩具的大小排序;

(2)当宝宝按自己的方式排序时,别轻易打断宝宝;家长也可以和宝宝交谈,用语言引导宝宝进行排序;当宝宝完成排序时,要给予宝宝鼓励,让宝宝获得肯定,增强他学习的自信心。

附录:

0~3岁男童体重标准值(单位:千克)

年龄	月龄	-3SD	-2SD	-1SD	中位数	+1SD	+2SD	+3SD
出生	0	2.26	2.58	2.93	3.32	3.73	4.18	4.66
	1	3.09	3.52	3.99	4.51	5.07	5.67	6.33
	2	3.94	4.47	5.05	5.68	6.38	7.14	7.97
	3	4.69	5.29	5.97	6.70	7.51	8.40	9.37
	4	5.25	5.91	6.64	7.45	8.34	9.32	10.39
	5	5.66	6.36	7.14	8.00	8.95	9.99	11.15
	6	5.97	6.70	7.51	8.41	9.41	10.50	11.72
	7	6.24	6.99	7.83	8.76	9.79	10.93	12.20
	8	6.46	7.23	8.09	9.05	10.11	11.29	12.60
	9	6.67	7.46	8.35	9.33	10.42	11.64	12.99
	10	6.86	7.67	8.58	9.58	10.71	11.95	13.34
	11	7.04	7.87	8.80	9.83	10.98	12.26	13.68
1岁	12	7.21	8.06	9.00	10.05	11.23	12.54	14.00
	15	7.68	8.57	9.57	10.68	11.93	13.32	14.88
	18	8.13	9.07	10.12	11.29	12.61	14.09	15.75
	21	8.61	9.59	10.69	11.93	13.33	14.90	16.66
2岁	24	9.06	10.09	11.24	12.54	14.01	15.67	17.54
	27	9.47	10.54	11.75	13.11	14.64	16.38	18.36
	30	9.86	10.97	12.22	13.64	15.24	17.06	19.13
	33	10.24	11.39	12.68	14.15	15.82	17.72	19.89
3岁	36	10.61	11.79	13.13	14.65	16.39	18.37	20.64

0~3岁女童体重标准值（单位：千克）

年龄	月龄	-3SD	-2SD	-1SD	中位数	+1SD	+2SD	+3SD
出生	0	2.26	2.54	2.85	3.21	3.63	4.10	4.65
	1	2.98	3.33	3.74	4.20	4.74	5.35	6.05
	2	3.72	4.15	4.65	5.21	5.86	6.60	7.46
	3	4.40	4.90	5.47	6.13	6.87	7.73	8.71
	4	4.93	5.48	6.11	6.83	7.65	8.59	9.66
	5	5.33	5.92	6.59	7.36	8.23	9.23	10.38
	6	5.64	6.26	6.96	7.77	8.68	9.73	10.93
	7	5.90	6.55	7.28	8.11	9.06	10.15	11.40
	8	6.13	6.79	7.55	8.41	9.39	10.51	11.80
	9	6.34	7.03	7.81	8.69	9.70	10.86	12.18
	10	6.53	7.23	8.03	8.94	9.98	11.16	12.52
	11	6.71	7.43	8.25	9.18	10.24	11.46	12.85
1岁	12	6.87	7.61	8.45	9.40	10.48	11.73	13.15
	15	7.34	8.12	9.01	10.02	11.18	12.50	14.02
	18	7.79	8.63	9.57	10.65	11.88	13.29	14.90
	21	8.26	9.15	10.15	11.30	12.61	14.12	15.85
2岁	24	8.70	9.64	10.70	11.92	13.31	14.92	16.77
	27	9.10	10.09	11.21	12.50	13.97	15.67	17.63
	30	9.48	10.52	11.70	13.05	14.60	16.39	18.47
	33	9.86	10.94	12.18	13.59	15.22	17.11	19.29
3岁	36	10.23	11.36	12.65	14.13	15.83	17.81	20.10

0～3岁男童身高(长)标准值(单位:厘米)

年龄	月龄	−3SD	−2SD	−1SD	中位数	+1SD	+2SD	+3SD
出生	0	45.2	46.9	48.6	50.4	52.2	54.0	55.8
	1	48.7	50.7	52.7	54.8	56.9	59.0	61.2
	2	52.2	54.3	56.5	58.7	61.0	63.3	65.7
	3	55.3	57.5	59.7	62.0	64.3	66.6	69.0
	4	57.9	60.1	62.3	64.6	66.9	69.3	71.7
	5	59.9	62.1	64.4	66.7	69.1	71.5	73.9
	6	61.4	63.7	66.0	68.4	70.8	73.3	75.8
	7	62.7	65.0	67.4	69.8	72.3	74.8	77.4
	8	63.9	66.3	68.7	71.2	73.7	76.3	78.9
	9	65.2	67.6	70.1	72.6	75.2	77.8	80.5
	10	66.4	68.9	71.4	74.0	76.6	79.3	82.1
	11	67.5	70.1	72.7	75.3	78.0	80.8	83.6
1岁	12	68.6	71.2	73.8	76.5	79.3	82.1	85.0
	15	71.2	74.0	76.9	79.8	82.8	85.8	88.9
	18	73.6	76.6	79.6	82.7	85.8	89.1	92.4
	21	76.0	79.1	82.3	85.6	89.0	92.4	95.9
2岁	24	78.3	81.6	85.1	88.5	92.1	95.8	99.5
	27	80.5	83.9	87.5	91.1	94.8	98.6	102.5
	30	82.4	85.9	89.6	93.3	97.1	101.0	105.0
	33	84.4	88.0	91.6	95.4	99.3	103.2	107.2
3岁	36	86.3	90.0	93.7	97.5	101.4	105.3	109.4

0~3岁女童身高(长)标准值(单位:厘米)

年龄	月龄	-3SD	-2SD	-1SD	中位数	+1SD	+2SD	+3SD
出生	0	44.7	46.4	48.0	49.7	51.4	53.2	55.0
	1	47.9	49.8	51.7	53.7	55.7	57.8	59.9
	2	51.1	53.2	55.3	57.4	59.6	61.8	64.1
	3	54.2	56.3	58.4	60.6	62.8	65.1	67.5
	4	56.7	58.8	61.0	63.1	65.4	67.7	70.0
	5	58.6	60.8	62.9	65.2	67.4	69.8	72.1
	6	60.1	62.3	64.5	66.8	69.1	71.5	74.0
	7	61.3	63.6	65.9	68.2	70.6	73.1	75.6
	8	62.5	64.8	67.2	69.6	72.1	74.7	77.3
	9	63.7	66.1	68.5	71.0	73.6	76.2	78.9
	10	64.9	67.3	69.8	72.4	75.0	77.7	80.5
	11	66.1	68.6	71.1	73.7	76.4	79.2	82.0
1岁	12	67.2	69.7	72.3	75.0	77.7	80.5	83.4
	15	70.2	72.9	75.6	78.5	81.4	84.3	87.4
	18	72.8	75.6	78.5	81.5	84.6	87.7	91.0
	21	75.1	78.1	81.2	84.4	87.7	91.1	94.5
2岁	24	77.3	80.5	83.8	87.2	90.7	94.3	98.0
	27	79.3	82.7	86.2	89.8	93.5	97.3	101.2
	30	81.4	84.8	88.4	92.1	95.9	99.8	103.8
	33	83.4	86.9	90.5	94.3	98.1	102.0	106.1
3岁	36	85.4	88.9	92.5	96.3	100.1	104.1	108.1

0～3岁男童头围标准值(单位:厘米)

年龄	月龄	-3SD	-2SD	-1SD	中位数	+1SD	+2SD	+3SD
出生	0	30.9	32.1	33.3	34.5	35.7	36.8	37.9
	1	33.3	34.5	35.7	36.9	38.2	39.4	40.7
	2	35.2	36.4	37.6	38.9	40.2	41.5	42.9
	3	36.7	37.9	39.2	40.5	41.8	43.2	44.6
	4	38.0	39.2	40.4	41.7	43.1	44.5	45.9
	5	39.0	40.2	41.5	42.7	44.1	45.5	46.9
	6	39.8	41.0	42.3	43.6	44.9	46.3	47.7
	7	40.4	41.7	42.9	44.2	45.5	46.9	48.4
	8	41.0	42.2	43.5	44.8	46.1	47.5	48.9
	9	41.5	42.7	44.0	45.3	46.6	48.0	49.4
	10	41.9	43.1	44.4	45.7	47.0	48.4	49.8
	11	42.3	43.5	44.8	46.1	47.4	48.8	50.2
1岁	12	42.6	43.8	45.1	46.4	47.7	49.1	50.5
	15	43.2	44.5	45.7	47.0	48.4	49.7	51.1
	18	43.7	45.0	46.3	47.6	48.9	50.2	51.6
	21	44.2	45.5	46.7	48.0	49.4	50.7	52.1
2岁	24	44.6	45.9	47.1	48.4	49.8	51.1	52.5
	27	45.0	46.2	47.5	48.8	50.1	51.4	52.8
	30	45.3	46.5	47.8	49.1	50.4	51.7	53.1
	33	45.5	46.8	48.0	49.3	50.6	52.0	53.3
3岁	36	45.7	47.0	48.3	49.6	50.9	52.2	53.5

0~3岁女童头围标准值(单位:厘米)

年龄	月龄	-3SD	-2SD	-1SD	中位数	+1SD	+2SD	+3SD
出生	0	30.4	31.6	32.8	34.0	35.2	36.4	37.5
	1	32.6	33.8	35.0	36.2	37.4	38.6	39.9
	2	34.5	35.6	36.8	38.0	39.3	40.5	41.8
	3	36.0	37.1	38.3	39.5	40.8	42.1	43.4
	4	37.2	38.3	39.5	40.7	41.9	43.3	44.6
	5	38.1	39.2	40.4	41.6	42.9	44.3	45.7
	6	38.9	40.0	41.2	42.4	43.7	45.1	46.5
	7	39.5	40.7	41.8	43.1	44.4	45.7	47.2
	8	40.1	41.2	42.4	43.6	44.9	46.3	47.7
	9	40.5	41.7	42.9	44.1	45.4	46.8	48.2
	10	40.9	42.1	43.3	44.5	45.8	47.2	48.6
	11	41.3	42.4	43.6	44.9	46.2	47.5	49.0
1岁	12	41.5	42.7	43.9	45.1	46.5	47.8	49.3
	15	42.2	43.4	44.6	45.8	47.2	48.5	50.0
	18	42.8	43.9	45.1	46.4	47.7	49.1	50.5
	21	43.2	44.4	45.6	46.9	48.2	49.6	51.0
2岁	24	43.6	44.8	46.0	47.3	48.6	50.0	51.4
	27	44.0	45.2	46.4	47.7	49.0	50.3	51.7
	30	44.3	45.5	46.7	48.0	49.3	50.7	52.1
	33	44.6	45.8	47.0	48.3	49.6	50.9	52.3
3岁	36	44.8	46.0	47.3	48.5	49.8	51.2	52.6

数据来源:2009年中华人民共和国卫生部妇幼保健与社区卫生司发布的《中国7岁以下儿童生长发育参照标准》

主要参考文献：

1.陈帼眉.幼儿心理学(第2版)[M].北京:北京师范大学出版社,2017.

2.唐大章,唐爽.婴儿动作指导活动设计与组织[M].北京:科学出版社,2015.

3.周念丽.0~3岁儿童心理发展[M].上海:复旦大学出版社,2017.

4.周念丽.0~3岁儿童观察与评估[M].上海:华东师范大学出版社,2013.

5.唐敏,李国祥.0~3岁婴幼儿动作发展与教育[M].上海:复旦大学出版社,2011.

6.袁萍,祝泽舟,0~3岁婴幼儿语言发展与教育[M].上海:复旦大学出版社,2011.

7.杨春华,张远丽.婴儿语言指导活动设计与组织[M].北京:科学出版社,2015.

8.孔宝刚,盘海鹰.0~3岁婴幼儿的保育与教育[M].上海:复旦大学出版社,2019.

9.张家琼,杨兴国.婴儿生理心理观察与评估[M].北京:科学出版社,2019.

10.李幼穗.儿童社会性发展及其培养[M].上海:华东师范大学出版社,2004.

11.俞国良,辛自强.社会性发展(第2版)[M].北京:中国人民大学出版社,2013.

12.隋玉玲.1.5~3岁婴幼儿早期教育与指导[M].福州:福建教育出版社,2015.

13.卢伟.学前儿童语言教育活动指导[M].上海:复旦大学出版社,2013.

14.王明晖.0~3岁婴幼儿认知发展与教育[M].上海:复旦大学出版社,2011.

15.王明晖,刘凌,杨梅.婴幼儿亲子教育活动设计与案例精选[M].上海:复旦大学出版社,2017.

16.文颐,程敏.婴儿社会性指导活动设计与组织[M].北京:科学出版社,2015.

17.文颐,石贤磊.婴儿认知指导活动设计与组织[M].北京:科学出版社,2015.

18.许铁梅.建立安全型依恋有法可循[N].中国教育报,2016-1-3(4).

19.李天义,李普霞.用音乐和婴儿沟通[J].父母必读,2013(03):126—127.

20.李文馥.涂鸦解析——怎样指导儿童画[J].成人必读,1996(12):14—15.

21.王晓阳.亲子依恋关系需要父亲的积极参与[J].教育理论与实践,2018(14):29-31.

22.邓李薇.亲子依恋中父亲对儿童发展的影响及其角色建构[J].牡丹江师范学院学报(哲学社会科学版).2007(1):108-111.

23.朱红英.0~3岁婴幼儿精细动作发展的促进策略研究[D].长春:东北师范大学,2011.

24.孔亚楠,孙淑美,刘微,何海宏.抚育环境对2~3岁儿童语言发育的影响[J].北京医学,2009(8).

25.孙娓娓.浅析幼儿安全型依恋的培养[J].黑河学刊,2015(3):126-127.

26.周南.婴幼儿早期教育与训练[M].北京:金盾出版社,2011.